섬진강
인문(人文)서당(書堂)을
꿈꾸며

서당(書堂)에서 '사람됨'의 길을 찾다

섬진강
인문(人文)서당(書堂)을
꿈꾸며

고영욱의 언약

경천애인(敬天愛人)의
선비교육을 갈망하며

바른북스

프롤로그

   올여름 초등 교직을 마무리하였다. 해마다 새로운 다짐으로 아이들에게 참 배움을 주려고 했다. 늘 시행착오를 겪으며 아이들과 잊지 못할 추억도 부끄러움도 많았다. 필자를 만난 아이들이 행복하고 인격적 깨달음과 배움이 있기를 소망한다.
   마흔셋에 광주교육대 편입학하여 인천에서 광주로 이사와 전라도 생활을 하게 되었다. 교대 교육과정에 피아노 실기가 있어 애국가를 외워서 시험을 치른 기억이 있다. 청산도에서 첫 근무를 시작하여 이제 여수에서 마지막 학기를 보내고 있다.
   방과 후에 아이들이 운동장으로 이어지는 계단에 앉아 뭔가를 하고 있어 살펴보면 학원 숙제하느라 바쁘다. 우리나라의 많은 청소년들이 정규 학교교육이 끝나면 학원 등 사교육을 받고 있다. 초등학생도 저녁 8시가 넘어 집에 간다. 미래를 짊어지는 우리 아이들이 정규학교, 또 사교육 학원 등에 다니며 고등학교를 졸업하게 된다. 대학을 졸업한 우리의 청년들은 취업에 몰두하며 자신의 가슴 설레는 꿈과는 먼 생업에 목숨을 걸고 있다.

우리의 교육을 생각할 때, 이 땅의 수많은 청소년들이 '학교교육의 틀'을 벗어나지 못하고 실제적 삶과 자신의 잠재 능력 개발과는 별 관련 없는 공부에 매진하고 있어 매우 안타깝다.

이 생명이 약동하는 우리 아이들이 참된 사람다운 공부를 훈련하고 자신을 이해하고 타인을, 세상과 사회를 깊이 이해하는 안목을 길렀으면 한다. 단순 암기의 지식 공부가 아니라 자신의 전인격을 가꾸기를 소망한다. 삶의 주도성과 자신의 철학을 내재화하고 올곧고 마음이 따뜻한, 그러면서 뜨거운 조국애를 지닌 아름다운 사람을 기대해 본다. 자신의 꿈을 설정하고 능력을 개발하고 노동의 가치를 체험하며 분명한 삶의 실재를 준비하는 진정한 공부를 소망한다.

효(孝)와 제(悌), 즉 부모공경과 형제 사랑, 이것이 우리 전통의 핵심 가치관인데, 오늘날 그 덕목이 무너지고 있다. 부모를 공경하는 사람은 함부로 사람을 대하지 않는다. 형제애가 있는 사람은 타인과 더불어 존중과 배려의 삶을 살아간다.

참된 선비는 가족을 사랑하고 이웃을 존중한다. 민족공동체에 대한 뜨거운 조국애를 품는다. 구한말, 일제강점기에 애국자들은 서당에서 동양고전을 공부하면서 선현들의 정신을 새기며 바른 선비의 길을 굳세게 나아갔다.

필자는 우리의 잃어버린 전통 서당의 교육 내용과 방법을 되살려 자라나는 청소년들에게 그 '얼'을 되살리고 싶다. 공동체 내에서 섬기며 이끌면서 개별화 교육을 통해 전인성장을 도모하고 다음 세대를 이끌어가는 건강한 인물을 훈련하고 섬기는데 함께 하고 싶다.

이에 작은 글을 세상에 내놓는다. 우리나라 현재의 교육에 질문을 던지고 어디에서부터 다시 시작해야 되는지 반성했다. 그리고 17년 교직 생활의 추억을 새겨보았다. 끝으로 '사람다운 사람'을 기르는 교육에 대한 필자의 철학을 펼쳐보았다.

참된 전인격의 수신(修身)을 통해 이 시대, 이 대한민국에 마음이 따듯하고 정의롭고, 시대의 아픔을 알며 민족공동체를 사랑하는 '선비'를 길러내는 작은 '촛불'을 들고자 한다.

늘 옆에서 섬기며 응원해 준 양정남 님에게 고마운 마음을 전하며 부족한 필자를 보살펴 주신 하나님께 감사를 드린다.

목차

| 프롤로그 |

―――― chapter 1 ――――

참공부의 길을 묻다

인격 없는 교육	12
대한민국의 공교육	17
우리의 전통 인문학의 배움터인 서당(書堂)교육의 부재	20
인문고전 독서교육의 부재	24
우리나라 사교육과 교실 현장	31
서이초 교사의 슬픔과 분노	38
전영창 선생님을 기리며(거창고등학교 이야기에서)	49

―――― chapter 2 ――――

늦깎이 초등교사의 '교육 흉내 내기'

첫 발령지 청산도, 완도에서	62
아이들과 농사짓기	69
순천북초등학교 재직 시에 아이들과 함께했던 추억	71
추억의 '벌떼축구'	83
학교 스포츠클럽 축구 감독이 되다	88
여름날의 시냇가에서	92
영어동화를 함께 읽으며	95
사자소학(四字小學) 공부	98

chapter 3

'사람다운 사람'을 훈련하는 공부(工夫)

덕성(德性) 공부

'사람다운 사람'을 꿈꾸는 교육 ···················· 104
참사람의 길을 가다- 율곡 이이(李珥) ············ 105
공부(工夫)의 길 ·· 109
서당(書堂)교육에서 사람다움의 배움의 길을 찾다 ···· 111
《명심보감(明心寶鑑)》은 인성교육의
최고의 교과서이며 삶의 지침서 ··················· 123
우리의 고전(古典), 한문 원문으로 읽기 ·········· 126
자신의 정체성(Identity)을 세우는 공부 ··········· 130
웃음 짓는 얼굴을 지니는 공부 ······················ 133
진리(眞理)를 추구하는 교육 ························ 135
무엇이 참된 교육인가? ······························· 138
애기애타(愛己愛他)의 마음 기르기 ················ 142
어깨를 펴고 똑바로 서자 ···························· 144
자기관리 ··· 147
깨어 있어야 한다 ······································ 149
건강한 이미지 ·· 151
자신을 용납하자 ······································· 154
인내(忍耐) 공부 ······································· 156
용기(勇氣) 공부 ······································· 162
애타(愛他) ·· 165
우리 민족보다 한국을 더 사랑한 미국의 헐버트 ·· 173

건강한 몸 가꾸기
대한민국 청소년들의 건강 실태 ·········· 176
우리 몸의 바른 자세 ·········· 178
올바른 식습관의 중요성 ·········· 183
체력(體力) 기르기 ·········· 187
기초 대사량, 근력운동 ·········· 191
청소년기의 근력운동 ·········· 195
생존(生存)을 위한 수영 훈련하기 ·········· 205
자연 체험 여가 활동 ·········· 207

지성(知性) 공부하기
철학 공부하기 ·········· 219
역사(歷史) – 근현대사 바로 알기 ·········· 229
문학(文學) 체험하기 ·········· 246

자기계발(自己啓發) – 자기 성장을 위한 배움
진정한 성공의 꿈을 이루는 공부 ·········· 255
포기하지 않는 자세다 ·········· 263
꿈을 이루는 정신 자세 ·········· 266
건강한 대인 관계 공부 ·········· 268

노동(勞動) 공부
노동의 의미 ·········· 278
노동(勞動)의 가치 ·········· 279
청소년들의 노동 체험하기 ·········· 283

| 에필로그 |
'섬진강 인문서당'에서의 공부

| 참고 문헌 |

참공부(工夫)의 길을 묻다

· chapter 1 ·

인격 없는 교육(Knowledge without character)

간디는 '나라를 망치는 7가지 사회악'에 대해 말했다.

> 원칙 없는 정치 Politics without principle
> 노동 없는 부 Wealth without work
> 양심 없는 쾌락 Pleasure without conscience
> **인격 없는 교육 Knowledge without character**
> 도덕 없는 경제 Commerce without morality
> 인간성 없는 과학 Science without humanity
> 희생 없는 신앙 Worship without sacrifice

2024년 5월 6일, 2018 수능만점자 의대생이 헤어지자는 여자 친구를 잔인하게 살해해 사회에 충격을 주었다. 그날 오후 강남역에서 50m 정도 떨어진 서울 서초구 서초동 한 건물에서 피의자가 흉기로 여자 친구의 경동맥을 20여 차례 찔러 피해자가 '자창에

의한 실혈사'로 사망했다. 사건을 발견하게 된 경위는 경찰이 '건물 옥상에서 남성이 투신하려고 한다'는 신고를 받고 출동해 사건 현장에서 피의자를 끌어냈고 피의자가 현장에서 약이 든 가방을 두고 왔다는 진술을 하여 그로 인해 현장을 재확인하는 과정에서 피해자를 발견하였다. 경찰조사 결과 피의자는 범행 2시간 전쯤 대형마트에서 미리 흉기를 구입하고 여자 친구를 불러냈다. 그리고 여자 친구의 헤어지는 말에 미리 사둔 흉기로 살해했다고 한다. 의대생이었던 피의자 최 씨는 피해자 목의 경동맥을 수차례 찔렀다. 본인의 전문 지식을 살인에 사용하였으며, 계획적이었음을 시인하였다고 한다.

 최근 우리 대한민국 사회에 너무나 큰 충격적 사건이었다. 여러 가지 이유가 있겠으나 '인성교육'의 부재라 할 수 있다. 한국 교육의 맹점이 드러났다. 최고의 성적을 거둔 학생이 최고의 악을 저지른 것이다. 초·중·고등 교육 현장에서 입시경쟁은 가열되고 인간다움이 실종됨을 여실히 보여준다. 그 많은 교육예산은 무엇을 위해 쓰여졌는가? 우리나라의 각급 학교에서 실시되고 있는 모든 교육 행위는 결국 올바른 도덕적 품성을 지닌 사람을 길러내는 것이 아닌가? 대학입시에 매몰된 현 교육의 실체가 드러났다.

 교육에서 가장 중요한 것은 각 개인의 건강한 인격을 도야하는 것이다. 자신과 이웃을 존중하고 배려하며 더불어 살아가는 사회 공동체 구성원이 되도록 추구함이 교육의 목적이다.

 우리가 추구하는 것이 교육의 본질이다. 교육의 본질은 무엇인가? 교육의 법에 명백하게 밝히고 있다. 우리 교육기본법 제2조(교육이념)에 분명히 밝히고 있다. '교육은 홍익인간(弘益人間)의 이념 아래 모든 국민으로 하여금 인격을 도야(陶冶)하고 자주적 생활능력과 민주시민으로서의 필요한 자질을 갖추게 함으로써 인간다운 삶을 영위하게 하고 민주국가의 발전과 인류공영(人類共榮)의 이상을 실현하는 데에 이바지하게 함을 목적으로 한다'

'홍익인간'의 이념은 널리 인간을 이롭게 함을 뜻한다. 우리 민족의 사상적 근간이 되어왔다. 이러한 사상은 인간을 최고의 가치를 지닌 존재로서 존중되어야 한다. 인간 그 자체만으로도 '인간의 존엄성'을 지니고 있다. 각 사람은 '수단화'될 수 없는 존재이다. 나 혼자만의 이기적인 욕심이 아닌, 여러 사람들의 공통적 이익을 보호하며, 타인을 행복하게 하는 이타주의 사상이 뒷받침되고 있다. 현대 사회는 자유주의와 개인주의를 바탕으로 하는 자유시민 사회다. 이 때문에 타인의 이익을 침해할 수도 있다. 하지만 '홍익인간'은 자신의 안일만을 생각하는 이기심을 뛰어넘어 풍요로운 인간다움의 삶과 더불어 평화로움의 사회를 추구하는 인도주의 입장을 지닌 우리 민족의 고상한 사상이다.

'한 생명이 온 천하보다 귀하다'라는 성경의 가르침은 한 사람의 인격체가 세상 무엇보다 존귀하고 존중받아야 함을 말한다. 자신의 감정이 상한다고 해서 그 상대방의 목숨을 없앤다면 그 사람은 사람이 아니다. 사람은 인격을 지닌 존재다. 사람의 말과 행동을 무시하고 함부로 대하면 그것이 바로 폭행이요, 나아가 살인이라 볼 수 있다. 자신이 자신을 존엄하게 대우해야 하고 더불어 타인도 그 사람의 가치를 귀하게 여기고 존중함이 마땅하다. 이유를 막론하고 타인의 생명을 앗아가는 것 자체가 불법이요, 양심에 화인을 맞은 것이다.

그런데 그해 대한민국의 최고 학교 성적을 거둔 명문대 의대생이 사람을 죽였으니 그 충격이 클 수밖에 없다. 극단적인 사례이지만, 우리 교육의 부끄러운 민낯이 드러났다고 볼 수 있다. 교육은 사람을 키우는 일이다. 교육은 한 사람을 사람답게 세울 뿐 아니라 다른 사람과 더불어 살 수 있도록 돕는 과정이다.

우리나라 공교육에서의 교과성적평가는 어떻게 이루어지고 있는가? 필자가 속한 초등학교에서는 교과성적을 문장으로 서술하여 평가한다. 중학교에서 교과성적을 절대평가로 실시한다. 절대평가는 다른 학생들의 성적과 관계없이 자신의 과목별 시험의 결과에 따라 A, B, C, D, E등급이 결정된다. 고등학교 성적평가 방식은 상대평가이다. 중학교에서는 성적만 좋다면 모두 A등급을 받을 수 있지만 고등학교는 상대평가로 등급별 인원수가 정해져 있다. 예를 들어 1등급은 누적비율 4%, 2등급은 누적비율 11%, 3등급은 23%, 4등급은 40%, 5등급은 60%, 8등급은 96%, 9등급은 100%로 돼 있다. 우리가 흔히 알고 있는 학교에서의 성적평가가 등급으로 매겨진다. 거기에는 인격이 당연히 포함되지는 않는다. 이것이 우리나라 교육의 실제적 문제라고 여겨진다. 고교 내신성적에 의해 대학입시가 결정되는데, 한 인간의 품성과 잠재적 능력이 평가되지 못한다. 교육과정에서 교과가 우선적으로 중요시 된다. 입시 위주의 과열 경쟁이 현장에서 나타나고 있다. 각 인문계 고교마다 시험출제가 한 문항이라도 잘못되면 학교가 난리법석이다. 그 한

문제로 등급이 나뉘고 그 등급이 입시와 관련 있기 때문이다. 소중한 인격 도야는 뒷전이고 쇠고기, 돼지고기에 붙는 등급 표시가 중요한 과업이 된 것이다. 교육의 본질이 왜곡된 것이다. 우리의 미래 청소년들이 학교에서 이러한 경쟁에 몰입돼 건강한 인성을 기르고 더불어 살아가는 법을 배우지 못하고 있다. 나아가 자신의 삶에 대한 주도성과 생활능력을 기르고 나아가 더불어 살아가는 실제의 삶을 습득하지 못한 채 떠밀려 대학에 들어오게 된다.

대학은 사람의 먹고사는 문제인 '취업'에 열중한다. 사람이 태어나면 '자신의 삶'을 살아가야 하는데 요즘 대학생들은 그렇지 않은 것 같다. 대학입시에서부터 자신의 적성과 재능에 상관없는 학과 선택을 하는 학생들이 많다. 먹고살기 위해 스펙을 쌓는다. 지방대학에서 9급 행정직, 경찰직에 취업만 해도 캠퍼스에 현수막으로 도배된다. 학과의 이름을 높이고 그 학과의 임무를 다한 듯 자랑한다. 자신에 대한 분명한 정체성을 지니고 삶에 대한 이유와 의미를 알고 타인에 대한 원만한 이해 없이 청소년기, 그리고 청년시절을 주체적 철학 없이 사회로 나온다.

요즘 데이트폭력 등이 뉴스에 많이 실린다. 상대방에 대한 기본예절과 인성교육의 부재라 할 수 있다. 학교가 바른 인성을 도야하지 않고 사회와 학교 공동체 일원으로 더불어 사는 기본예절을 훈련시키지 않으면 학교에 다닐 이유가 없다. 학교가 제공하는 다양한 정보 제공과 체험활동과 그리고 아이들을 보육하는 관리 기능 등은 매우 중요하다 할 수 있다. 그러나 건강한 인격교육에 우선순위를 두지 않는 현재의 지나친 입시경쟁이 문제다.

대한민국의 공교육

우리나라는 일본으로부터 해방이 되자 미국 군인이 38도 이남의 한반도를 다스렸다(미군정). 미군정은 1945년 9월 7일 하지(J. R. Hodge) 중장의 지휘로 이루어진 미군의 인천상륙에서부터 시작하여 1948년 8월 15일 대한민국 정부가 수립될 때까지 실시되었다. 미군정의 성격은 '해방군'이 아니라 '점령군'의 자세로 임했다. 미군정기의 한국 교육의 책임을 맡은 사람은 육군 대위 로커드(E. N. Lockard)였다. 군정 시행 당시 109명의 장교가 각 부서의 책임자로 임명되었다. 그들 대부분은 한국 실정에 무지할 뿐 아니라 학력도 정규 대학을 이수하지 못한 2차 세계대전 수행을 위하여 전시에 급조된 장교나 직업군인들이었다. 1945년 11월 23일 군정청 학무국 산하 조선교육위원회를 구성하여 1946년 9월부터 의무교육을 실시하게 되었다.

경성대학교 총장에 미 해군 소령을 임명하고 서울대학교 초대 총장에 미 해군 대위를 임명함으로써 미군정은 한국 교육에 대한 무식의 극치를 보였다. 미군정은 '조선교육위원회'에 한국 교육의 설계를 맡겼다. 당시 이들은 교육부 장관을 비롯해 교육부의 요직을 차지하였으며 각급 학교장과 대학의 총장까지 임명하는 권한을 손에 쥐었다.

조선교육위원회는 우리나라에 미국식 교육을 이식하였다. 그들이 전수받고자 했던 교육은 영국 식민지에 불과했던 미군을 세계 인류국가로 변화시킨 토머스 제퍼슨이나 조너선 에드워즈 같은 위대한 리더들을 배출한 인문고전 중심의 사립학교 교육이 아니었다. 공장 노동자와 직업군인을 양성하기 위한 목적으로 만들어진 프러시아 교육제도를 본뜬 공립학교 교육이었다. 그런데 조선교육위원회 위원들이 자신의 자녀들은 미국으로 보내 인문고전에 기반한 사립학교 교육을 받게 했다.

미군정 하에서 만들어진 공립학교 의무교육에는 우리나라 전통 서당교육의 '인문고전'이 빠져버리고 말았다. 한때 팔도강산에 넘쳐났던 '동양고전'은 이제 지리산 자락 청학동에서나 볼 수 있을 뿐이다. 우리의 전통교육의 뿌리인 효(孝)와 제(悌)가 사라졌다. 우리 전통인 '부모공경'과 '형제우애'의 윤리적 근간이 사라질 위기에 처했다. 인류의 문명을 진보시키고 역사를 바꾼 원동력인 인문고전과의 대화와 치열한 사색, 위대한 깨달음을 찾을 수 없다. 나를 알고 몸과 마음을 닦는 수신(修身)함과 너와 우리를 알고 너와 우리를 바로 세우고 우리가 하나 되는 공동체를 위대한 방향으로 발전시키는 교육을 찾기 힘들다. 죽은 지식의 강제적 주입, 맹목적 암기, 기계적 문제 풀이, 친구와의 무의미한 경쟁에 내몰리고 있다. 청소년들은 획일화된 집단에서 자신의 잠재된 능력을 발휘하는 교육을 충분히 받지 못하고 '대학입시'에 매몰되어 있다.

이러한 공교육 제도는 19세기 중반 산업혁명 시대에 사회적 필요에 의해 생겨난 집단 교육 시스템이다. 도입 당시부터 이미 국가 주도하에 국가의 필요와 이념이 주입되고 일률적이고 집단화된 교육이 될 수밖에 없었다. 일방적 강의 방식도 크게 변하지 않고 있다. 국가와 사회가 원하는 인적 자원의 양성이 교육 목표가 되었다. 기업이 원하는 사람을 길러내는 것이 대학 교육의 성공 여부를 결정한다. 그러한 대학 진학을 위해 초·중·고 교육과정이 운영되고 있다. 고등학교에 들어가면 대학입시가 유일한 목표가 되는 맹목적 한계에 직면하고 만다. 어렵게 들어간 대학은 공무원 시험과 대기업 입사를 준비하는 학원으로 변했다. 한 지방대학교 교문 근처에 공무원 합격자 명단의 현수막이 걸리고 순천의 한 고등학교 정문에 전자홍보로 유명대학 합격자 명단과 숫자를 홍보한다. 누구를 위한 교육이며 그러한 대학에 입학하지 못한 대부분의 학생들은 사람으로서 존중될 가치가 없다는 것일까?

대한민국은 의무교육을 실시하는 나라이다. 초·중등 교육까지 의무교육을 시행했고 2011년부터 고등학교 과정도 단계적으로 무상교육을 실시하고 있다. 의무교육은 국가가 가정환경과 관계없이 자녀들에게 교육의 기회를 균등하게 부여한다는 점에서 좋은 정책이라 할 수 있다. 그러나 의무교육이 집단화와 획일화로 개인의 개성, 창의성과 자율성을 해칠 우려가 크다. 학교나 교육부 정책이나 지침이 불합리해도 개인적으로 시간을 내어 학생들에게 최선의 기회를 주고자 노력하는 교육자들도 많이 있다. 그러나 그들에게 가장 큰 걸림돌은 획일화된 정책이다. 학생 개개인의 필요를 채워주려는 노력을 지지하고 지원하기보다는 걸림돌이 되는 정책이 더 많다는 한계를 절감한다고 한다.

우리의 전통 인문학의 배움터인 서당(書堂)교육의 부재

서당은 우리 교육의 전통이며 뿌리다. 서당은 우리나라만이 갖는 독특한 교육기관으로 길이 이어갈 너무나 소중한 교육의 '못자리'이다. 일제와 해방 후 미군정에 비롯된 현대식 교육의 보급보다 조선 사회에서의 사설 초등교육인 서당이 우리나라에 이미 뿌리내리고 있었다. 우리가 본받고 이어갈 교육의 전통이 100여 년 전만 해도 이 땅 마을, 마을마다 뿌리내리고 있었다. 사설 초등교육기관인 서당이 일찍부터 민간에 보급된 것은 세계교육사에 실로 그 유례가 드물다고 평가되고 있다. 대한민국의 참선비요, 스승인 도산 안창호를 비롯한 근현대사의 애국지사들은 바로 서당에서 사람됨의 기본 교육을 받았고, 인문고전의 지혜를 습득했다.

서당은 4학과 향교 입학을 목적으로 한 초등 수준의 사립 교육기관이었다. 나아가 국민 대중의 문자교육과 마을의 도덕적 기풍을 수립하는데 크게 기여하였다. 또 사회 교육적 역할과 기능이 컸던 향약과 계도 대부분 이 서당을 중심으로 발전해 갔다.

일제 치하 초기에 일본은 소학교 설립으로 자연스럽게 소학교가 서당을 대체할 것이라 생각했다. 그러나 소학교가 의무교육이 아니었고 학비가 비싸고 일제에 대한 반감이 컸고 일제에 대한 반일의식과 애국심이 서당에서 교육되었기에 여전히 서당에 다니는 학생이 많이 있었다. 일제는 이러한 사실을 간파하여 민족교육을 말살하였다. 우리 민족의 정신의 뿌리인 서당을 제거했다. 일제는 1918년 조선교육령 서당규칙을 제정하여 우리나라에서 서당을 폐쇄시켰다.

민족교육의 싹을 잘라버린 것이요, 민족혼의 교육을 말살하는 계기가 되고 말았다. 지금 남아 있는 서당은 전국에 소수가 존재하고 있다. 공식기관과는 다른 대안 학교나 청소년 수련원, 기타 사설학원의 형태로 운영되며 전통 예절 및 한문을 가르치고 있을 뿐이다.

우리 교육은 사람에게 우선순위를 두었다. 사람 사는 사회에서 무엇보다도 사람이 제일 중요하다. 우리 민족은 일찍부터 이것을 터득하였고 오늘까지 훌륭한 문화를 향유하고 지금도 계속 발전시킬 수 있었다. 사람을 기르는 데는 교육이 기본이다. 교육을 실천함에 있어 조기교육도 필요하고 암기하는 것이 필요하고 논리적인 사고가 필요하다. 경우에 따라 강제성이 필요할 때도 있다. 우리의 전통교육은 이러한 요소들을 두루 갖추고 있었다. 그러나 서구의 오염되고 정제되지 않은 시류가 현재 이러한 한국 전통교육의 장점들이 사라져 가고 있다. 사람 노릇을 할 수 있게 하는 참된 교육이 절실히 요구된다.

우리는 흔히 서당이나 훈장이란 말을 들으면 시대착오적이요, 조선을 망하게 만든 구습으로 치부하기 쉬울 것이다. 우리 마을 마을마다 있었던 서당에는 훈장이 있었다. 지역에서 가장 덕망 높고 기개가 있는 '선비'로 나라가 위기에 처했을 때 '노블레스 오블리주'를 실천한 존경받는 지역 지도자였다. 훈장은 오늘날의 학교 교사와는 달랐다. 훈장은 지역사회의 양심이었다. 그는 지역 최고의 인문학자였으며, 불의와 타협하지 않는 의리를 숭상하는 '선비'였다.

이러한 훈장 지도하에 당시에 목숨 걸고 나라를 지켰던 지사들은 대부분 서당에서 철저한 동양고전 교육을 받았던 사람들이다.

남명 조식은 왕의 여러 차례 명에도 불구하고 관직에 나가지 않고 경상남도 산청에서 후학들을 모아 동양의 고전으로 지도하였다. 그는 옳은 일에 대해 목숨을 걸고 왕에게 직언을 서슴지 않았다. 그는 의리철학을 표방하고 실천궁행을 강조하였다. 임진왜란 당시 곽재우를 비롯한 많은 의병장들은 바로 훈장과 더불어 인문 고전을 배우고 익혔던 제자들이었다. 왜란 당시 이러한 의병의 선비 정신과 살신성인의 희생이 없었다면, 지구상에서 가장 아름다운 한반도와 부속 섬들은 일본의 손아귀에 들어갔을 것이다. 우리의 글도 말도 사라졌을지 모른다.

　서당교육에서 추구하는 인물상은 '선비'라 할 수 있다. 선비는 도덕적 품성을 가꾸고 이웃에 모범을 주며 옳음에 자신의 주장을 굽힐 줄 모르는 의로운 인물이라 볼 수 있다. 선비는 바른 사람의 이상형이다. 바른 사람은 옳고 그름이 분명하고 감정과 욕심을 절제할 줄 아는 사람이어야 한다. 특히 윤리와 명분을 중요시 여긴다. 이러한 삶을 추구하는 것이 덕을 쌓는 길이라고 여겼다. 인격, 즉 사람의 품격이 길러진다고 하였다.

　일찍이 공자는 도리에 뜻을 두어 거친 옷이나 소탈한 음식을 부끄러워하지 않는 인격을 선비의 모습이라고 강조하였다. 나아가 공자는 뜻있는 선비는 살기 위하여 인격을 해치지 않고, 목숨을 버려서라도 덕성을 이룬다고 하였다. 선비들에게 인격은 생명과도 바꿀 수 없는 것이었다. 16세기 대표적 선비였던 조광조는 과감히 비리와 모순에 항거하였고, 그의 주장이 수용되지 않자 거리낌 없이 자신의 목숨을 던졌다.

서당의 훈장은 유대 민족의 랍비 같은 존재였다. 그런데 조선의 훈장은 일본의 교육 탄압으로 역사 속으로 사라져 버리고 말았다. 유대민족은 나라를 잃고 떠돌아다녔지만 랍비의《구약성경》교육과 인문학 교육 전통을 포기하지 않았고 오늘에 이르러 세계에서 가장 힘을 가진 민족이 되었다. 만일 우리 민족도 잃어버린 전통의 서당교육을 지켜왔다면 현 한국 사회에서 벌어지는 '황금만능주의' '입시지상주의' '효와 예절의 부재' 등 여러 윤리 도덕적 문제를 근원적으로 차단하면서 세계에 영향력을 발휘하는 훨씬 심지가 견고하고 굳세면서 아름다운 '문화강국'이 되었으리라 믿는다.

서당에는 특별한 교육방법이 있었다. 똑같은 나이와 성별로 묶는 집단화를 넘어서 요즈음 초등학생, 중학생, 고교생, 심지어 대학생 형들이 함께 공부하는 것이다. 학년의 벽을 넘어 '무학년제'로 공부하는 것이다. 공부는 자신의 능력에 맞게 개별적 배움이 이뤄지며 선배, 연장자들이 후배들의 학습을 도와주고 이끄는 교육의 모습을 보여준다. 이러니, 최근의 학교에서의 '왕따'니 '학교폭력' 등이 이러한 서당 현장에서는 나타날 수가 없는 것이다. 자신의 능력에 맞는 학습으로 의미 있고 배움이 있는 교육이 펼쳐지고 서로 도와가며 자연스럽게 형은 동생을 우애하고 동생은 형과 선배를 존경하며 교사는 학생들을 사랑으로 지도하며 학생들은 선생님을 존경한다. 오늘날 서당공부의 오래된, 아니 우리 전통 인문학의 길, 즉 교육과정과 교육방법이 현 교육에 접목되고 부활이 되어서, 우리나라에 희망을 주며 '한국의 얼'이 살아 있는 진정한 교육이 되기를 간절히 기대한다.

인문고전 독서교육의 부재

2023년 문화체육관광부의 조사 결과에 따르면 우리나라 성인 10명 중 6명은 1년에 책을 단 한 권도 읽지 않는다고 한다. 우리에게 충격을 주는 사실이다. 우리나라는 고려 때까지는 불교, 조선은 유학의 나라였다. 일본의 사무라이, 유럽의 기사도, 몽골과 이슬람의 정복전쟁 등 거의 모든 문명이 '칼과 피'로 점철될 때 한반도에선 문치가 대세였다. 수천 년 동안 이 땅에서의 삶의 최고 가치는 독서였다. 구한 말까지도 전국 마을마다 서당이 고전독서교육을 담당하고 있었다. 일제의 서당 말살로 고전 교육은 우리에게서 멀어지고 말았다.

중국 당송 팔대가 중 한 명인 왕안석은 이런 명언을 남겼다.

> **빈자인서부(貧者因書富) 부자인서귀(富者因書貴)**
> 가난한 사람은 독서로 부자가 되고, 부자는 독서로 귀하게 된다.

우리가 책을 읽어야 하는 이유는 '사람다운 사람'이 되기 위함이다. 책을 읽어 지식을 쌓고 책 속에 삶의 지혜를 터득하여 사람으로서 건강한 인격을 도야하고 타인을 존중하며 배려하고 사회와 공동체, 나아가 민족과 인류 평화에 이바지함에 있을 것이다. 책 속에 길이 있다. 철학책을 읽고 묵상하면 사람이 어떻게 살아야 하는지, '사람됨'에 대한 물음에 답할 수 있고 인생의 삶에 대한 물음을 묻고 자신이 스스로 답을 찾을 수 있게 된다. 자신과 삶에 대해, 이웃과 사물에 대한 통찰력을 갖게 된다. 물론 물질적 부자에 이르는 지혜를 터득할 수 있다. 역사책을 읽음으로 자신의 정체성을 확립하게 된다. 내가 어디에서 와서 내가 지금 존재하는지 깨달을 수 있다. 민족공동체에 대한 깊은 이해와 애정을 기를 수 있다. 민족에 대한 자긍심과 현 정치, 경제, 사회, 윤리에 대한 깊은 통찰력을 지닐 수 있어 시대를 읽고 미래를 읽어낼 수 있다. 문학을 접함으로 맥락 속에서 상대방을 이해하게 되고 시간과 공간에 사는 사람에 대한 입장을 알게 되므로 원만한 이해를 가질 수 있다. 짧은 인생을 살면서 우리는 가고 오는 모든 사람들을 만나서 대화할 수는 없다. 그러기에 문학책 속의 인물과 만나야 하고 그 인물이 되어보아야 한다. 그들의 삶을 듣고 원만한 이해를 하게 되고 '역지사지'의 마음을 지닐 수 있어 사람과의 관계성을 개선할 수 있다.

우리가 중고등학교 때 배웠던 교과들이 인생을 사는 데 실제적 도움은 되지 못한다. 우리는 사회를 벗어나서 살 수는 없다. 타인들과 관계를 맺으면서 서로에게 좋은 관계를 유지하고 서로에게 선한 영향력을 끼칠 때 건강한 사회를 유지시켜 나갈 수 있다. 이런 건전한 인간관계를 위한 지침서가 바로 인문고전이라 할 수 있다. 우리 인간의 역사가 시작되면서 인간의 삶에 대한 학문이 인문학(人文學)이다. 그 인문학은 글 읽기, 글쓰기, 말하기, 사람을 설득하는 능력의 뿌리라 할 수 있다. 우리가 배우는 첨단 지식은 1년이 지나면 사라진다. 각 시대와 상황을 읽어내고 문제를 해결하고 공동체 안의 사람을 알고 미래에 대처할 수 있는 힘이 인문학에서 비롯된다. 바로 인문학이 사람에 관한 학문이고 그 기본이 인문고전이라 할 수 있다. 사람이 만든 문명과 문화는 시간이 지남에 따라 그 가치가 사라질 수 있지만, 사람에 관한 학문인 인문학은 과거, 현재, 미래에도 그 가치가 발휘된다.

인문고전은 역사적으로 중요하며 인문학적인 가치를 지닌다. 문학, 역사, 철학, 예술 등 다양한 인문학 분야에서 큰 영향을 미치고 연구되는 저작물을 가리킨다. 책에도 고전과 비고전으로 나눌 수 있다. 고전은 짧게는 100년 이상, 길게는 1000년 이상 읽혀온 책이다. 이러한 책들의 저자는 소위 '천재'라 부를 수 있을 것이다. 플라톤의《소크라테스의 변명》, 공자의《논어》,《맹자》,《사기열전》,《난중일기》,《백범일지》,《안중근 의사 자서전》,《목민심서》,《레미제라블》등 셀 수 없이 많다. 조정래의《아리랑》,《태백산맥》,《한강》도 추가하고 싶다. 특히 2024년 노벨문학상 수상자인 한강의《소년이 온다》,《작별하지 않는다》등도 고전의 반열에 오를 수 있는 작품이다.

이지성 작가의《리딩으로 리드하라》에서 인문고전 독서의 중요성을 발췌하였다.

> 조선의 기득권층은 타락한 중국의 지배계급을 위한《논어》를 오용하였다. 엄격한 충효 이념, 사농공상의 신분제도를 만들어 공업, 상업을 천시하는 문화를 만들었고 '남존여비'의 왜곡된 성차별로 조선의 여성들은 가사 및 일반 노동, 성노리개로 힘겹게 살면서 깊은 좌절과 아픔의

한 많은 삶을 살았었다. 《논어》에서는 임금이 어떤 정치를 펴든 무조건 충성하라는 글은 없다. 공자는 잘못된 정치를 하는 왕을 버렸다. 효도는 부모를 공경하는 자체라고 하였다. 제자들에게 전쟁하는 법을 가르쳤고 상업활동을 통해 세계적인 재벌이 된 사람을 수제자로 두었다. 사람들을 가르치려면 어떻게 해야 하느냐의 물음에 무엇보다 그들을 부유하게 해주어야 한다고 대답했다. 조선의 지배계층이 인문고전을 제대로 읽고 실천했다면 우리는 쉽게 외세에 무너지지는 않았을 것이다. 오히려 주변의 나라들을 활용하고 반도의 이점을 살려 극동아시아의 '강국', 최소한 강대국의 눈치를 보지 않고 우리의 목소리를 내고 주변국들에게 우리의 좋은 문화를 펼치는 영향력 있는 국가가 되었으리라.

두뇌의 수준은 그가 읽는 책의 수준과 같다고 할 수 있다. 두뇌가 우수하지 못한 인간은 두뇌가 우수한 인간의 지배를 받는다. 인류 역사의 어느 시대, 어느 국가를 막론하고 기득권층인 지배계급들은 자신만이 누리는 고급 정보인 고전을 피지배계층과 나누지 않는다. 조선시대만 해도 과거를 통해 고급 인문학 지식을 기득권층이 누리고 하층민과는 그 지식을 공유하지는 않았다. 미국도 문자 교육 자체에서는 평등을 추구하였지만 내용 면에서는 불평등을 추구했다. 그 결과 오늘날 미국의 부자계급은 사립학교에 다니고 빈자계급은 공립학교를 다닌다. 미국의 명문 사립 중고교 학생들은 인문고전을 읽고 도서관에 가서 그 인문고전에 관한 주석서를 전부 읽고 독후감을 쓰고 토론함으로 깊이 있는 인문학 공부를 한다.

《부자 교육 가난한 교육》의 저자는 미국의 부자계급과 빈자계급이 어떻게 다른지를 담고 있다. 우리나라가 사실상 빈자계급의 교육을 따라 하고 있다고 한다. 이 책에서는 "고급 지식교육은 똑똑하고 능력 있는 아이들에게나 적당하다. 은행가의 자식과 광부의 자식이 필요로 하는 교육은 종류가 다르다"라고 했다. 여기서 미국이 빈자계급에 실시할 목적으로 만들어 실제로 오늘날 미국 공립학교에서 시행 중인 교육과정이 그대로 우리나라에 들어와 현재 초·중·고교에서 시행되고 있다는 점이다.

과거 중고교에서 받았던 교육 내용을 기억해 보자. 깊이 있는 한 고전에 대해 읽고 독후감을 쓰고 토론해 본 적이 있었는가? 이이가 지은 저작물을 보면서 자신의 삶을 성찰하고 삶에 적용해 보았는지, 정약용의 목민심서를 읽고 문민관으로서의 지도력과 태도에 대해 읽어보았는지, 이순신의 난중일기를 읽으면서 역사의 현장을 체험했는지, 논어를 읽으면서 윤리적 대인 관계를 어떻게 해야 하는지를 배워보았는가? 아마 그러한 독서 경험을 많이 못 했을 것이다. 만약 우리가 중고등학교에서 원전으로 논어를 읽고 윤리적 관계와 인에 대해 배우고, 이이의 저작물을 보고 삶을 성찰하고 명심보감을 원전으로 읽고 암송하고 필사하여 가슴에 새겼다면 대인 관계나 삶에서 건강하고 멋진 인격자가 되었고 어느 공동체를 이끌어갈 수 있는 훌륭한 지도자의 역량을 갖추었으리라 믿는다. 혹 이에 못 미칠지라도 자신의 언행을 살피면서 염치와 최소한의 사람 의로서의 도리와 예절에 반성하며 사람다운 사람이 되고자 성찰하는 성숙한 모습을 지녔으리라 본다.

삼성그룹의 창업자는 이병철이다. 그는 의령에서 태어나 7살 때 할아버지가 세운 서당에서 5년 동안 동양고전을 공부했다. 당시 그는 《논어》

와《사서삼경》,《자치통감》같은 고전을 줄줄 암송할 정도로 치열하게 읽었다고 한다. 그는 평생 인문고전을 애독한 것으로 유명했다. 자서전에 "가장 감명을 받은 책을 들라면 서슴지 않고《논어》라고 말할 수밖에 없다. 나의 생각이나 생활이《논어》의 세계에서 벗어나지 못한다 해도 오히려 만족한다"라고 기록할 정도로《논어》를 삶의 지침으로 삼았다.

현대그룹의 창업자는 정주영이다. 그는 강원도 통천이 고향으로, 소학교에 입학하기 전에 할아버지가 세운 서당에 들어가서 3년 동안 동양고전을 체계적으로 배웠다.《동몽선습》,《소학》같은 고전부터 시작해서《대학》,《논어》,《맹자》,《자치통감》같은 고전까지 눈 감고 줄줄 외울 정도로 열심히 공부했다. 그는 후일 자서전에 이렇게 고백했다고 한다. "그때 배운 한문 글귀들의 진정한 의미는 자라면서 깨달았다" "그 한문이 일생을 살아가는 데 있어서 내 지식 밑천의 큰 부분이 되었다" 세상에는 두 사람의 경영 비결을 다룬 연구자료들이 무수히 많다. 이병철은 '세심한 인재경영', 정주영은 '불굴의 의지 경영'으로 성공했다고 한다. 이병철의 '인재경영'은《논어》에서 나왔고 정주영의 '의지 경영'은《채근담》,《대학》을 비롯한 여러 고전에서 나왔다.

이병철은 경영의 지혜를 갈구하던 청년 이건희에게 단 한 권의 책을 추천했는데《논어》였다. 정주영은 고령교 복구공사 위기 때는《채근담》, 현대건설 해외 진출을 앞두고는《대학》의 지혜를 활용해 위기에서 벗어나고 새로운 도전에 성공할 수 있었다고 한다. 그는 고전에서 직접 발췌한 글귀들을 한문으로 써서 액자에 담아두고 그것을 늘 되새기면서 영감을 받았던 것으로 유명했다. 현대의 창업자는 인문고전의 지혜를 토대로 우리 시대 대기업을 일궜다.

회사의 경영은 인간이다. 가정도, 국가도 경영의 주체는 사람이다. 명심보감에는 독서가 집을 일으키는 근본(讀書, 起家之本)이라고 하였다. 책을 읽고 사색하며 지식과 삶과 사물에 대한 통찰력과 지혜로써 가정을 바르게 세워나갈 수 있음을 의미한다.

낙후된 가정을 경제, 사회적으로 부흥케 하는 원동력이 바로 독서의 힘이다. 특히 인문고전이 다른 어떤 분야보다, 특히 경영에서 진가를 발휘하는 것은 인문고전이 길게는 수천 년 짧게는 수백 년 동안 각 시대의 지도자들에게 철저하게 검증받은, 인간에 관한 최고의 지침서라 할 수 있다.

또한 인문고전 독서는 한 명문가의 전통이라 할 수 있다. 호남 최고의 명문가 장흥 고(高)씨 가문의 재봉 고경명은 고위 문관이었다. 그는 1558년 과거에 장원으로 급제하여 관직에 나갔다. 1591년 동래부사로 있다가 낙향했다. 1592년 왜적이 쳐들어왔다는 소식에 마상격문(馬上檄文)을 띄워 6천 명의 의병을 모았다. 당시 임금도 군인도 도망을 치던 때에 그는 일본의 침입에 생명을 던졌다. 금산에서 왜적과 교전하던 중 순국했다. 그의 나이는 예순이었다. 그 아들 고인후도 남은 의병과 함께 전사했다. 1593년 재봉의 장자인 고종후는 복수 의병장이라 칭하며 1천 명의 의병을 모집하여 2차 진주성 전투에서 일본의 10만 대군과 맞서다 순국했다.

정묘호란 때는 재봉의 손자 고부립이 의병을 일으켰다. 갑오경장 이후 일제의 침략이 본격화되자 재봉의 12대손 녹천 고광순이 의병을 일으켜 왜적과 10년간의 위대한 항쟁을 이어오다 1907년 지리산 피아골에서 왜적과 싸우다 장렬히 산화되었다. 그의 나이 또한 예순이었다.

고광순의 의병부대는 가슴에 **불원복**(不遠復: 독립이 멀지 않다)이 새겨진 태극기를 지녔다. 그 태극기와 글귀를 볼 때마다 심장에 뜨거운 피가 솟구친다. 현 대한민국의 상황은 온전한 독립 국가라 할 수 없기에 더욱 가슴을 먹먹하게 한다. 전라남도 구례 지리산 피아골 연곡사 경내에 그의 순절비가 있다. 순절비 옆으로 동백나무가 그의 애국혼을 말없이 지키고 있다.

의병장 녹천 고광순

장흥 고씨로 대표되는 명문 가문과 일제강점기 때 독립운동에 투신한 많은 선각자들 김구, 안창호, 이회영, 안중근, 윤봉길 등은 동양고전의 인문학적 전통에 뿌리를 두고 있다. 임진왜란의 의병 지도자들, 구국의 영웅 이순신, 세계에서 유일한 한글을 창제한 세종 등 위대한 인물들은 한결같이 인문고전의 탐서가였다. 그들은 나라가 위태로울 때 자신의 목숨을 걸고 구국의 길로 담대히 걸어 갔다(見利思義, 見危授命:이로움을 보거든 정의를 생각하고 위태로움을 보거든 목숨을 주라).

우리나라 사교육과 교실 현장

2022년도 국세청 자료에 따르면 전체 근로자의 1인당 평균 연봉은 4,214만 원이다. 그리고 통계청 자료에 의하면 2023년 초·

중·고 사교육비 총액은 27조가 넘는다. 우리나라 1인당 월평균 사교육비는 약 43만 원이다. 한 명의 고등학생일 경우 50만 원에 육박한다. 산술적으로 한 가정에 고등학생 두 자녀가 있다면, 매달 100만 원이 사교육비로 지출되고 있다. 직장인 평균 월급이 351만 원일 경우, 매달 100만 원 정도가 고정적으로 나가 250만 원으로 생활을 빠듯하게 꾸려나가야 하는 형편이다. 사교육비가 없다면 중고생 자녀를 둔 가정은 적절히 가계를 운영할 수 있을 것이다. 사교육에 드는 비용을 저축과 가정의 복지에 쓸 수 있어 여유롭게 가정을 경영해 나갈 수 있을 것이다.

서울 강남구 대치동의 A 학원에 개설된 '초등 의대반'. 이곳에선 초등학교 5학년이 39개월 동안 중학교 수학과 고3 이과 수학까지 6년 과정을 끝낸다. 대치동의 또 다른 B 학원은 초등학교 3학년이 고1 수학과 미적분을 배운다. 대치동의 C 학원은 초등학교 2학년부터 다닐 수 있는 의대 준비반을 운영한다.

시민단체 '사교육 없는 세상'이 24년 7월 1일 주요 학원가의 '초등 의대 반' 실태조사 결과이다. 사교육 없는 세상 단체는 서울 강남과 서초, 충남 아산 권곡 일대의 학원들에서 초·중·고 학생 대상의 의대 준비반을 운영 중이다. 이 단체는 "초등학교 5학년에게 기본 교육과정보다 6년을 앞당겨 고등학교 수학(상)까지 가르치는 학원의 진도 속도를 계산하면 정상적인 학교 교육과정 대비 14배 빠른 것"이라고 했다. 이 단체는 사교육업계가 선행학습반을 선호하는 이유로 초등학생인 학생들을 오랜 기간 장기적으로 학원에 다니게 할 수 있다는 점, 성적 향상 책임에 자유롭다는 점을 꼽았다. 의대 준비 선행학습반은 최근 의대 증원 국면과 맞물려 더 늘어날 가능성이 많고 일찌감치 자녀를 의대에 진학시키려는 학부모들의 전략적 판단이 더해지면서 사교육계 선행학습반의 규모가 커질 수 있을 것으로 경향신문은 보도했다.

이러한 사교육의 폐해는 계층 간의 사회적 위화감을 조성한다는 점이다. 학벌이 지배하는 사회에서의 소득 격차는 사교육 투자로 인한 교육 격차로 이어지고 교육 격차는 다시 양극화를 심화, 확대시킨다. 경쟁만이 살길이라는 바람은 승자만이 살아남을 수 있다는 살벌한 분위기를 조장한다.

또한 공교육에 대한 신뢰도를 무너뜨린다.《수능 해킹》의 문호진 저자는 "대학 진학에서의 학원의 영향력이 절대적으로 커진 상황에서 강사들은 과거 교사들이 교육자로 누리던 아우라를 띠기도 한다. 학생들도 학교에서 만나는 교사보다 사교육 종사자를 믿고 따른다"고 하였다. 극히 일부의 예이기는 하나 공교육 담당자인 교사에게는 자괴감을 주는 현상이다. 교사의 업이 학생을 가르치는 일로 밥벌이는 하지만 여전히 학생들을 바르게 인도하는 선생인데 그 보람과 책무를 사교육에 빼앗기는 위기감을 느끼게 만든다.

이러한 사교육의 선행학습 행태는 꼭 '나쁘다'라고 평가는 할 수 없지만 우리 공교육에 경종을 울리고 교육개혁의 단서를 제공한다. 입시 위주의 현 공교육을 혁신하여 교육의 본질인 '인격도야', '자주적 생활능력 신장' '더불어 사는 공동체 시민의식 함양'을 추구하는 전인성장의 진정한 교육을 이제라도 준비하고 계획하고 실천해야 우리 대한민국의 미래가 밝으리라 본다.

우리 사회에서 자신이 속한 직장에서 능력을 발휘하며 건강한 인격의 소유자에게 존중과 물질적 보상을 해주는 사회적 풍토가 형성되기를 진심으로 바란다. '사람다운 사람'을 키우는 서당의 인문고전 부활과 삶의 현장에서 자신과 이웃을 존중하며 배려하며 자신만의 주도적 삶을 살아가는 '삶의 교육'이 펼쳐지기를 고대한다. '노동 없는 부'를 쌓고자 하는 '불한당'을 사회에서 몰아내고 노동의 숭고한 가치를 존중하는 사회가 되기를 기대한다. 또한 생명의 가치를 소중히 여겨 '지속 가능한 진보'에 전 사회적으로 약속이 돼서 함부로 난개발과 부동산 개발이 우리 사회에 판치지 않도록 해야 할 것이다.

우리나라 대부분의 아이들은 정규학교에 다니면서도 학원 등의 사교육을 받는다. 필자가 속한 초등학교 학생들은 방과 후에 학원 등의 사교육 현장으로 달려간다. 학원 차를 기다리면서 운동장 스탠드에 옹기종기 앉아 학원의 숙제하기에 바쁘다. 영어는 학원 숙제를 위해 영어 단어의 알파벳 철자를 암송하거나 동사의 변화를 외우고 있다. 계단에 쪼그려 앉아 기계적으로 사칙연산을 풀고 문제 풀이에 답을 달고 있다. 아이들은 학교에서의 정식 공부를 마친 후 바로 학원으로 가거나 학교 방과 후 수업에 출석하여 공부를 이어가고 있다. 학원까지 다 마치고 나면 6~7시가 넘어 귀가한다. 중고생들은 학원과 그룹 과외 등을 한 후 8~10시가 넘어 집으로 간다. 아이들은 자신만의 성장할 수 있는 여가 시간과 여유 있는 자유 시간이 별로 없다. 방과 후에 여러 가지 사교육을 받느라 참된 배움과 주도적 삶의 능력 신장 기회를 박탈당하고 있다. 아이들은 여가 시간을 활용해 자신의 성장과 발육에 따라 적당히 또래 집단과 놀이 활동을 하고 건전한 스포츠를 통해 스트레스도 풀고 건강한 몸을 가꾸고 친구와 이야기하면서 우정을 쌓아야 하지 않겠는가? 청소년, 그 예민한 시기에 아름다운 우리의 국토를 발로 여행하며 우리의 문학을 읽고 감동하기를 바란다. 역사 유적지를 답사함으로 진실과 정의를 만나고 뜨거운 민족애의 위인의 숨결을 체험함으로 자신의 정체성을 몸과 마음으로 정립해야 하지 않겠는가? 노작과 노동을 통해 미리 경제 주체로서의 경험을 쌓고 노동의 보람을 느끼고 예비 사회구성원으로 마땅히 준비함이 필요하지 않은가?

사교육의 주요 과목 진도는 이미 학교 교육과정을 앞서고 있다. 하지만 학교에서는 교육 진도를 미리 나가는 선행학습을 법으로 막고 있다. 학교 현장의 교사는 아이들이 이미 어느 정도 선행학습이 된 것으로 여기고 반의 보통 수준의 아이들이 따라올 정도에 맞춰 수업을 진행한다. 개별학습이 아닌 집단적으로 학습 능력과 수준이 뒤섞인 아이들을 평균의 수준에서 지도한다.

교육부에서는 한 집단의 아이들을 수준별로 맞춰 수업하라고 권한다. 그러나 사실은 한 차시 수업에 아이들 능력에 맞게 수준별 수업을 한다는 것은 공염불에 불과하다. 필자가 6학년 원어민 영어 수업에 수업 지원으로 참여하였을 때, 25명의 학생 중에서 서너 명은 원어민의 지시하는 말을 이해를 못 할 뿐 아니라 알파벳의 음가와 소문자, 대문자를 제대로 쓰지 못하고 있었다. 단어의 뜻을 이해하지 못해 학습 활동이 거의 불가능할 정도라 교실 수업에서 엉뚱한 그림을 계속 그리고 있었고 학습 활동에 옆 친구의 도움으로 겨우 참여하고 있었다. 그 친구에게 영어 수업은 너무나 괴롭고 힘들고 가히 수업은 그에게 폭력이었을 것이다.

영어과 학습 부진의 아이들은 대개 수학에서도 부진을 나타낸다. 6학년 학생이 4학년 정도의 사칙연산이 제대로 되지 않고 있다. 그 학생은 연필로 숫자 쓰는 것 자체가 고된 작업이었고 두 자릿수 이상의 덧셈, 뺄셈을 힘들어했다. 수학은 학년별로 수준이 단계적으로 높아지고, 연계성이 있는 교과이다. 따라서 학습 부진은 수학을 포기하게 만든다. 초등 고학년 수학도 이런 현상이 있는데, 중학교, 고등학교에서는 수학 포기자가 속출하는 것도 이상하지 않을 것이다. 그런데도 고교에서는 학생들을 상대평가로 자신의 잠재적 실력이 등급으로 매겨진다. 교육 현장은 오로지 대학입시 경쟁에 매몰되어 각 개인의 성장에 맞는 평가가 이루어지지 않고 있다. 각 학생의 개별적 능력에 맞게 학습이 제대로 이뤄지고 각 개인별 학습에 맞는 성취에 따른 평가가 이루어져야 할 것이다.

교과에 뒤처진 개개인 학생에게 의미 있고 참된 성장과 배움이 되는 공부가 교실에서 이뤄지지 않고 있다. 그런데도 놀라운 것은 실제적 삶에 도움을 주지 못하는 교육을 위해 국가 예산이 약 100조가 투입되는 상황이다. 교육 관료들은 이러한 교육이 벌어지는 교실 현장에서의 학생, 교사의 입장을 알고 계획하고 예산을 집행하는 것일까? 학생들의 인격 도야와 학생들의 개인별 학습과 전인적 성장에 별로 도움이 되지 않는 교육행정, 교육연구, 교육시설에 교육부는 몰두하고 있다고 본다. 화려한 학교 건물과 첨단교육 기자재와 시설, 수업연구와 연수 등에 예산을 투자하면 의미 있고 내실 있는 교육성과가 나올 것으로 기대하고 있는 것 같다. 좋은 교육의 투자에 따른 최종 교육 수혜자는 우리 청소년 각 개별 학습자가 되어야 한다.

수업에서의 자신의 실력에 맞는 실질적 개별학습이 안 되고 있어 매우 안타까울 뿐이다. 6학년 수학에서 원의 공식 유도 과정을 배운다. 원주율을 배우고 원을 직사각형으로 만들어 가로 곱하기 세로로 원의 넓이를 구한다. 이때, 원의 넓이 구하기에 앞서 지름과 원주, 원주율의 관계를 익힌다. 원주율은 지름에 대한 원주의 비율이다. 원의 넓이를 구하는 방법을 배우기 전에 선행학습으로 무장한 아이들은 3.14가 원주율 값인 것을 알고 원의 넓이를 구하는 공식을 외우고, 교실 수업에서의 원리를 잘 듣지 않으려는 경향이 역력했다. 학교 밖 사교육이 수학교과 원리를 배우는 학습에 역효과를 주고 있는 것이다. 자신들은 이미 학원과 과외를 통해 원의 넓이 공식을 아는데 왜 교사가 이미 배운 지식을 열을 내어 가르치는지 받아들이지 않는 태도를 보였다. 수업에 불성실한 태도가 눈에 들어와 수업 진행에 어려움을 주고 있었다.

이것이 비단 필자만 겪는 교육 현장인가? 절반가량의 학생들이 **선행학습**(도심에서는 대부분의 아이들이 선행학습으로 이미 교과 진도를 앞서고 있음)으로 무장돼 있고 사교육에 노출되지 않은 소수의 학생들, 그리고 수학의 사칙연산이 안 되는 몇몇 학생들이 뒤섞인 집단화된 학급에서 한 차시 분량의 수업을 해야 하는 고민을 필자만이 느끼고 있을까? 우리 공교육이 너무나 획일화되고 평균화된 교육을 추구하고 있다. 그러나 실상, 사회경제적 기득권층들은 사교육을 통해 대학입시의 경쟁력을 갖추고자 선 넘는 사교육을 시키고 나아가 특수목적을 위한 자사고, 과학고, 외국어고로 자신의 아이들을 입학시켜 대학입시에 경쟁력을 확고히 하여 좋은 대학으로 진학시킨다. 그리고 이러한 아이들이 전문직과 고소득 직업에 진출하고 사회 중산층을 이룬다. 왜 정부는 한 학생의 개별적 적성과 능력에 맞는 교육을 하지 않는가? 교육정책 실무자인 교육행정 관료들이 애정을 갖고 자라나는 미래 세대인 아이들에게 관심을 조금만 가져도 해결책이 보일 것이다. 교육예산이 각자의 개인에게 효과적으로 투자되기를 간절히 소망한다. 교육의 획일화, 집단화, 평균화보다 교육수요자인 학생 한명 한명에게 교육 기회가 다양하게 열려 있고 개별적 성장과 배움이 일어나는 참교육이 실현되기를 꿈꿔본다.

서이초 교사의 슬픔과 분노

2023년 7월 18일, 서울 서이초등학교의 한 새내기 교사가 교내에서 극단적 선택을 했다. 이제 겨우 24살, 2년 차 새내기 교사가 교실에서 스스로 목숨을 끊었다.

해당 교사는 2년째 1학년 담임을 맡아 근무하던 것으로 전해졌다. 한 학부모의 지속적인 학대에 시달리다 급기야 극단적 선택을 했다고 전해졌다. 고인이 맡았던 학급에서 학생끼리 사건이 있었다. 한 학생이 뒤에 앉아 있던 학생의 이마를 연필로 긁었다. 피해 학생의 학부모는 이 사건을 이유로 교무실에 찾아왔고 고인에게 "교사 자격이 없다" "애들 케어를 어떻게 하는 거냐"고 항의했다고 한다. 동료 교사들은 고인이 평소 속이 깊고 힘든 일을 내색하지 않고 묵묵히 학교생활을 해왔다며 황망한 마음을 내비쳤다. 고인의 죽음은 학부모의 민원을 담임교사 혼자 감당해야 하는 현재의 제도와 무관하지 않다.

여름이 가고 새 학기에 교사들은 또 떠나갔다. 개학한 지 얼마 안 돼 대전과 충북 청주시에서 초등교사가 연달아 목숨을 끊었다. 두 달 사이 서초구 서이초 교사를 비롯해 경기 용인, 의정부시, 서울 양천구, 전북 군산시, 제주 등에서 교사가 극단적 선택을 한 사례가 언론에 9건이나 달했다.

서이초 교사의 죽음은 상징성을 갖는다. 대한민국의 공교육이 죽었음을 알린다. 특히 교육에 관한 '교권 상실'을 극명히 보여준 슬픈 사건이다. 도대체 누가, 무엇 때문에 그토록 아름답고 청순한 한 여교사의 목숨을 앗아 갔는가? 그것도 교육 현장인 교실에서 생을 마감했어야 했는가?

필자가 강원도 휴가 여행 중에 서이초 교사의 안타까운 죽음에 글을 남겨두었다. 요즘 서울 서이초등교사의 죽음으로 교권 추락과 교실 붕괴가 너무나 서글프다. 교사의 인권과 존중은 사라지고 교실의 질서는 무너졌다. 과도한 학부모의 간섭과 민원으로 교사의 생활 지도력은 실종된 지 오래고, 학생인권조례의 악용과 아동학대 신고 등으로 교사의 존중은 무너졌고 사제지간의 존중과 애정은 사라졌으며 모멸과 자괴감이 우리를 슬프게 한다. 무기력한 교육의 현실에 분노가 치민다. 교사의 자율적 생활지도 권한이 없으면 교실 내 질서는 붕괴하고 무질서가 난무한다. 교육이 없으면 이 대한민국의 미래와 희망은 없다. 교실에서 잠자는 아이를 깨워도, 싸우는 아이를 제지해도 정서적, 신체적 아동학대에 해당하여 신고되면 직무가 정지된다. 20명, 많게는 30명이 넘는 교실에서 교사는 너무나 무기력한 관망자가 되어버렸다. 서이초등학교의 너무나 착하고 예쁜 선생님의 애달픈 노력과 절망과 아픔이 가슴을 후벼 파고 분노가 끓어오른다. 대한민국 공교육은 어디로 표류하는가? 이순신의 편지에 호남이 없으면 나라가 없듯이 이 나라에 올바른 교육 없이는 우리의 미래도 없다.

서울 발도르프학교 학생들의 인터뷰 기사들이다.

질의: 일반 학교 교사 사망 사건과 학부모의 악성 민원 사건이 계속 이슈였는데 학생의 입장에서 어떤 생각이 드나요?

학생 A: 솔직히 충격이었어요. 미디어를 접할 수 없어 좀 늦게 안 편이거든요. 알고 나서는 화가 나고 집에 와서 계속 인터넷에서 찾아보게 됐어요. 슬프기도 하고 미안하기도 했어요. 학생의 입장에서는 자기 반 선생님이 그랬다고 하면 더 슬플 것 같아요. 가장 가까이에서 자기와 함께 계신 선생님이 그렇게 떠나셨으니 얼마나 마음이 아프겠어요.

학생 B: 사교육에 집중이 많이 되다 보니까 공교육에서는 학교가 시간을 때우는 의무적인 공간으로 전락해서 학교라는 공간의 의미가 퇴색하고 있는 것 같아요. 학교가 더는 배우는 공간이 아니고, 배움은 학교 밖에서 일어나고, 학교 선생님은 가르치는 일보다는 보호자로 인식되는 현실이 외부에 드러난 게 아닌가 싶어요.

학생 C: 학부모 때문에 스트레스를 받고 선생님이 자살했다는 게 말도 안 된다고 생각했어요. 아무리 아이를 위한 거라고 해도 윤리적으로 맞지 않는다고 생각했고요. 부모는 아이가 좋은 대학을 가길 바라는데 과연 그게 아이들이 원하는 걸까. 아니면 부모가 아이를 키우고 싶은 대로 이끄는 걸까, 의문이 들죠. 부모가 자기가 원하는 삶을 자식이 살도록 요구하는 것 같아요.

우리나라 공교육 현장에서 교사는 왜 소신껏 학생들을 바르게 지도하지 못하고 교육의 전문성과 자율성을 마음껏 펼치지 못하는가? 그 근본적 이유는 무엇 때문인가?

첫째, 교육정책을 입안하고 집행하는 교육 관료와 교육을 연구하는 교수들이 교육 주체자인 교사의 입장에서 생각하지 않고 교육정책을 결정하기 때문이다. 교학상장이 일어나는 교실 상황과 동떨어진 이상적 정책과 제도를 만들어 놓고 교육 현장에 적용하라는 것이다. 교육이 이루어지는 교실 상황에 맞도록 정책을 만들 때는 제발 현장 교육자인 교사에게 물어보고 교육과정을 입안해야 할 것이다. 특히 생활지도는 개성 있고 미성숙한 아이들을 대상으로 제한된 시간과 공간 안에서 불특정 다수의 학생들을 지도한다. 예기치 못하는 돌발상황에 발생하는 교육 현장에서 교육자의 고충과 자율성을 인정해 주어야 마땅하리라 본다. 필자는 수업 시간에 선을 넘어 괴성을 지르는 학생 등으로 인해 난감한 적이 한두 번이 아니었다. 쉬는 시간, 수업 시간을 막론하고 기본예절에서 벗어나는 일이 교실 현장에서 자주 발생하곤 한다. 한 고등학교 담임 교사는 학생 출결 관리가 힘들다고 했다. 무단결석, 지각은 아무리 지도해도 개선되지 않을 때가 많고 반항하거나 대드는 것을 즐기고 그것이 스스로 멋있다고 생각하는 학생들이 있어 지치기도 한다. 주어진 역할을 불성실하게 수행하는 학생들에게 책임감을 갖도록 지도하는 일은 특히 쉽지 않다. 2022년도에 여수의 한 초등학교 6학년 담임을 맡았다. 한 학생이 자주 지각하고 결석도 간혹 했다. 학부모인 어머니에게 전화해도 그때뿐이고 도대체 교사의 지도가 먹혀들지 않았다. 심지어 체험학습에 차질이 생길까 하여 미리 충고해도 그날 지각하여 체험학습이 전체적으로 늦어졌다. 어떤 날은 오후 2시가 넘어 하루 수업이 끝날 시각에 오는 것이었다. 기가 막혔지만 그래도 학교에 오는 것만으로도 다행이었다. 그나마 그 친구의 지각은 5학년에 비해 좋아진 것이란 말에 출결 지도를 포기하고 말았다. 결손 가정과 바른 훈육이 가정에서 이뤄져야 하는데 그렇지 못한 것이다.

 교사에게는 학급의 질서를 유지하며 배우고 성장하는 학급 분위기를 조성하고 평화의 공간을 만들 권위가 반드시 필요하다. 교사에겐 최소한의 생활지도권과 훈육권은 합법적으로 주어져야 한다. 학습 공동체 대다수의 선량한 학생들을 보호하고 바른길을 인도할 최소한의 권위는 있어야 할 것이다.

둘째, 교사와 학생 간에 과도한 부모의 개입을 원천적으로 차단하여야 한다. 교사와 학생 간에는 신뢰와 애정이 필요하다. 교육 현장의 학습지도, 생활지도가 일어나는 공간에서 학부모의 과도한 간섭과 침해는 정부가 법으로 막아줘야 마땅하다. 교실에서 일어나는 상황에서 학부모가 사사건건 개입하고 더욱이 교사 개인의 인격을 무시하는 행태를 필자 역시 겪었다. 법과 제도의 보호를 못 받고 무한책임만 떠맡은 교사는 오롯이 자신이 혼자 모든 걸 감당해야 한다. 서이초 선생님은 부모에게도 학교 책임자에게도, 교육청에도 말 못 하고 법적으로 그 어떠한 도움도 못 받고, 그렇게 꿈꾸고 원했던 교육 현장에서 애처로운 새가 되어 외로운 생을 마감했어야 했다.

교육부는 교권보호 5법을 개정했고 교원의 학생생활지도에 관한 고시도 제정하며 정당한 교육활동 범위에 대한 법적 근거를 마련했다. 학교별 학칙도 개정했다. 그러나 현장 교사들이 제도 변화를 체감하는 속도는 더디다. 교사들은 긍정적인 변화를 느끼지 못하고 있다. 교실은 교사와 학생 간의 활력이 잃어가는 듯하다. 교사와 학생이 선을 긋는 사이 공교육 역할이 약해진다. 교육이 풀어야 할 문제를 사법부 판단에 맡기는 일이 많아졌다. 의지를 가지고 교육프로그램을 계획했다가 민원이 접수될까 봐 다른 학급 원성을 들을까 봐 아무것도 하지 않게 된 현장에서 교사는 한없는 자괴감과 무력감을 느낀다. 지금도 교사들은 소비자의 정체성을 앞세운 학부모의 민원 제기를 두려워하고 있다. 학부모에게 꼬투리

잡힐 일을 만들지 않으려 수업이든, 생활지도 등 '최소한 할 것만' 하는 식으로 대응하려 한다. 서초구의 한 교감은 "선생님들이 어느 정도 허들을 치지 않으면 살아남지 못한다는 걸 안다"고 했다. 세종의 한 초등학교에선 여름마다 하던 물총놀이를 그만뒀다. "아이가 다쳤다"는 등의 민원을 사전에 차단하기 위해 내린 결정이다. 체육수업도 소극적으로 변한다. 농구를 가르칠 때 크고 딱딱한 농구공 대신 스펀지 공을 사용하는 식이다. "민원 받을 일 아예 말자"라는 공감대가 교사들 사이에 형성되어 체험학습을 안 가고 교과 외 활동을 기피하고 있다. 수학여행도 하루 여정으로 잡고 실시하는 학교도 있다.

가르침과 배움이 교차하는 '교학상장' 공간에서 교권은 반드시 보호되고 존중되어야 한다. 교권 없는 교육은 교육이 제대로 실현될 수 없다. 교육이 교육이 되고 참다운 배움이 되기 위한 전제 조건이 교권이다. 현장에서 교육의 주체인 교사의 권위가 무너진 가운데 참다운 배움이 일어날 수 있을까? 교사에 대한 존중 없이 어찌 바른 교육을 기대할 수 있단 말인가? 물론 학생 개개인의 인권과 자유는 당연히 존중되어야 한다. 가르침과 배움이 일어나는 교육 현장에서, 특히 교실이라는 배움의 공간에서 교사의 고도의 자율성과 전문성이 존중되어야 한다.

배움이 일어나는 학습 장소에서 아이들이 선을 넘는 행동할 때, 즉각적이고 단호한 제제와, 상응하는 훈육할 수 있는 교권은 꼭 필요하다. 교사가 교육목적을 위해 생활지도함에 있어 최소한의 훈육할 수 있는 권한은 주어져야 맞다. 훈육할 목적으로 교실 청소도

시킬 수 없고 아이들에게 바른 말을 해줘도 '심리적 아동학대'로 몰리니 교사들은 교육에서 가장 중요한 '바른 예절'을 지도할 수가 없는 처참한 비교육적 상황에 처한 것이 오늘의 대한민국 현장이다. 이러니 교사들은 괜한 손해를 당하기 싫어 수동적이고 소극적인 직업인이 되어버렸다. 교직이 한갓 밥벌이로 인식되고 아이들을 성숙한 인격자로 양육한다는 소명의식을 가진 교육자를 좌절하게 만드는 것이 오늘 대한민국의 처참한 교육 현장이다.

지난해, 학교식당 앞에서 6학년 학생들이 복도에까지 줄을 서서 점심을 기다리고 있었다. 요즈음 6학년 남학생의 키는 170cm가 넘어간다. 두 명의 학생이 마치 영화를 찍듯이 서로 엉켜 주먹질이 오고 갔다. 필자는 즉시 뛰어가 힘으로 주먹을 날리고 있는 학생의 팔을 잡고 물리적으로 두 학생들을 격리시켰다. 복도는 난리가 아니었다. 평소 턱걸이 등을 통해 근력을 기르지 않았다면 그 학생들을 제지하지 못했을 것이다. 필자 나이가 60이다. 학교 현장에는 일부 아이들은 자신의 감정을 다스리지 못하고 일탈 행위를 자주 하곤 한다. 3년 전 한 학생은 수업 중 교실에서 괴성을 지르며 수업을 방해하곤 했다. 수업 자체가 안 되는 기막힌 상황이다. 교사의 지시가 도무지 통하지 않는다. 그해 그 아이 때문에 수업 진행 자체가 수차례 진행될 수 없었다. 수업 시간에 물리적으로 그 아이를 복도로 데리고 나가 진정시키고 나면 진이 빠져서 남은 수업을 제대로 할 수가 없었다. 제대로 된 교사의 생활지도권이 반드시 회복되어야만 한다. 무질서한 교실 상황을 필자만 겪고 있는 것일까?

조던 B. 피터슨은 《12가지 인생의 법칙》에서 "헌신적이고 용기 있는 부모가 자녀에게 줄 수 있는 가장 큰 선물은 올바른 훈육이고 아이를 제대로 키우고자 싶다면 처벌을 망설이거나 피하지 말라"라고 주장한다.

모든 인간이 그렇듯이 어린아이 역시 선하기만 한 존재는 아니다. 아이들에게 적절한 교육과 훈련, 사랑을 받지 못하면 잘못될 가능성이 커진다. 인간의 폭력적 성향을 병든 사회 탓으로 돌리는 것은 잘못이다. 그렇다고 사회가 할 일은 없다고 생각하는 것도 잘못이다. 악한 행동을 억제하고 선한 행동을 장려하는 데 사회화 과정은 필수적이다. 아이들이 제대로 성장하려면 주변 사람들의 관심이 반드시 있어야 한다. 부모의 '자상한 무관심'으로 인해 아이가 규칙과 절제를 배우지 못하고 옳고 그름을 구분하지 못하면 가장 큰 피해를 보는 사람은 바로 어린아이 자신이다. 어린아이를 돌보는 사람이 아이와의 갈등과 충돌을 피하고자 잘못을 교정하지 않고 내버려 두면 아이가 성장하여 궁극적으로 피해를 입게 된다.

요즘 부모는 훈육과 처벌을 두려워한다. 엄격한 훈육자와 폭군이 별로 다르지 않은 것 같고, 처벌과 고문의 경계가 분명하지 않은 것도 사실이다. 둘 다 양육에 꼭 필요하다. 물론 훈육과 처벌은 신중히 접근해야 할 문제다.

미국의 심리학자 스키너(Skinner)는 '조작적 조건 형성'이라는 이론을 제안했다. 인간은 외부자극에 기계적으로 단순 반응하는 것이 아니라 스스로 환경을 조성함으로써 반응한다고 본 것이다. 스키너는 보상은 바람직한 행위를 강화하는 수단이고, 위협과 처벌은 나쁜 행위를 중단시키는 수단이라는 것을 알았다. 부모와 사회의 간섭이 순수한 아이를 망친다는 믿음이 지배적인 요즘 같은 세상에서는 위협과 처벌의 효용성에 대한 논의가 어렵다. 그런데 아이들이 배우지 않아도 되는 존재라면 인간의 성장 기간이 이처럼 길 필요가 없다. 아이는 자궁에서 나오는 순간부터 배울 준비가 되어 있다. 두려움과 고통에 노출된 아이는 왜소하고 연약한 존재다. 세상에 대해 아무것도 모른다. 가장 기본적인 걸음마를 배우는 데도 무수한 시련을 겪는다. 형제자매와 또래들, 비협조적이고 완고한 어른들을 상대하면서 경험할 수밖에 없는 실망과 좌절은 말할 것도 없다. 그래서 아이가 실패하지 않으면 좋겠다, 아이가 두려움과 고통을 느끼지 않았으면 좋겠다고 바라는 것은 잘못된 것이다. 배워야 할 것들을 잘 배울 수 있도록 아이의 학습 능력을 길러주는 것이 훨씬 현명하다.

　훈육 책임을 등한시하는 부모는 올바른 양육에 필요한 갈등을 피하고 싶어 한다. 잠깐 악당이 싫어서 자녀를 영원한 고통의 구덩이로 밀어 넣는다. 사회는 어떤 엄한 부모보다 비판적이고 매정하다. 어떤 매정한 부모보다 훨씬 더 아프게 때리고 가혹하게 처벌한다. 훈육하지 않으면, 그 책임을 냉혹하고 무정한 세상에 떠넘기는 것이다. 사랑을 핑계로 훈육 책임을 회피하는 것은 비겁한 직무 유기다. 집 밖 세상에서 불행과 실패로 이어질 만한 행동을 하면 망설이지 말고 단호하게 혼을 내야 한다. 훈육 원칙은 두 개다. 첫째, 중요한 최소한의 규칙만 남겨라. 둘째, 그 규칙을 적용할 때 최소한의 힘만 사용하라.

이상은 조던 B. 피터슨이 그의 책 《12가지 인생의 법칙》에서 주장한 내용이다.

이러한 '훈육'에 대한 주장은 우리 교육 현장에 적용할 시사점이 많이 있으리라 본다. 아이들을 바르게 지도할 수 있는 훈육권이 교육 현장에서 흔적 없이 사라져 가고 있다. 즉 생활지도의 손과 발이 묶인 상태에서 진정한 교육을 펼치고자 고군분투했던 우리의 서이초 젊은 여선생님이 너무나 가엾고 눈물샘을 자극한다. 그녀의 일기장에 "월요일 출근 후 업무폭탄과 그 아이의 난리가 겹치면서 그냥 모든 게 다 버거워지고 놓고 싶다는 생각이 마구 들었다. 숨이 막혔다. 밥을 먹는데 손이 떨리고 눈물이 흐를 뻔했다"라고 쓰였다. 누가 서이초 교사를 죽게 했는가? 화려한 학교 건물과 시설들, 첨단화된 기자재들, 교육연구와 교사연수, 교육행정 등은 도대체 무엇 때문에 있는 것인가? 교육 현장에서 교사와 학생 간의 교학상장과 인격적 소통을 통한 개별 학생의 건강한 인격 성숙을 위해 필요한 것이 아닌가? 교사가 최소한의 존중과 학생에 대한 지도권이 없는 대한민국의 교육은 어디로 가고 있는가? 그날 서이초 선생님은 자신의 승용차를 주차해 놓고 생의 마지막 길을 걸어갔다. 선생님의 죽음 후에도 선생님의 승용차는 한동안 주차장에 홀로 자리를 지키고 자신의 슬픔을 대변하고 있었다. 그날 선생님은 어떠한 마음으로 자신의 차를 몰고 마지막 출근을 했을지 가슴이 미어진다. 우리 모두 다 죄인이다. 우리 모두의 책임이고 모두 다 가해자다.

전영창 선생님을 기리며 (거창고등학교 이야기에서)

전영창 선생님은 교육계에서도 종교계에서도 비록 알려지지 않은 변방의 인물이지만, 현대를 살아가는 대한민국 국민이라면 반드시 선생님의 뜨거운 애국심과 하나님을 경외한 참신앙과 학생 한명 한명에 대한 진실된 사랑의 마음을 기억하고 존경의 마음을 지녀야 하리라.

1995년 2월 15일 청와대에서 대통령 주재로 제3차 농정개혁회의가 열렸다. 김영삼 대통령은 시골에 있는 작은 학교인 거창고등학교가 한국을 대표할 만한 학교라고 이례적인 칭찬을 했다(현재 거창고는 사립학교, 개방형 자율학교로 2025년 신입생 92명을 모집한다).

거창고등학교 교장으로 20여 년간을 봉직했던 고 전영창 선생님에 대해 소개한다.

전영창 선생님은 1917년 12월 26일 전라북도 무주군 적성면 여울리에서 전일봉 님의 외아들로 태어났다. 그의 부친은 무주 지역 3.1 독립운동 주도자로 체포되어 옥고를 치렀다. 20리나 떨어진 안성초등학교를 걸어서 통학했다고 한다. 성품이 강직하고 동정심이 많아 부모가 사준 새 옷이나 신발을 어려운 아이에게 주어버리곤 했다. 선교사의 도움으로 전주 신흥학교에 장학생으로 진학한다. 그는 장학금을 받는 보답으로 매일 화장실 청소를 자청하였고 이 정신은 신흥인의 정신으로 이어져 내려오고 있다. 영창이 졸업반이 되었을 때 신사참배를 반대하는 바람이 전국을 휩쓸었다. 일본 경찰이 교장의 반대에도 학교로 몰려와 학생들을 집합시키고는 물리적으로 신사참배를 강요했다. 어쩔 수 없이 신사를 향해 걸어가는 학생들 틈에서 몰래 빠져나온 영창은 곧바로 교장실로 갔다. 그는 린턴 교장에게 왜 학생들을 신사로 가도록 방관하고 있느냐고 항의를 했다.

그 일 때문에 린턴 교장은 전영창이란 학생을 눈여겨보게 되었다. 그가 졸업을 하자 린턴 교장은 그를 일본 고베 신학교에 유학할 수 있도록 지원을 해주었다. 그러나 그의 신학교 생활은 오래가지 못했다. 1941년 12월 1일 일본이 진주만 기습을 한 다음 날, 그는 학교 기숙사에서 일본 경찰에게 체포되었다. 그의 사상이 불순하다는 것과 신사참배를 거절한 것이 체포 이유였다.

그는 감옥에서 영어와 그리스어 공부에 열중하는 한편 성경을 탐독하다 못해 통째로 외우기 시작했다. 로마서를 다 외우고 마태복음을 3분의 2 정도와 시편을 부분 암기했다.

집행유예로 석방이 된 그는 고향인 무주로 주거 제한을 받고 귀향하였다. 그는 고향 집에서도 영어, 그리스어, 히브리어 등 어학과 성경을 더욱 깊이 공부하였다. 그에게 주거 제한 조치는 그로 하여금 더욱 실질적으로 공부할 수 있게 되었다.

그 후 그는 통역관 모집에 합격하여 미군 24군단 예하 7군의 군종사무실에서 군목인 브라운 소령의 통역으로 일하게 되었다. 또한 벨솔드 군목과 연결되었고, 그는 영창의 공부에 대한 열정에 감동하였다. 그는 웨스트민스터 신학교에 편지를 보내 장학금을 받게 하고 경비 또한 목사 개인이 부담해 주겠다고 하였다.

미 군정청 산하 외교업무 담당처에서는 한국 유학생을 미국에 보낸 적이 한 번도 없었던 탓에 새로운 규정을 만들기까지 해서 여권과 비자를 발급해 주었다.

1947년 4월, 그는 해방 후 한국 최초의 유학생이 되어 웨스트민스터 신학교에 입학하였다. 2년 뒤, 웨스턴 신학교로 옮겨서 신학 공부를 계속했다.

1950년 6월 25일 한국전쟁이 터졌다.

그는 뉴스를 듣자마자 즉시 귀국을 하리라고 결심했다. 워싱턴에 있는 한국 대사관을 찾아가서 귀국 수속을 하려 하자 "사태를 관망하고 대기하라"는 말만 할 뿐 귀국 수속을 해주지 않았다.

이듬해 1월 3일 그는 학장인 멀더 박사를 찾아가 결연하게 말했다. "만약 공산주의자들이 한반도 전체를 점령하게 되면 나는 조국에 돌아갈 기회를 영영 놓치고 말 것입니다. 주님은 내가 목사가 되어 미국에서 일하는 것을 원하는 게 아니라 내 조국을 위해 일을 시키려고 미국에 보낸 것이 아닙니까. 내가 만약 조국에 돌아가지 않으면 주님뿐만 아니라 동포들까지도 배반하는 것입니다. 왜냐하면 나는 그들의 목자가 되기 위해 미국에 왔는데 이제 위험에 빠진 양들을 모른 체한다면 목자는커녕 사기꾼이 될 수밖에 없습니다."

멀더 박사는 무겁게 입을 열었다. "정 그렇다면 학위를 받고 떠나시오. 2주일만 있으면 졸업시험을 칠 테니까 그때까지만 기다리시오."

할아버지와 아버지로부터 물려받은 그의 뜨거운 심장은 식을 줄 몰랐다. "학장님, 지금 조국이 위기에 처해 있는 판에 학위를 받고 안 받고가 문제입니까? 나는 한시라도 빨리 조국으로 돌아가고 싶을 뿐입니다."

귀국하기 전날인 1월 8일 저녁에 멀더 박사로부터 저녁 식사 초대를 받았다. 식사가 끝나자 멀더 학장 내외가 학장실로 가자고 했다. 멀더 박사는 학장실에서 부인이 지켜보는 가운데 그에게 졸업장을 수여했다. 학장 부부와 그, 세 사람의 눈에는 뜨거운 눈물이 고였다. 이것이 전영창의 웨스턴 신학교 졸업식이었다.

그 후, 그는 한국전쟁이 끝난 뒤인 1953년 9월 콘코디아 신학교 대학원에 진학하기 위해 두 번째로 미국 유학길에 올랐다. 전영창은 이 두 번째 유학을 마치고 귀국한 지 한 달 후에 폐교 직전의 거창고등학교 교장으로 부임하였다.

6.25가 일어나자 귀국한 그는 부산 영도에 '경남구제 위원회'를 설립하여 장기려 박사 등의 훌륭한 의사들과 손을 잡고 피난민들을 위한 무료 진료활동을 폈다. 그는 어려운 처지에 있는 피난민들을 돕기 위해 미군의 여러 기관을 통해서 의약품과 구호품을 조달했다. 그 '경남구제 위원회'가 모태가 되어 지금의 고려신학대학 복음병원으로 발전하였다. 병원장이었던 장기려 박사에 의해 오늘날 의료보험이 시작하는 계기가 되었다.

사랑하는 사람들이 불의와 부정으로 불편함을 겪게 되면 그것을 보고 안타까워서 또 분노를 일으켜서 정의의 편에 서게 된다.

1951년 국민방위군 사건 때이다.

전쟁 중 1.4 후퇴시기에 국민방위군으로 17세에서 40세까지의 병력이 징집되었다. 정부는 중공군의 개입으로 100만여 예비 병력을 남쪽으로 후송하였다. 전쟁 초기 북한이 점령지에서 많은 청년들을 북한 의용군으로 재편하여 정부는 방위군을 남쪽으로 이동 중이었다. 군 간부들이 국가의 예산을 횡령하는 사건이 발생하였다. 군 장성들이 보급품을 부정으로 착취하는 일이 발생하였다. 서울에서 부산으로 가는 중에 한 사람에게 쌀 9되, 수당 6,500원의 예산을 받아 실제로는 쌀 3되, 돈 500원을 주고 나머지는 군 장성이 다 떼어먹은 사건이다. 영하의 기온에서 장거리를 이동해야 하는 수많은 장정들이 식량과 피복을 지급받지 못해 사망자 수가 9만 명에 이르렀다. 이런 엄청난 부정 사건으로 인해 얼어 죽은 사람, 굶어 죽은 사람, 얼굴의 형체를 알아볼 수 없는 사람들이 대부분이었다. 부당한 처우를 견디다 못한 국민방위군들은 집단 탈출하기 시작했으며 이러한 사실이 국민들에게 알려지게 되었다.

그 당시 막강한 권력의 자유당 정권하에서도 전영창은 어느 강연회에서 이 애처로운 청년들에 대한 뜨거운 사랑 때문에 이 사실을 폭로하고 규탄했다가 고생하였다.

그가 거창고등학교로 부임할 당시에 눈에 비친 학교는 초라한 오두막집이라 할 수 있었다. 안내된 교장실은 화장실을 개조한 것이었고 학교의 모든 재산이 체신청에 저당이 잡혀 언제 차압을 당할지 모르는 상황이었다. 교실로 지어놓은 가건물은 지붕이 뚫어져서 하늘이 보였고 운동장엔 잡초가 우거져 있었다. 그가 거창고등학교 교장으로 취임하는 날 취임식에 참석한 학생 수가 8명이었다고 한다. 가장 작은 학교로 시작한 셈이다. 그는 학교를 위해 피와 땀을 쏟는 투쟁을 하기 시작했다. 빚을 갚아야 하는 날짜는 닥

쳐오는데 돈은 없고 갚을 뾰족한 방법도 없으니 그는 홀로 산속으로 들어가 금식하면서 하나님께 기도했다. 놀라운 것은 그가 금식기도 후 돌아와 보면 문제가 해결되었다.

1970년 박정희 군사정권이 3선 개헌을 하려고 하자 이 조그만 시골의 거창고등학교 학생들이 3선 개헌 반대 시위를 9월 14일 일으켰다. 이것은 그가 평소 학생들에게 불의를 보고 그냥 지나쳐서는 안 된다고 가르쳐 온 결과이다. 데모를 주도한 학생들을 처벌할 것을 거부한 이유로 그는 교장 승인 취소 처분을 당했다. 그러나 법정투쟁을 벌여 끝내 승소했다.

이러한 정신은 그대로 전해져 내려오고 있다. 그가 타계한 후 5공 정권이 들어섰을 때였다. 고등학교마다 문제 학생들을 추려서 삼청교육대와 유사한 특별교육대로 보내라는 지시가 내려왔다. "그런 곳에 보낼만한 문제 학생도 없을뿐더러 설사 있다손 치더라도 그들의 선도를 교육 전문가인 선생들이 못하는 것을 어찌 군인들이 할 수 있겠는가"라며 거창고등학교에서는 끝내 거절했다. 그 일 때문에 당시 전성은 교장이 말 못할 곤욕을 치렀다.

박정희 정권이 3선 개헌을 하고도 모자라 유신헌법을 만들 때였다. 모든 선생들이 가정방문을 하여 학생들의 부모에게 유신헌법의 정당성을 설득시키라는 지시가 교육위원회에서 내려왔다. 물론 이 학교에서는 그러한 지시를 따를 리가 없었다.

전영창의 설교와 훈화 중에 "젊은이들이여, 대망을 품어라!(Boys be ambitious!)"라는 주제로 집중되었다.

"세상이 이렇게 삭막하고 암담한 것은 사람마다 자신의 행복만을 추구하기 위하여 남을 도구로 이용하고, 불의와 타협할 뿐 아니라 불의를 자행하기 때문이다. 사회를 개선하기 위해서는 정의를 사랑하여 불의에 항거하고, 나보다 우리를 먼저 생각하는 사람이 많이 나와야 한다. 그러니 너희들은 얼어 죽고 굶어 죽는 한이 있더라도 불의와 타협하지 말고 생명이 다할 때까지 남을 위해 봉사하는 사람이 되어라. 이런 삶이 되기 위한 대망을 품은 사람은 비록 돈이 없고 빽이 없어도 이를 악물고 해보겠다는 굳은 결심으로 앞으로 나갈 수 있는 힘을 위로부터 받게 되고 어디선가 반드시 도움이 온다."

　전영창 교장은 직접 영어와 성경을 가르치고 설교와 훈화를 통해 학생들에게 진리의 길을 제시했다. 그의 가르침은 기독교인 학생들은 물론 비기독교인 학생에게도 깊은 울림을 주었다.

　그런데 그의 가르침이 문제가 되었다. 전영창 교장은 설교와 훈화를 통해 기독교 신앙만 소개한 것이 아니라 종교, 문화, 정치, 사회의 모순과 불의를 거침없이 지적하며 학생들이 그러한 불의와 잘못을 바로잡아야 한다고 가르쳤다.

　기독교에 대한 비판은 기존 교회들의 반발을 샀고, 정치에 대한 비판은 군사정권의 신경을 건드렸다. 사회에 대한 비판은 지역 유지들의 비위를 건드렸다.

　전영창 교장의 비판 기준은 언제나 성경의 진리 되신 예수였다. 그리스도의 가르침을 기준으로 삼아 사회를 개혁해 나가야 우리나라가 바로 선다는 것이 그의 평생의 신념이요, 신앙이었다. 예수 그리스도가 바로 전영창 교육의 핵심이었다.

거창고등학교 11회 졸업생들은 고 전영창 선생님을 추억했다.

"설교 말씀에서도 어린 시절부터 꿈이 많던 다윗 이야기를 들려주셨고, 거창의 산골에 태어난 이유 때문에서라도 신앙과 꿈을 다 갖춘 이 나라의 지도자가 되라는 이상을 자주 말씀하셨습니다. 한때는 이상을 가진다는 것과 '성공'을 한다는 것이 똑같은 말인 줄 알고 권력 있는 사람이 되겠다, 부자가 되겠다고 생각을 했던 적도 있었습니다. 하지만, 이상을 가져야 한다고 가르쳐 주시는 교장 선생님의 삶의 모습은 권력과 부와 명예와 거리가 먼, 단순하면서도 희생적인 실천의 생활인 것을 알게 되었습니다. 한 마디로 진리와 정의와 인간 사랑, 그리고 양심에 따라 생각하고 행동하시는 분의 모습이 저에게 이상을 심어주시는 분의 삶의 모습이었습니다."

"11회 졸업생 중에 몸이 부자유스러운 학생이 있었습니다. 선생님은 아침 일찍 아무도 모르게 그 학생을 데리고 목욕탕에 가서 깨끗이 씻어주시기도 했습니다. 선생님에게는 우리들이 그저 거창고등학교에 다니는 학생이 아니라 당신의 아들이고 딸이었습니다."

또한 한 제자는 전영창 선생님을 추억했다.

"그것은 하나님에 대한 깊은 사랑과 인간에 대한 깊은 애정을 몸과 마음에 가득히 지니셨기 때문입니다. 교육은 기술이나 이론으로만 하는 것이 아니라 사람을 사랑하는 깊은 애정으로 하는 것입니다. 어떻게 하면 자라나는 청소년들을 바르게 교육시킬까, 하고 고심하다 보니 개교 기념 예술제, 야영하는 소풍, 학생회 회장 선거 같은 활동을 생각해 내실 수 있었다고 봅니다.

지난 1969년에서 1971년도 사이에 있었던 일입니다. 그 무렵 학교에서는 보충 수업을 못 하게 하고 재학생들도 학원에는 나갈 수 있게 되어 있었습니다. 그런데 우리 학교에서는 보충 수업을 계속 했지요. 새벽 5시 30분부터 2시간 동안 했습니다. 이 소문을 도 교육청에서 듣고 새벽에 현장을 잡으러 왔습니다. 영어 수업을 하고 계시는 교장 선생님께 도에서 손님이 왔다고 연락이 왔습니다. 연락을 받고도 수업을 다 마치고 나와서 '장학사님! 보십시오! 내가 지금 보충 수업을 하고 나오는 길입니다. 도에 가서 보고하시지요. 도시에서는 학원이 있어서 학원에 가서 모자라는 부분을 배우면 되지만 선생님만 믿고 배우는 농촌 학생들은 어떻게 하란 말이오?' 하니, 그 장학사가 '저는 안 보았습니다' 하고 되돌아갔습니다. 학교 선생님 말고는 배울 데가 없는 농촌 학생들, 이 아이들에 대한 깊은 애정 때문에 그 문제는 아무 일도 없었던 것으로 해결되었습니다. 그 진실된 마음 때문에 말입니다."

그는 단지 말뿐 아니라 몸으로 가르치는 스승이었다. 무릇 말로 가르치는 사람은 살아도 죽거나 산 채로 썩기 마련이려니와, 보여주며 가르치는 사람은 죽어도 산다는 내용의 훈화나 설교를 주로 했다. "No Cross, No Crown!"을 목 메이게 외쳤다. 곱지 않은 시선을 던지는 교육청과 교육부가 거창고에 부리는 횡포는 말할 나위도 없고, 기독교 계통에서도 그를 이단으로 몰아붙였다. "십자가 없이 면류관도 없다!" 그의 외침은 학생들에게 주는 자신의 신앙 고백이며 자신을 부축하기 위해 치는 채찍질이었다. 그는 일생 동안 정치와 권력의 강압이나 종교계의 힐난에 단 한 번도 굴복한 일이 없었다. 학교라는 조직체를 운영하기 위해서 관계 기관에 아부할 필요와 유혹을 수도 없이 받았지만, 그럴 때마다 그는 "불의한 방법으로 학교를 살리느니 차라리 폐교하고 말겠다"는 결연한 태도를 보였다.

대학 합격을 하고 등록을 못 하고 쩔쩔매는 학생이나 공부를 하고 싶지만 돈 때문에 학업을 계속할 수 없는 학생을 알게 되면 서슴없이 주머니에 있는 돈이나 봉급을 가불해서 그 학생을 도왔다. 그래서 언제나 월급봉투는 빈 봉투가 되다시피 했다.

도재원 전 거창고 교장은 1976년 5월 전영창 선생님의 장례일을 회상했다.

"고등학교 운동장에서 장례를 치르는데, 운동장은 물론 샛별초등학교 쪽 층계와 직업 보도관 앞 잔디밭에까지, 몰려든 사람들로 가득 찼습니다. 그 장례식에 참석했던 한 사람이 장례를 마치자 허전하고 이상해서 집으로 바로 가지 못하고, 친구 두 사람과 함께 송계사 가까이 한적한 곳으로 가서 술을 마시며 이야기하다가 울다가 하며 하루를 보냈답니다. 전 교장님이 살아 계셨을 때 친하게 지내서가 아니라, 오히려 고집쟁이인 전라도 사람이라고 비난했는데, 왜 그렇게 마음이 허전하고 서운했는지 모르겠더라며, 그분들이 나중에 저에게 들려준 이야기입니다. 바로 이것이 다름 아니라 그분은 사람에 대한 풍부한 사랑의 사람이었다는 증거입니다. 그분은 사람에 대한 애틋한 정을 가진 인간애가 풍부한 사람입니다."

고 전영창 선생님은 나를 내어주는 사랑으로만 가능하다는 믿음으로 만남의 교육을 실천하였다.

거창고등학교의 강당 뒷벽에는 이상한 글귀가 쓰여 있다. 이 학교의 정신을 요약한 '직업선택의 십계'이다.

직업선택의 십계

1. 월급이 적은 쪽을 택하라.
2. 내가 원하는 곳이 아니라 나를 필요로 하는 곳을 택하라.
3. 승진의 기회가 거의 없는 곳을 택하라.
4. 모든 조건이 갖추어진 곳을 피하고 처음부터 시작해야 하는 황무지를 택하라.
5. 앞을 다투어 모여드는 곳을 절대 가지 마라. 아무도 가지 않는 곳으로 가라.
6. 장래성이 전혀 없다고 생각되는 곳으로 가라.
7. 사회적 존경 같은 것을 바라볼 수 없는 곳으로 가라.
8. 한가운데가 아니라 가장자리로 가라.
9. 부모나 아내나 약혼자가 결사반대를 하는 곳이면 틀림없다.
10. 왕관이 아니라 단두대가 기다리고 있는 곳으로 가라.

'직업선택의 십계' 속에 담긴 정신은 개척, 봉사, 희생이다. 그리고 그렇게 살아갈 수 있는 용기, 즉 신념이다. 그것은 개척정신으로 자기 자신을 계발하고 그로 인해 얻어진 결과를 자기 자신뿐만 아니라 남에게도 유익한 삶이 되도록 봉사와 희생을 해야 된다는 뜻이다.

　이 학교의 교장이었던 고 전영창 선생님과 초창기 자진해서 월급을 반으로 줄이고 학교를 살리기 위해 열정을 쏟았던 선생님들은 실제로 그런 삶을 살았다. '직업선택의 십계'는 바로 그분들의 삶에서 우러나온 것이다. 때문에 '직업선택의 십계'야 말로 바로 이 학교의 위대한 정신을 나타낸다.

　그 위대한 정신이 이 학교에 흐르고 있다. 그래서 남을 누르고 이기는 사람보다는 남을 위해서 봉사하는 사람이 되라고 가르친다. 남 위에 군림하는 사람이 되기보다는 남을 섬기는 사람이 되라고 가르친다. 보통의 삶을 사는 것보다는 고상하고 독창적인 삶을 살라고 가르친다.

늦깎이 초등교사의
'교육 흉내 내기'

· chapter 2 ·

첫 발령지 청산도, 완도에서

필자는 인천의 옹진군 농촌 지도직 공무원에 있으면서 항상 '교직'에 목말랐다. 당시 종로서적에 들려 '거창고등학교 이야기'라는 책을 구입하여 읽었다. 우리나라 공교육 시스템에서 대안학교의 효시라고 여겨지는 거창고등학교에 대한 자세한 정보를 담고 있었다. 특히 거창고 교장이었던 고 전영창 선생님의 사랑과 정의, 그리고 뜨거운 애국심에 이끌렸다. 우여곡절 끝에 광주교육대학교 학사편입 후, 2007년, 45세부터 완도 청산초등학교에서 교사로 아이들과 첫 만남을 갖게 되었다.

청산초에서 근무할 당시, 완도 본섬에서 주말을 보내고 월요일부터 토요일 오전까지 청산도에서 머물며 교직을 수행했다. 여름이 시작되자, 필자는 방과 후 우리 반 아이들과 지리해변에서 물놀이를 즐겼다. 세상에서 가장 즐거운 오락이 물놀이다. 반 아이들과 형제들, 함께 바닷가에서 뛰놀며 즐거운 학교생활을 보냈다. 학교 교실에서 밤늦게 야근을 많이 하곤 했다. 다른 교사들도 거의 일주일의 3일 이상은 교실에서 야근하며 10시 넘어 퇴근하여 관사로 들어갔다. 시골의 초등학교에 이렇게 매일 야근할 정도로 일이 많은지 처음 알았다. 은행 업무도 마감 시간 이후 일감이 많듯이 시골의 초등학교 일도 만만치 않음을 알게 되었다.

당시, 조정래의 《한강》을 밤을 새워가며 읽으며 책에 흠뻑 빠졌다. 조정래의 작품은 항상 역사적 사건과 시대를 배경으로 온갖 인간 군상들이 등장하면서 시대의 아픔과 시대정신을 일깨워 주었다. 한국전쟁 이후 80년 5.18 전까지의 우리의 정치, 경제, 사회 상황을 등장인물을 통해 한국 현대사의 실체를 만날 수 있었다. 한강을 읽으면서 타인에 대한 입장과 생각, 그리고 우리의 아픈 현대사에 깊은 애정을 갖게 되었다. 이야기가 주는 감동과 재미를 한강을 통해 깊고 넓게 접할 수 있었다. 이야기는 교과 지도에서 아주 효과적이다. 수업에 집중과 재미, 동기부여를 제공함과 동시에 아이들과의 소통에 좋은 재료가 될 수 있다. 교사가 다양한 문학을 섭렵함은 그 자체만으로도 자신을 성장시키는 것뿐만 아니라 아이들에게 상상력과 진솔한 소통의 장을 마련해 준다. 교사는 필히 인문독서를 통해 다양한 사람의 실체를 깊이 이해하고 역사와 시대를 읽어낼 수 있는 통찰력을 기르고 자신의 내면을 성장시켜야 하리라 본다.

'표면적 교육과정'은 학교가 계획적으로 의도했던 학습의 결과를 끌어내고자 하는 교육과정으로 학교에서 배우는 국어, 영어, 수학 등의 교과목이다. 이에 비해 '잠재적 교육과정'은 의도하지 않은 학습의 결과를 초래하는 교육으로 교사의 삶과 언행을 통해 은

연중에 학생들이 배우는 과정을 의미한다. 교사가 다양한 경험과 지식을 겸비하고 삶으로 모범을 보이면 아이들은 그러한 교사의 삶과 가치관을 습득하는 것이기 때문에 교사의 가치관과 삶의 태도는 매우 중요하다. 교사의 인문학적 소양은 다양한 인문고전에서 비롯될 수 있다. 고전을 통한 교사의 내적 성숙은 자연스럽게 아이들에게 큰 영향을 미친다. 학생들이 교사의 모습을 자발적으로 모방하기 때문이다. 필자는 교과 시간 중에도 소방관, 농촌 지도사, 언더우드 영업직에 몸담고 있었기에 살아 있는 산 경험으로 교실에서 소통할 수 있었다.

2007년 청산초 4학년 김수영이 기억난다. 청산초에서 완도로 가기 위해서는 도청항에서 완도행 여객선을 타야 하는데, 학교에서 도청항까지는 5백여 미터 거리가 된다. 토요일 4교시 종례 후, 수영이는 자신의 자전거에 필자의 가방을 뒤에 실어 도청항 여객실에 갖다 놓는다. 수영이 그 친구가 기억나고 그리워진다. 비록 나이는 어려도 필자를 생각하는 그 마음이 어른스럽고 고맙다. 자신도 학교가 끝나면 주말에 집으로 빨리 가고 싶었을 것이다. 매주 토요일이 되면 필자의 가방을 도청항으로 자전거 택배 서비스한 후에 집으로 귀가했다. 그 소년의 별명은 '호빵맨'으로 호빵처럼 웃음이 가득한 밝고 씩씩한 소년으로 기억한다. 아마 지금 무슨 일이든지 자신감 있게 하며 멋진 인생을 살리라 믿는다.

2007년 청산초 4학년 아이들 모습

　당시 필자의 반에 고병준을 기억한다. 필자와 같은 성씨로, 병준이 그 어머니가 그리워진다. 2학기에 식당 개축 공사가 시작되었다. 전교생들은 2학기에 도시락을 지참하고 학교에 다녔다. 우리 교사들도 관사 등지에서 점심을 해결해야 했었다. 첫날부터 병준이 어머니가 필자의 도시락을 챙겨주었다. 병준이가 먹는 밥과 반찬으로 필자를 섬겨주었다. 당시 필자는 아무 생각 없이 그 어머니의 '사랑의 도시락'을 받아먹었다. 지금 생각해 보면 필자가 생각이 없어도 너무 없었다. 그 어머니에게 어떤 식으로든지 답례해야 했는데 '양심 없는' 바보 선생이었다. 아무튼 병준이의 어머니의 사랑과 섬김으로 식당 개축이 완공되기까지 중요한 끼니 걱정을 하지 않아도 되었다. "남을 배려하고 섬기라"는 말을 흔히 듣는다. 그러나 작은 사랑의 실천을 하기란 쉽지 않다. 그것은 타인에 대한 애정과 연민이 있어야 가능하다. 아울러 그 관심과 사랑 때문에 크든, 작든 희생을 할 수 있게 된다. 그 어머니는 필자의 처지를 깊이 생각하고 결단했다. 필자를 섬기고 봉사하기로. 그리고 필자의 생애에 이렇듯 귀하고 따뜻한 밥을 먹을 수 있었다. 그 어머니의 깊은 애정으로 필자는 청산도에서의 초등교사로 편하게 지낼 수 있었다. 그 아들 병준이가 잘되고 형통하기를 두 손 모아 기도한다.

2010년도 4학년 우리 반에 황수형이란 학생이 있었다. 완도의 끝자락에 백두 목장주의 손자다. 집에 가면 부모가 없고 조부모가 수형이를 기른다. 그의 할아버지가 한국전쟁 후 백 마리의 소를 기르는 목장을 꿈꾸고 평생 일군 목장이 '백두목장'이다. 목장에는 소가 먹을 초지가 필요한데 야산을 개간하여 초지를 일궈 목장을 운영하였다. 그런 수형이의 삶을 살피기 위해 바닷가에 자리 잡고 결코 작지 않은 목장을 방문하곤 했다. 수형이는 비록 결손 가정에서 자라났지만, 심지가 강하고 의리가 있는 특별난 아이였다. 보통의 도시 아이들이 아파트라는 집에서 부모의 따뜻한 사랑을 입고 자랄 때, 우리 수형이는 가끔 소를 지키는 농막에서 잠을 자기도 한다고 했다. 마치 성경의 인물 다윗처럼 양을 치는 목자처럼 수형이는 소먹이를 주면서 소를 돌본다. 나는 때로 수형이가 걱정이 살짝 되기도 했다. 수형이가 다음 세대에 큰 인물이 되든지 아니면 '모래시계'의 '협객'이 되지 않을까 염려가 되었다. 항상 태권도복을 지참하고 말이 없으면서도 옳은 일에 의협심이 강한 마음을 지닌 수형이가 잘되기를 마음으로 기도했다.

몇 년 전에 보이스톡으로 한 통의 전화가 울렸다. "선생님, 저 용태입니다. 완도초등학교 4학년이었던 김용태입니다. 저는 지금 남태평양의 원양어선에 있습니다. 수산고등학교를 졸업하고 지금 배를 타고 있습니다. 연봉도 1억이 넘습니다. 귀국하면 선생님 찾아뵙고 싶습니다." 당시 용태는 완도초 4학년 학생이었다. 용태는 할머니의 돌봄 속에서 자랐다. 완도 읍내 산 비탈진 곳 슬레이트 지붕 아래, 할머니가 손주들을 돌보고 있었다. 필자의 기억에 한 반에 대략 4분의 1이 결손 가정이었다. 필자는 부모의 허락하에 용태 등의 아이들을 데리고 방과 후에 자연 체험학습을 하곤 했다. 용태는 "선생님과 함께 고구마 키우고, 떡볶이 같이 먹고 계곡에서 물놀이한 것이 제일 기억에 남아요"라며 필자와 함께했던 추억을 떠올리며 지난 학창 시절의 이야기꽃을 피웠다. '사람은 추억을 먹고 산다고'하는데 아이들과 함께했던 초년 교사 생활이 떠올라 아이들에 대한 미안함과 부끄러움이 스쳐 갔다.

　우리 아이들의 아픔은 부모의 책임이다. 우리 학생들의 교육의 문제는 우리의 기성세대가 반드시 풀어주고 아이들의 진정한 행복과 미래에 소망을 주는 길을 제시해야 한다. 2005년 가을에 광주교육대학교에서 진도군으로 교생실습 나간 적이 있었다. 시골의 분교에서 교육 실습을 받고 있는 중에 필자는 충격을 많이 받았다. 시골 분교의 아이들의 얼굴과 옷차림에서 마치 한국동란 중의 고아들을 만난 기분이었다. 분교의 아이들은 넋이 나간 채, 삶에 희망과 기쁨을 찾아볼 수 없는 절망의 생기 없는 얼굴을 지니고 있었다. 약 20년 전의 섬 아이들은 부모의 보살핌과 애정 없이 풀이 죽은 모습으로 소년 시절을 보내고 있어 지금도 잊히지 않고 있다.

당시 변방이라 불리는 전남에서도 오지인 그곳의 아이들은 왜 부모로부터 버림을 받고 그렇게 방치되었는지 알 길이 없다. 아이들 교육은 부모가 최선, 최고의 방법으로 베풀며 아이들에게 꿈을 심어주고 그 교육 자체가 행복하고 삶을 위한 공부가 되어야 하리라 믿는다. 아이들을 교육함에 있어, 정신적, 육체적 성장을 이끌고 타자와의 관계성을 익히며 자신을 사랑하는 법과 이웃을 사랑하는 법을 배우고 자신의 타고난 적성과 잠재된 능력을 극대화하도록 인도해야 할 것이다. 자신이 행복하고 사회와 공동체에 유익을 주는 선한 존재로 살아가도록 함이 진정한 교육이 아닐까? 2009년 당시 필자는 완도초 4학년 담임으로 재직 중이었다. 우리 반 한 아이가 학교 앞에서 절도 행각을 벌였다. 민석이는 당시 문화상품권 20여 장을 어느 여교사 책상에서 훔쳤고 발각되었다. 자신이 학교 앞 문구점에서 뽑기에 당첨되었다고 태연히 거짓말을 하였다. 필자는 급히 그 문구점에 들려 문화상품권을 대조하니 아이의 거짓말임을 알았다. 역시 그 아이는 결손 가정으로 조부모 밑에서 키워졌다. 필자는 그 학생을 혼내고 반성문을 쓰게 하여 마무리 지었다. 왜 그 아동은 그러한 일탈 행위를 했을까? 부모의 충분한 사랑을 받지 못해 욕구충족이 안 돼서 그랬을까? 남의 물건에 손을 대는 작은 행위가 누적이 되고 반복되다 보니 본인도 모르는 사이 그릇된 행동이 습관화된 것으로 추정된다. 만 10세의 나이로 선과 악에 대한 분명한 사리분별력은 있었을 것이다. 하지만 자신의 잘못을 덮고자 거짓에 거짓을 더해 한동안 필자는 충격에 빠졌다. 지금 생각해 보니, 민석이의 행위에 대해 감정적으로 대응하기보다 근원적으로 문제를 바라보고 처리하지 못함에 후회가 된다. 그의 드러난 비위를 처리하는 과정에서 민석이가 왜 그러한 행동과 거짓말을 하게 됐는지 이야기하고 어떤 점이 잘못인지 본인 스스로 깨닫고 반성할 수 있도록 해주는 관용과 여유가 없던 필자가 너무 아쉽다. 보이는 현상과 행동 이면에 아이가 그렇게 행동을 할 수밖에 없었던 이유를 알고 관대하면서도 올바른 훈육하지 못함이 많이 반성된다. 민석이를 다음 학년에 올라갈 때까지 늘 관심과 애정으로 그를 품으면서 옳고 그름과 바른 도덕적 품성을 지니도록 끝까지 지도하지 못함이 필자의 허물이다.

민석이가 사회에 나가 진실되고 바른 삶을 살고 행복한 인생을 살기를 바란다.

아이들과 농사짓기

필자는 2007년 청산초등학교로 처음 발령받은 이후 해마다 텃밭을 일궈 식물을 가꾸어 왔다. 학교 내 텃밭을 일구거나 심지어 학교 밖 농지를 빌려 아이들과 함께 작은 '농사'를 지어왔다. 아이들에게 노작을 통한 삶의 배움을 체험시켜 주고 싶었다. '심은 대로 거두는 법칙'을 아이들이 배우면서, 자신의 손과 발의 육체적 노동을 통해 수고의 열매를 거두는 작은 체험을 갖게 했다. 기르기 손쉬운 토마토, 고구마, 옥수수, 목화 등을 재배했다.

특히 목화는 가을에 관광지에 들려 경관용으로 조성된 목화밭에 피어있는 목화송이 몇 개를 채취해 다음 해 씨앗으로 활용했고 작년에도 여수 한려초 텃밭에는 꽃 색이 연한 노랑, 연한 붉은색, 흰색의 목화가 피어올랐다. 9월 가을부터 하얀 솜사탕의 흰 목화송이들이 연녹색 잎과 함께 가을의 감성을 자극했다. 목화는 고려 문익점 이후 우리나라에 재배되면서 의생활에 혁명을 가져다준 고마운 작물이 되었다. 우리가 입는 속옷들은 대부분 이 목화에 나오는 실과 천으로 만들어져, 우리를 입혀주는 고마운 작물이다. 아이들은 목화송이를 만지면서 "너무나 부드럽고 귀엽다" 말하며 기뻐했다. 목화 재배에서 식물을 가꾸면서 자신의 인격을 가꾸고 상한 마음을 치료하기도 한다.

청산초등학교에서는 텃밭이 없어 학교 후문 옆 작은 개울가 주변의 10여 평을 개간했다. 풀을 제거하고 삽으로 흙을 뒤집고 돌멩이를 제거하고 땅을 골라 두둑과 이랑을 만들었다. 고구마 순을 두둑에 심고 가꾸었다. 아이들이 일일이 다 작업에 참여하지 못할지라도 순을 심고 물 당번을 정해 고구마를 키웠다. 가을에 수확할 때 자신들의 머리만큼 큰 고구마를 캐서 교실 한편에 벌여놓았다. 아이들은 직접 고구마 줄기를 제거하고 호미 등으로 고구마를 캤다. 아이들은 땅속에 숨겨져 자란 빨간 고구마를 손으로 만졌고 여기저기 환호성이 나왔다. 노란 다용도 플라스틱 통에 담아 운동장을 가로지르면서 행복했던 얼굴들이 생각난다.

순천북초등학교 재직 시에 아이들과 함께했던 추억

올해 교육복지사업 '자연에서 배우자'라는 프로그램의 일환으로 방과 후에 등산과 텃밭 가꾸기를 시행하였다. 등산은 학교 뒤 난봉산(해발 420m)을 복지대상 학생들과 원하는 학생들이 참여하였다. 주로 우리 반 5학년 학생이 대부분이었다. 식물 가꾸기는 학교의 유휴지를 활용하여 토마토 등의 식물을 재배하여 수확의 기쁨을 맛보았다.

"어리석은 세상은 너를 몰라 누에 속에 감춰진 너를 못 봐 나는 알아 내겐 보여 그토록 찬란한 너의 날개 겁내지 마 할 수 있어 뜨겁게 꿈틀거리는 날개를 펴 날아오라 세상 위로 태양처럼 빛나는 그대여~" 아이들은 숲에서 목이 쉬도록 거침없이 마음껏 목청을 돋우었다. 수업 시간에 필자와 아이들은 시시로 〈Butterfly〉를 열창하여 옆 반에서 항의가 들어올 정도였다. 아이들은 즐겁게 산에 오르면서 자신의 마음을 노래했다. 지난 3월 31일에 진달래가 만발한 학교 뒷산에 올라 올해 첫 봄의 향기를 만끽하였다. 난봉산의 처음 코스가 급경사여서 오르기가 쉽지 않다. 아이들은 어렵사리 첫 산봉우리를 무사히 넘어, 사람의 걸음으로 자연스럽게 생긴 오솔길을 따라 참샘약수터로 가는 숲길을 걸으면서 콧노래가 나오는가 싶더니 〈숲속을 걸어요〉〈봄봄봄〉〈국가대표 OST〉 등을 번갈아 부르기 시작했다. 영화《국가대표》의 〈Butterfly〉 노래를 아이들은 숲이 떠나가도록 힘을 다해 부르며 모든 스트레스를 날려 보내고 있었다. 새 생명이 약동하는 싱그러운 숲에서 소년, 소녀들의 노랫소리는 꿈틀거리는 생명의 몸짓이며, 오스트리아 빈 합창단보다 더 생기 있었다.

아이들과 함께하는 등산은 우리의 병들고 지친 마음을 치료한다. 산을 오르면서 자신의 한계성을 느끼며 도전하고 힘은 들어도 땀 흘린 운동 뒤에 찾아오는 몸과 마음의 상쾌함 속에 아이들은 성장한다. 특히 마음속 어두움과 부정적인 생각을 몰아내면서 세상을 밝게 보고 장애물을 뛰어넘는 긍정의 에너지가 자연을 만나면서 나온다. 자연의 생명력과 신비함을 접함으로 우리는 창의성을 배우고 삶의 문제 해결 능력을 갖출 수 있다.

등산을 홀로 또는 가족과 함께 즐길 수 있겠으나 또래끼리의 등산은 산에 오르며 서로의 마음을 터놓고 소통하는 방법과 공감 능력을 기르고, 존중과 배려의 따뜻한 마음을 지니게 한다. 동무와의 산행은 몸을 건강히 단련할 뿐만 아니라 사회적 관계 능력을 향상시켜 미래 세대를 이끌어갈 건전한 지도력을 훈련시킨다.

아이들과 함께 지난 3월에 경작지를 탐색하고 체육관 뒤 놀고 있는 땅을 확보하여 팻말과 구역을 정하는 등 토마토를 가꿀 수 있는 기초 작업을 하였다. 토마토는 노지에서 4월 말에 모종을 이식하여 6월 하순부터 열매를 수확할 수 있어 관찰에 매우 유용하며 특히 토마토는 잎과 줄기에서 독특하며 강렬한 냄새로 병충해 방제가 쉽고 농약을 많이 살포하지 않아도 잘 자라는 강점이 있다.

지난 4월 하순에 우리는 밭에 둑을 만들고 둑에 호미로 이식할 구멍을 판 후, 토마토 모종을 심었다. 물조리개로 물을 충분히 주고 물 당번을 정해 주기적으로 매일 물을 주었다. 모종을 이식한 후 지주대를 작물 옆에 심어 토마토를 지탱하게 만든다. 토마토 기르기의 핵심은 가장 잘 자라는 중심의 한 줄기를 키우고 다른 순을 제거해야만 한다. 뿌리에서 올라오는 영양분이 효과적으로 잎의 광합성을 효율적으로 작용케 만들어 실한 열매를 튼실하게 할 수 있다.

"평상시에는 경험할 수 없는 것을 토마토 기르면서 농사체험을 직접 할 수 있어 배움에 유익해요" "물을 주고 풀을 뽑는 잡초 제거 작업이 힘들지만 이렇듯 수확의 기쁨을 누릴 수 있어 행복해요" "토마토 맛이 새콤달콤하고 우리가 흔히 사 먹는 토마토 맛과는 비교할 수 없는 깊은 맛을 볼 수 있어 너무 좋아요" 아이들은 토마토를 기르면서 자신의 마음을 경작했다.

작물을 재배하는 농업은 땅을 일구고 물을 주고, 수시로 잡초를 제거하고 식물의 밥인 비료 등을 적절히 주는 등 지속적인 돌봄과 노작이 요구된다. 노동이라는 수고 없이는 열매를 얻을 수 없다. 아이들은 땀 흘린 대로 결과를 얻는 노작의 가치를 자연에서 배울 수 있다.

아이들은 친구들과 함께 토마토에 물을 주는 등의 작물에 대한 돌봄으로 생명을 가꾼다. 이러한 가꾸기를 통해 학생들은 생명의 소중함을 통해 자신도 존귀함을 느끼고 함께 수고하는 친구들을 존중하며 배려심으로 건강한 인격을 성장시켜 나간다. 아동들은 식물을 가꾸는 것이 아니라 실은 자신이 인성을 길러 가는 것이다.

자긍심이 부족한 학생과 이기적인 태도를 지닌 학생들이 토마토라는 하나의 생명체라도 제대로 잘 키워내고 가꿀 수 있다면 건강한 자존감과 이웃에 대한 깊은 애정을 지닌 건전하고 건강한 인격체로 성장하리라 기대한다.

토마토밭을 만드는 아이들

토마토 수확을 즐기는 아이들

요즘처럼 학생들이 맘껏 뛰놀 수 없는 교육 환경에서, 자연 속에서 친구들과 함께 놀고 소통하는 것은 스트레스를 풀어주고 창의성을 그리고 삶의 문제 해결 능력을 가져다줄 것이다. 자연의 오묘함과 다양성은 창의적 마음을 열게 하며 자연의 장애물 극복과 도전은 우리가 만날 삶의 문제들을 해결할 수 있는 능력을 키워주리라 믿는다.

필자는 해마다 아이들과 등산을 했다. 순천북초 재직 중에 학교 뒷산인 난봉산에 학급 아이들과 자주 산에 올랐다. 일종의 학급 MT로써 우리 반 등산 체험을 가졌다. 3월 하순경에 전남 순천에서는 산에 진달래가 피어오르기 시작한다. 아이들이 땀을 흘리면서 계절을 몸과 마음으로 경험할 수 있는 너무나 좋은 자연환경이 학교 옆에 자리 잡고 있는 것이다.

등산은 '우리 반 자유 놀이'라 볼 수 있고, 필자의 교육철학에 '자연'과 '놀이'는 매우 중요한 요소다. 때 묻지 않은 자연 속에서 순수함과 문제 해결력, 창의성, 심미성 등을 기르고자 애썼고, 놀이를 통해 아이들의 스트레스를 풀면서 아이들과 또 친구 또래 간의 교감의 기회를 제공하고자 흉내 냈다. 현재의 뇌 과학 측면에서도 놀이가 주는 유익한 점이 많다. 명우 임상심리 연구소 백현주 연구원은 아이들의 뇌는 건축물과 같다고 말한다. '자유놀이'로 뇌의 전두엽을 튼튼하게 만드는 기초공사를 마친 뒤에야 비로소 아이들은 학습을 받아들일 수 있다고 한다.

남보다 조금 더 빨라야 성공이라고 인정해 주는 사회, 하루라도 빠른 학습은 선택이 아닌 필수라는 부모의 인식, 이 모든 것이 우리 아이들의 성장과 발달에 부정적 영향을 미치는 요소로 작용하고 있는 셈이다. 앞서 필자가 언급한 학원에서의 '초등 의대 준비반'이 초등학교 2학년부터 시작된다고 한다. 이런 사교육 시장에서 성장하여 어른이 되어 의사가 된다면, 그 의사는 기초공사가 안 된 상태에서 집이라는 자신의 인생을 건축하게 된다. 사람을 살리고 치료하는 의사가 제대로 된 건강한 인격의 소유자가 아닌 불완전하고 건강치 못한 직업인이 될 수 있다. 그의 정서적 불안과 심리적 위축과 불균형은 내원하는 환자에게 좋지 못한 영향을 끼치고 그 자신이 욕구불만에 매몰되어 만족하고 행복한 삶을 살 수 없게 된다. 놀이 없는 지식만의 배움과 성장은 정신적, 신체적 질병을 낳고 사회적 교감 능력의 상실로 이어져 불행한 삶을 초래할 수 있다.

- **놀이는 배움과 지식을 이어주는 연결고리**
  (EBS, 〈놀이의 힘〉에서)

즐거운 놀이에 빠져 있는 아이들을 떠올려 보라. 노느라 밥 먹는 시간이 지난 것도 모르고, 주위가 어두워진 것도 모르고 그것에 집중해 있다. 이처럼 놀이는 아이들의 호기심을 키우고 창의성을 발현시키며 몰입도를 높여준다. 그래서 아이들이 스스로 성장해 나갈 수 있는 힘을 길러주는 놀이의 가치는 아주 특별하다.

핀란드에서는 아이들이 스스로 경험해 보고 싶다는 생각이 들 수 있는 환경을 만드는 데 주력한다. 인위적인 환경에서 무늬뿐인 자유를 부여하는 게 아니라 아이들의 호기심을 자극하여 자발적으로 놀이에 집중할 수 있는 방식을 계발하기 위해 노력하고 있는 것이다.

놀이는 인생이라는 집을 짓는 데 재료가 되는 벽돌을 제공한다. 놀이라는 이름의 벽돌을 쌓아 미래라는 이름의 집을 만들어 나가는 과정에서 아이들은 스스로 삶의 균형을 잡고 다른 사람과 소통하고 교류하게 된다.

놀이는 '올바른 어른'으로 성장해 나가는 데 있어 가장 중요한 연결고리이자 배움과 지식을 이어주는 끈이다. 충분히 논 아이들은 무언가 배울 힘을 갖게 되고, 스스로 학습할 수 있는 능력을 키우게 된다. 이것이 '진짜 놀이'의 정의이자 아이들을 올바르게 성장하도록 만드는 가장 큰 밑거름이다.

우리 집과 학교 사이의 거리는 걸어서 20분 걸리며, 산을 통과해 학교까지 등교하면 50분 정도 소요된다. 순천북초에 다니는 아이들은 인근 용당초에 비해 주로 서민층의 자녀들이 대부분이며 아이들은 교사의 권위를 존중하고 질서와 예절을 잘 지키는 편이라 볼 수 있다.

'사람은 자연 속에서 배우고 성장해야 한다'라는 작은 신념으로 그 가치를 조금이라도 실행하고 아이들과의 소통하며 교감하고자 아이들과 등산을 즐겼다. 학교 뒷산은 처음 봉우리가 해발 300m 정도이고 두 번째 봉우리가 420m가 된다. 처음 봉우리와 두 번째 봉우리 사이에 진달래 군락이 많이 보이고 숲 사이에 오솔길이 형성되어 있다. 첫 봉우리를 지나면 급경사 코스가 끝나고 평탄하게 숲속 길로 이어지고, 산등성이를 따라 내려가면 우리 집이 나오고, 반대로 가면 작은 계곡으로 연결되어 북초등학교 남쪽의 마을로 이어진다. 그 얕은 계곡에는 가재가 서식하고 '참샘약수터'가 있어 많은 등산객의 목을 축일 수 있다.

등산을 다녀온 당시 6학년 학생의 글을 소개한다.

- **등산을 다녀온 소감**
  (2018년 3월 30일, 이드림)

　금요일에 고영욱 선생님과 진달래를 보러 등산을 다녀왔다. 학교가 끝나고 3시 30분까지 매곡아파트에 모여서 난봉산으로 등산을 갔다. 가기 전에 편의점에서 물과 과자도 사고 즐겁게 출발하였다.

　등산을 시작했는데 처음부터 오르막길이라 힘들었다. 정말 처음에는 엄청 힘들어서 그만 포기하고 싶었는데 나중에는 처음만큼 힘들지도 않고 견딜만했다. 그래도 조금 힘들어서 대나무 가지를 지팡이로 삼아 올라갔다. 나뭇잎을 밟으면 미끄러워서 대나무 지팡이가 정말 도움이 되었다.

　오랫동안 오르막길로 올라갔다. 거의 정상에 가까워지면서 진달래가 보였다. 계속 초록색 나무만 보다가 분홍색 진달래꽃을 보니 정말 예뻐서 올라온 보람이 있었다. 진달래를 따서 먹는 친구도 있었다. 땅에 떨어진 꽃잎을 모아 공중으로 던져보는 친구도 있었다. 여자애들은 핸드폰을 꺼내 진달래를 배경으로 머리에 꽃을 꽂고

셀카를 찍느라 바빴다. 친구들도 힘들게 올라오다가 예쁜 진달래가 곱게 피어있는 것을 보니 기분이 좋은 것 같았다. 나무 사이로 산 밑의 건물들이 사이사이 보여서 정상에 가까워진 것 같아 기분이 좋았다.

정상으로 올라가니까 앞쪽에는 중간에 봤던 순천 도시와 건물들이 제대로 보였고, 뒤쪽에는 우리가 올라왔던 것만큼 크고 높이 솟아 멋있는 산과, 희미하지만 멀리 남쪽 바다가 보였다. 올라올 때는 생각하지도 못했던 풍경이라 정말 아름답고 놀라웠다. 친구들은 정상으로 올라온 기념으로 친한 친구들끼리 셀카를 찍고 멋진 풍경을 사진으로 남겨두었다. 여자는 여자끼리 남자는 남자끼리 선생님이 사진도 찍어주셨다. 정말 나중에 어른이 되어도 잊지 못할 추억이다. 등산을 간 날은 내가 체력이 부족해 허겁지겁 물을 마시느라 풍경을 잘 보지는 못했지만 다음에는 더 체력을 길러 등산을 오면 멋진 풍경을 감상할 수 있도록 노력해야겠다.

정상에서 이제 내려가야 했다. 내려갈 때는 정상으로 올라갈 때의 가파른 나무 계단으로 내려갔다. 올라갈 때는 힘들기만 했는데 내려갈 때는 밑이 쭉 보여서 미끄러질까 조심하며 천천히 내려갔다. 천천히 내려가다가 너무 늦게 내려간다고 해서 맨 앞으로 와서 내려갔다. 내려가다가 길이 없는 곳이 나와서 다시 되돌아가야 했다. 가다가 다시 내리막길이 나왔는데 뒤에 혜원이, 예지, 하은이, 희성이랑 같이 가려고 천천히 걷다 보니 친구와 금방 갈 수 있었.

오르막길로 올라갈 때는 힘들어서 친구들이랑 같이 가기도 어렵고 힘들었는데 내리막길은 친구들이랑 같이 가니까 훨씬 안 힘들고 오히려 이야기도 하고 장난도 치면서 오니까 재미있었다. 그래도 내리막길은 미끄러웠는데, 작년에는 약한 비가 오는 날에 등산을 와서 그냥 두세 번은 미끄러졌다고 했다. 비가 오는 날에는 어떻게 이런 가파른 산을 오를지 상상만 해도 끔찍하다.

산에서 내려오고 나니 바로 선생님 집 앞이었다. 선생님 집에 여자애들이 먼저 들어가서 카펫을 치우고 신문지를 바닥에 깔았다. 곧 치킨을 먹을 생각을 하니 아팠던 발이 가벼워진 것 같았고 손도 빠르게 움직여졌다. 다 정리된 다음에 남자애들을 불러 옛날 통닭을 먹었는데 힘들게 등산하고 온 뒤라 내가 태어나서 먹어본 치킨 중에서도 제일 맛있었다. 치킨을 먹은 뒤에는 밥이랑 김, 김치를 먹고 라면을 먹었다. 라면도 오랜만에 먹는 거라 정말 맛있었고 국물까지 다 먹었다. 사모님이 라면 끓이고 나눠주는 것을 도와드렸는데 정말 재미있었다. 라면이 조금 부족해서 더 끓이고 나도 밥을 먹었다. 사모님은 요리를 정말 잘하신다. 맛이 끝내줬다. 다 먹고 뻥튀기랑 빵도 먹었다.

밥을 다 먹고 나니 7시가 넘었다. 혜원이 아빠가 태워주신다고 하셔서 사모님께 인사를 드리고 혜원이 아빠 차를 타고 집으로 갔다.

등산은 정말 재밌었다. 혼자 갔다면 재미가 하나도 없었을 텐데 제일 친한 친구들, 선생님과 함께 가서 훨씬 재밌었다. 등산은 힘들었지만 멋진 경치와 맛있는 음식이 더 보람 있게 만들어 주었다. 다음에도 또 등산을 가고 싶다. 등산이 아니어도 선생님과 반에서 가는 활동이라면 반드시 빠지지 않고 가고 싶다.

등산 중 쉬고 있는 아이들

텃밭을 가꾼 한 학생의 글을 소개한다.

- **밭일을 한 후**
  (2018년 4월 19일, 순천북초등학교 6학년)

  목요일에 우리 반은 밭일을 했다. 1교시에 선생님이 밭에 모종을 심으러 간다고 해서 다들 밭으로 갔다. 그동안 밭의 흙이 안 좋아서 산에 있는 흙을 나르기만 했는데 작물을 심어볼 수 있게 되어 기분이 좋았다.

  모종은 선생님이 하루 전에 사놓으셨다. 토마토, 딸기, 땅콩 모종이 있었다. 우리는 장갑을 하나씩 끼고 선생님이 토마토랑 땅콩을 심을 구멍을 파시는 동안 기다렸다. 직접 작물을 심어서 가꿔볼 수 있게 된 것이다. 원래는 내가 식물을 키우는 데 재능은 없지만 열심히 해서 꼭 맛있는 토마토를 길러보겠다는 생각이 들어 아주 설

레었다. 어떤 친구들은 밭일을 한다고 해서 싫어했는데 그래도 나중에 토마토를 직접 심을 때는 즐거워 보였다.

우리는 번호순으로 3명씩 구멍에 토마토 모종을 심었다. 교무실에 어떤 선생님이 오셔서 사진도 찍어주셨다. 내가 토마토를 심을 차례가 되었다. 선생님이 미리 거름을 뿌려두셔서 냄새가 고약했지만 금방 잊어버리고 열심히 모종을 심었다.

토마토 심는 방법은 생각보다 간단했다. 먼저 구멍에 토마토 모종을 올려놓고 흙을 덮어 주었다. 토마토가 똑바로 설 정도가 되면 흙을 더 옆에 덮어서 쓰러지지 않게 해주고 남자애들이 물뿌리개로 물을 주었다. 나는 뒤에서 4번째 줄 세 번째 구멍에 토마토를 심었다.

나영이는 할머니랑 시골에서 농사를 지어봐서 그런지 토마토를 잘 심었다. 선생님은 나랑 나영이한테 나중에 2반이 심으러 올 때 도와달라고 하셨다. 나영이와 나는 남아서 남자애들이 물을 주는 걸 보았다. 어린 토마토는 연약해서 물을 세게 주면 쓰러진다. 그래서 물을 줄 때는 비가 내리듯이 살살 뿌려주는 게 좋다고 했다.

우리는 땅콩이랑 딸기도 심고 반으로 갔다. 햇빛이 강하고 땀이 많이 흘렀다. 옷에는 흙이 묻고 거름 냄새도 조금 났지만 마음은 뭔가 해냈다는 마음 뿌듯함을 느꼈다.

점심을 먹고 밭에 울타리도 세웠다. 토마토랑 땅콩이랑 딸기가 죽지 않고 건강하게 자랐으면 좋겠다. 이제는 밭일할 때마다 맛있는 토마토를 생각하면서 귀찮다고 하지 않고 열심히 가꿀 것이다.

빨리 토마토가 건강하게 자랐으면 좋겠다.

추억의 '벌떼축구'

필자가 교직 생활하면서 '놀이 중의 놀이'는 아마도 남녀가 참여하는 변형된 축구 경기라 할 수 있다. 필자가 그 게임을 '벌떼축구'라 불러 아이들도 자연스럽게 '벌떼축구'가 입에 붙어 우리 반만의 특별한 놀이가 되었고 옆 반 아이들이 너무나 부러워하는 게임이었다. 가끔 필자에게 와서 '벌떼축구' 좀 해달라고 투정을 부렸다. 지금 생각해 보면 옆 반 교사에게 충분한 양해와 협조를 구하지 못함에 마음에 걸리고 이 순간에도 늘 미안한 생각이 든다.

대부분의 아이들은 '벌떼축구'를 즐기고 그 시간에 행복을 누렸다. 담임이 맡은 체육 시간이나 재량 시간 등을 활용하여 바깥 놀이인 '벌떼축구'를 즐겼다. '벌떼축구'는 우리 반만의 특별활동으로 자리매김했었다.

주로 학년 첫 시간에 주로 이 게임을 많이 했다. 처음 반 아이들의 어색함도 없애주고 교사와 학생들 간에 선의의 경쟁 활동을 통해 체력 증진과 화합의 목적으로 이 게임을 시작했다. 물론 필자도 심판도 보면서 아이들과 함께 그 축구를 많이 했다. 주로 아이들은 제발 필자가 빠지기를 바랐다. 스스로 굉장히 축구를 좋아했고 아이들의 건강과 체력 증진, 반의 공동체 증진을 위해 시간 나는 대로 '벌떼축구'를 아이들과 함께했고 즐겼다. 물론 아이들의 전인 성장을 빌미로 했지만 필자는 아이들과 노는 것, 특히 축구하느라 교직생활이 어떻게 흘러갔는지 모른다. 중간 놀이, 점심시간에도 아이들과 순수한 축구를 즐겼다.

남녀 혼성 '벌떼축구'하는 모습

'벌떼축구'는 남녀 혼성으로 하는 변형 축구 경기이다. 남학생은 물론 발로 사용하여 공을 다루고, 반면에 여학생은 손과 발 다 사용할 수 있다. 다만 손을 사용할 경우 손으로 공을 잡고 드리블할 때 발걸음 수를 경우에 따라 7에서 20걸음 수로 제한한다. 처음에 남학생들이 불만을 가질 수 있으나 반복하여 경기에 익숙해지면 남학생들은 여학생들의 협조로 발로 공을 다루는 한계를 보완하여 협력하는 플레이가 돋보이고 골을 넣게 되면 더욱 흥미와 재미를 경험하게 된다. 게임이 시작하자마자 아이들은 벌떼처럼 마구 몰려다니면서 손과 발을 사용하면서 남녀 모두 경기에 몰입하여, 약간의 상처가 나기는 하지만 게임에 대한 몰입과 체력이 다할 때까지 전력을 다하는 모습에서 아이들의 살아 있는 생동감을 느끼게 한다. 아이들은 모든 에너지를 쏟게 되고 너무나도 이 게임에 몰입도가 커서 '중독된다'라고 말하기까지 한다. 약간은 과격하고 다칠 수 있어 항상 사전 준비 운동하고 다치지 않도록 주의를 많이 상기시킨다. 그래도 다치는 경우가 종종 생겨 신경이 많이 쓰였다. 최근에는 학부모의 과도한 민원으로 아이들과의 '벌떼축구'는 못할 것 같다.

아이들과 함께했던 '벌떼축구'의 소감을 소개한다.

- **5학년 3반의 '벌떼축구'**
  (변형된 축구, 2017년, 박희선)

'벌떼축구'는 고영욱 선생님이 만드신 축구이다.

맨 처음엔 피구를 좋아했는데, 한번 공을 잡아서 골을 넣었을 때 기분이 왠지 좋아졌다. 그 뒤로는 '벌떼축구'에 대한 호감이 생겨 났다.

준비물은 조끼, 배구공, 친구들, 등등이 필요하다. 축구공이 아닌 부드러운 배구공으로 하는 것은 여학생들을 보호하기 위함이다. 먼저 고영욱 선생님이 팀을 정해주신다. 조끼 팀과 조끼를 입지 않은 팀으로 나눈다. 선생님은 맨 처음 시작할 때는 심판을 봐주시다가 9:2, 8:1, 10:3 등 이 정도로 차이가 나면, 3점이 뒤진 팀에 들어가서 선생님이 패스해 주시면서 점수 차를 좁혀주신다.

그리고 이 축구는 남자만 하는 축구가 아니고 여자도 할 수 있는 축구이다. 몸빵은 안 된다. 공을 먼저 가져가는 것은 가위바위보로 정하거나 선생님이 정해주신다. 여자는 손으로 20발자국 드리블할 수 있고 남자는 발로만 공을 다룰 수 있다. 햇빛이 없으면 더 좋다. 햇빛이 있으면 땀이 나기 때문이다. 이 '벌떼축구'는 운동장이나 체육관에서도 할 수 있다. 사람 수는 상관없이 팀이 구성되고 골키퍼가 2명일 때도 있다.

'벌떼축구' 경기가 끝나면 MVP가 지명된다. 골도 많이 넣고 공도 많이 소유하거나, 상대방의 공을 빼앗고 패스도 잘하면 MVP가 될 수 있다. 맨 처음에는 선생님이 이 게임을 시작하고 운영하셨는데, 요즘은 우리 반 애들이 '벌떼축구' 해주라고 선생님께 조른다. 그러면 선생님은 1, 2, 3, 4교시에는 안 된다고 하신다. 그래서 오후 시간에 할 때가 많다.

'벌떼축구'를 하고 나면 기분이 상쾌하다. 선생님은 맨 처음에 준비 운동을 시킨다. 야구부들이 나와서 준비 운동을 할 때도 있고 선생님이 하실 때도 있다. 선생님이 골을 넣으시면 무릎을 꿇고 손을 위로 올리면서 V자를 만들면서 "슛! 골인! 아~"라고 외치신다. 남자애가 발로 공을 차서 드리블하면 선생님은 그 친구를 따라가 공을 빼앗을 때도 있다. 애들이 싸울 때도 있지만 '벌떼축구' 게임을 할 때 재미있을 때가 더욱 많다. 선생님은 "땀이 나지 않는 것은 운동이 아니다"라고 말씀하신다. 그래서 '벌떼축구' 운동할 때, 선생님은 앉아서 놀고 있는 아이들에게 호루라기를 불면서 운동에 참여할 것을 독려하며 아이들을 일으켜 세운다.

'벌떼축구'는 남녀 모두 할 수 있어서 좋은 것 같다. '벌떼축구'는 공을 잡고 달리면 신나고 계속하고 싶은 중독성이 높다. 운동을 싫어하는 애들도 공을 한번 잡으면 운동하게 된다. 따라서 '벌떼축구'는 진정한 운동이라고 나는 그렇게 생각한다. 우리 5학년 3

반 애들은 '벌떼축구'를 매우 좋아한다. '벌떼축구'를 4교시 때 하면 40분 정도밖에 못 하는데, 4교시 운동하고 점심을 먹으면 밥이 아주 맛있다. '벌떼축구'는 재미가 넘쳐나는 '변형된 축구'라고 보면 된다.

- **즐거운 '벌떼축구'**
  (순천북초등학교, 2017년 11월, 김기쁨)

'벌떼축구'는 여자는 20발자국을 손으로 드리블할 수 있고, 남자는 발로만 공을 다룰 수 있는 경기입니다. 제가 '벌떼축구'를 하게 된 이유는 바로 ☆고미남☆ 고영욱 선생님의 반이 되었기 때문입니다.

처음 했을 때는 방법을 잘 몰라서 계속 몇 달 동안 공 한 번도 잡지 못하고 뛰어다녔습니다. 그렇지만 지금은 많이 하다 보니 공을 잡게 되었습니다. 그리고 '벌떼축구'는 조끼 팀, 안 조끼 팀으로 나누어 진행합니다.

'벌떼축구'는 정말 재미있습니다. 계속 뛰어다니면 스트레스가 풀립니다. 점점 힘이 들고 점점 기운이 빠질수록 재미있어지고 중독과 매력으로 게임을 멈출 수 없고 계속 달리고 또 달립니다. '벌떼축구'는 누구와 팀이 되든, 그냥 재미있습니다. 운동장에서 해도, 체육관에서 해도 재미있습니다.

'벌떼축구'는 그 어떤 것도 상관없고, 즐거운 마음과 열심히 하면서 배려하는 마음으로 하면 됩니다.

'벌떼축구'를 하다 보면 딱 눈빛을 보면 알 수 있습니다. 근데

'벌떼축구'를 할 때 싸우기도 합니다. 남자들과 여자들이 싸우기도 하는데 패스를 안 해준다고 생각하기 때문입니다. 게다가 승부욕에 앞서 조금만 실수해도 화를 내고 서로 흉을 보거나 만약 넘어지거나 그랬을 때 욕을 해서 싸우기도 합니다. 그렇지만 '벌떼축구'를 하다가 서로 이해해 주고, 넘어졌을 때, 그 친구를 위로해 주기도 하면서 서로 친해지기도 합니다.

'벌떼축구'가 끝난 다음에 남자아이들이 조끼를 뺏기도 하는데, 화가 나기도 하지만, 좀 재미있을 때도 있습니다. 그리고 조끼를 친구들과 정리하면 힘들어도 행복합니다. 그래서 저는 '벌떼축구'가 좋습니다. 고영욱 선생님께 정말 감사합니다~♡

학교 스포츠클럽 축구 감독이 되다

필자의 운동신경은 그렇게 좋은 편은 아니었지만, 축구에 '진심'이어서 아예 학교 스포츠클럽 축구팀을 운영하여 순천시 대회에 해마다 출전하여 준우승까지의 성적을 거두었다. 당시에는 아침 7시 전에 학교에 가서 아이들 축구 지도하고 쉬는 시간 등을 이용해 아이들과 축구하고 심지어 방과 후 학교 운동장에 찾아오는 중학생들과 우리 초등생들과 더불어 해가 질 때까지 학교 운동장에서 '동네 축구'를 아이들과 함께 즐겼다. (당시 필자 나이 52세). 그것도 부족하여 주말에는 클럽 축구 경기를 뛰러 다녔다. 지금은 하라 그래도 못할 정도로 그때는 축구에 많은 애착을 갖고 열심을 내었다.

5학년 동 학년 교사가 학교 축구 클럽 시합의 학생 인솔을 도와달라고 하여 지도한 것이 계기가 되어 클럽 축구를 맡아 지도하게 되었다. '축구 감독'은 필자의 오랜 꿈이었고 바람이었다. 2012년부터 코로나 전까지 전근하는 학교마다 축구 감독직을 '스스로' 맡았다.

공교육에서도 학교에서의 스포츠 활동을 장려하고 있고 지도와 활동 등을 학교행정 시스템인 '나이스'에 기록해야 한다. 또한 동아리 활동이 생활기록부에 남겨져 스포츠 활동은 학창 시절 특별한 기록으로 일생에 남는다.

필자는 매년 1학기 3월부터 축구부 아이들을 모집한다. 물론 손흥민 같은 축구 운동가로 모집하는 것이 아니라 순수하게 동아리 활동의 일환으로 시작한다. 4학년부터 6학년까지 모집한다. 학교에 축구를 좋아하는 아이들은 축구부로 25명 정도 모인다. 6월의 학교 대항 리그전 참여를 위해 일주일에 2 내지 3회, 수업 전 아침 7시부터 운동을 한다. 아는 지인이 아이들 간식을 챙겨주거나 아이들이 가져오기도 한다. 어떤 아이는 축구보다 아침 간식에 가치를 두기도 하여 간식을 먹기 위해 축구하는 아이도 있었다. 아무튼 아이들이 운동할 수 있는 계기가 되어 아동의 성장과 행복에 조금이라도 도움이 되었을 것이라 믿는다.

순천북초 재직 시에는 야구 운동부 선수들과 연습경기를 하곤 했다. 야구부 감독과 코치들도 자신의 팀이 지기 싫어 작전 지시와 고함이 오갔다. 생각해 보면 참 재미있었다. 야구 운동부와 아마추어 축구부 간에 축구시합이라니. 물론 정식 경기를 대비하여 실전을 쌓기 위한 훈련이었다. 그래도 경기인지라 아이들은 진심으로 최선을 다했고 야구부 아이들도 좋은 경험을 했으리라 본다. 대개 우리 축구부가 간신히 이기거나 비긴다. 야구부 아이들은 기술이 없으나 체력이 우수하고 우리 아이들은 축구를 좀 하는 아이가 있으나 체력이나 기술이 좋은 편은 못 되어 서로 공에 몰려다니는 '벌떼축구'를 하고 있었다. 필자나 야구부 코치 둘 다 자존심의 대결이고 아이들도 지지 않으려고 최선을 다하는 그 진지한 모습이 감동이고 행복이었다.

학교에서 방과 후에 다른 학교와 축구시합이 있었다. 순천북초등학교는 운동장이 흙이고 좀 넓은 편이다. 세로가 100여 미터, 가로도 100m가 넘는 꽤 큰 운동장이다. 운동장에 대충 횟가루로 축구장 규격에 맞게 선을 표시했다. 중앙 구령대와 주변으로 학교장과 교사, 그리고 응원 나온 아이들의 함성이 들리기 시작했다. 경기 시작 휘슬이 울리고 순천 시내 학교 대항 리그전 첫 경기가 시작되었다. 당시 6학년 아이들 몇 명이 축구 기술이 좀 있었다. 결과는 2:0 승리였다. 학교가 난리였다. 짜릿한 승리의 맛은 국가대표 감독이나 동아리 감독이나 똑같은 마음이었다. 교장의 격려도 좋았고 무엇보다 아이들이 자신감을 갖게 되어 무엇보다 기뻤다. 골이 들어가는 순간 축구부들과 응원 나온 아이들은 그 순간만큼은 얼싸안으며 세상에서 가장 행복한 시간을 나누었다.

2019년 2학기 순천시 토너먼트 시합에 우리 학교가 참여하였다. 상대 팀은 순천 부영초로 기억한다. 전후반(20분씩 40분)이 끝나도 승부가 나지 않자 페널티 킥으로 결정하였다. 승부차기 5명이 다

차도 동점이 되었다. 할 수 없이 후보로 나왔던 4학년 학생을 키커로 차게 하였다. 얼굴이 미소년처럼 남자치고는 고운 얼굴의 아동이었다. 우리 차례가 되었다. 상대 팀은 실축하여 우리에게 기회가 왔다. 환희는 당돌하며 자신감을 가지고 키커로 나섰다. 그는 골키퍼의 오른쪽 네트로 빨려 들어가는 강한 슛으로 공을 꽂아 넣었다. 이 골로 우리는 준우승을 확보할 수 있었다. 환희는 내게 '할 수 있다'는 강한 메시지로 손을 들어 자신의 의사를 표현했고, 그 아이에게 기회를 주었다. 환희는 황희찬처럼 자신감 있게 슛을 때리고 성공시켰다. 우리 모두는 기쁨의 환호성을 질렀다.

그 아이의 자신감이 골을 넣었고 우리를 춤추게 하였다. 《명심보감》의 성심 편에 **"자신자(自信者)는 인역신지(人亦信之)하나니"** 라는 글의 의미는 "스스로 믿는 사람은 남도 또한 자기를 믿나니"가 된다. 우리가 자신감을 갖고 행동할 때 주위 사람들도 그를 믿어 준다. 우리가 자신을 믿지 못하고 행동을 할 때는 이웃도 이를 믿지 않고 우리도 그를 지지하지 않는다. 자신에 대한 믿음과 자신감이 세상에서의 모든 장애물을 뛰어넘고 삶의 승리로 이끄는 원동력이 된다. 강한 신념은 마력과 같다고 볼 수 있다. 꿈을 갖고 용기 있게 도전하는 사람은 현재의 장벽을 극복하고 미래를 개척할 수 있다. 우리가 좋아하고 가치를 두며, 잘하는 일에 생생하게 꿈을 갖고 믿음의 눈으로 미래를 보며 용기 있게 살아가는 자에게 '바람이 불 때 날개를 펴서 푸른 하늘로 나는 기적'이 성취된다.

여름날의 시냇가에서

필자는 경기도 포천에서 초등학교 1, 2학년을 다녔다. 아버님의 중학교 전근으로 전라남도 보성에서 경기 북부지역으로 이사 왔다. 겨울에는 몹시 추워 방 안에서도 살얼음이 얼 정도여서 난로를 피우지 않고는 겨울을 날 수가 없었다. 전남의 순천과 다르게 포천의 냇가는 겨울이 되면 꽁꽁 얼어 아이들은 썰매를 많이 탔다. 한여름 포천 지역의 날씨는 그다지 덥지 않은 편이다. 농촌지도소 근무할 때, 특용작물재배 연수에서 포천의 버섯 현지 견학으로도 포천을 방문했었다.

당시 포천에는 여러 냇가가 많았고 우리 집 주변으로 큰 시냇가가 휘돌아 갔다. 집 뒤로 조금 가면 작은 둠벙이 개울 옆에 위치하고 거기에서 물방개를 잡아보면서 그 생김새와 움직임에 신기해하곤 했다. 짙은 갈색에 달걀 형태로, 등 부분이 둥글고 매끄럽게 되어 있고 물속을 다리로 헤엄친다. 시냇가에서 모친은 빨래를 하시고 필자는 동네 아이들과 물놀이를 즐겼다. 당시만 해도 고무신을 신고 다녔는데, 고무신으로 어린 물고기인 치어를 잡기도 하고 수건으로도 잡았다. 손 안에 든 그 작은 생명체에도 눈이 있고 생생하게 뛰노는 몸동작이 신기하고 손 안에 물이 빠지면서 어찌할 줄 모르는 물고기의 살기 위한 몸부림이 애처롭게 느껴졌다. 우리 사람은 물속에서 3분 이상 버티기가 힘든데, 이 작은 생명체인 물고기는 물에서 자유롭게 노닌다.

민물과 바닷가에 사는 생물을 볼 때마다 그 신묘함에 경이롭다.

순천만의 화포해변의 갯벌의 짱뚱어만 보아도 그 모양새가 놀랍다. 물이 빠진 갯벌 위로 발을 이용해 이동한다. 눈이 머리 꼭대기 옆에 붙어 있고 몸 빛깔은 푸른색이고 몸쪽엔 흰색 작은 점이 있다. 물에서도 살고 물 밖에서도 허파로 호흡하며 미끈미끈한 갯벌 위를 자유롭게 다닌다.

여름날 시냇가에서 물놀이하며 물고기를 잡는 놀이는 세상에서 가장 즐거운 여가 활동이다. 요즘에는 낚시 TV까지 생겨 사람들의 레저의 욕구를 간접적으로 채워주고 있다.

여름방학이 가까이 오면, 필자는 이러한 '최고의 놀이'인 물고기 잡기를 아이들과 함께 즐겼다. 방과 후, 원하는 학생들을 데리고 우리 아파트 옆을 흐르는 향림천으로 이동한다. 향림천은 작은 산들 사이로 흘러내려 남쪽 바다 순천만으로 빠져나간다. 향림천에는 민물조개와, 각시붕어, 종개, 피라미, 모래무지, 갈겨니 등 어류생태 지표종의 다양한 어류들이 서식한다. 우리 동네 하천이라 학교에서 20분 거리로 걸어서 이동하기 쉽다. 오염원이 없어 2급수 정도는 유지된다. 깊은 곳이 없어 안전하고 다슬기와 물고기 잡는 물놀이 장소로 나쁘지 않다. 게다가 시냇가 옆의 교회에 화장실을 이용하면 몸을 씻을 수 있어 물고기 잡는 물놀이 활동이 괜찮은 편이었다.

방학을 며칠 앞두고, 기온도 올라가고 물속에서 놀고 싶을 때, 방과 후 부모 허락을 받고 우리 반 아이들 10여 명과 함께 향림천으로 간다. 아이들은 페트병과 물, 간식, 갈아입을 옷과 수건 등을 준비해서 개울가로 간다. 우리 집에는 물고기 잡는 족대와 어항이 항시 비치되어 있어 물놀이가 늘 준비돼 있다.

냇가에서 아이들과 물고기를 잡다

우리나라 고유 어종 쉬리의 예쁜 모습

냇가 근처에서 안전 교육 후에 아이들은 족대로 물고기를 잡기 시작한다. 필자는 어항을 설치한다. 바닥이 미끄러울 수 있어 안전사고에 유의하며 아이들을 늘 살펴야 한다. 대개 물고기들은 물풀 근처 뿌리 부분에 숨거나 알을 낳기에 족대로 물풀 근처에 바짝 대고 발로 풀 등을 밟아줘서 물고기를 잡거나 흐르는 물 밑에 족대로 그물을 치고 아이들이 위에서 소리를 지르며 발로 물을 튀기면서 물고기를 몰아 잡는다. 그물에 잡힌 여러 종류의 물고기의 움직임에 아이들은 탄성을 지른다. 미꾸라지 형태의 종개, 각시붕어, 갈겨니 등 물고기를 잡고 신나는 표정에 필자는 더 행복했다. 처음에는 물고기를 잡지만 어느 순간 아이들은 물장난을 치며 물속에서 더위를 식히고 물놀이를 통해 교감하고 친밀함을 쌓아간다.

물놀이 후에 남자애들은 개울가 옆 교회에서 몸을 씻고 옷을 갈아입는다. 여자애들은 우리 집 두 개의 화장실에서 간단히 샤워한다. 집 앞 놀이터에서 간식을 먹고 쉬며 물놀이 이야기로 꽃을 피우면서 여름날을 보냈다.

영어동화를 함께 읽으며

필자가 담임을 맡으면, 아이들에게 애플비 출판사의 《영어동화 100편: 위인동화》 책으로 아이들과 함께 공부했다. 엄밀히 말하자면 매일 영어동화 100편 중 한 편을 읽고 영어원문을 필사시키는 숙제를 내주었다. 2, 3학년 담임을 할 때는 스토리가 있는 영어동화 100편을 한 편씩 읽고 숙제로 필사시켰다. 이 책들은 영어 사운드가 음성 파일로 있고, 100가지의 스토리로 위인이나 동화, 과학상식으로 구성되어 있다. 책 내용이 쉽고 자라나는 아이들에게 꿈을 심어 줄 수 있어 매우 유익하다. 아울러 삽화 그림이 재미있고 화가가 그린 예술 작품들이라 미술 공부도 매우 좋은 소재가 된다. 중1, 2학년에 사용되는 단어들과 표현들이 들어 있어 상급학교 영어의 기초를 쌓는데 아주 좋은 자료로 여겨진다. 몇몇 아이들에게는 책의 녹음파일을 듣고 따라 하기를 추천했고 시도했으나 듣기와 말하기 연습을 많이 시키지 못함이 정말 많이 아쉽다. 필자는 한국에서 영어 사교육을 받지 않으면서도 아이들이 영어에 조금이라도 노출되는 영어환경을 제공하고 싶어 영어동화를 흉내 내듯이 지도했다.

대한민국 공교육만으로 영어를 유창하게 구사하기는 쉽지 않다. 우리의 영어학습의 목표가 교육과정의 목표와는 다르게, 영어교육의 현장인 학교나 학원에서는 '점수획득'에 목표를 두고 가르치기 때문이다.

반면에 국가별 청소년들의 영어능력수준평가에서 1위(2019년 당시 한국은 37위)를 차지한 네덜란드 영어교육의 목적이 실용영어의 구사이다. 네덜란드 전 국민의 93%가 영어를 구사함에 불편함을 느끼지 않는다고 한다. 필자를 포함한 영어교육을 받은 한국인에게는 충격이라 여겨진다.

네덜란드 국가는 영어환경의 조성을 위해 노력한다. 정책적으로 TV 등 미디어를 통해 영어만화, 영어드라마 등을 더빙하지 않고 그대로 방영하고 가정에서도 어머니가 실용영어 구사 습득을 위한 영어환경을 조성한다고 한다.

　언어학자에 따르면 어린아이가 자신의 모국어 습득을 위해서는 Hearing을 3,000시간 정도 노출이 되어야 한다고 주장한다. 초등 1학년부터 고3까지 '영어 듣기'만 매일 1시간 이상을 들어야 하는 듣기 노출량이다. 실용영어를 구사할 수 있는 최소한의 영어 듣기 노출 환경이 조성되는 것이다. 네덜란드는 일찍이 범국가적으로, 사회 가정적으로 영어 듣기에 노출되는 환경을 조성했다.

　이러한 영어환경에 노출된 아이들은 초등 5학년부터 학교에서 영어공부를 시작한다. 그들의 영어학습의 목표는 실용영어의 구사에 있다. 완벽한 문법과 문장이 안 되더라도 영어를 듣고 자신의 의사를 막힘없이 표현함이 그들의 추구하는 '영어교육'이다. 5학년부터 영어를 배우는데, 교과서는 잡지책 같이 학생들의 관심거리와 호기심을 자극하는 재료들로 채워진다. 중고등학교는 일주일에 6시간, 그것도 원어민이 들어와 가르치고 평가는 교사의 구술시험이 아주 중요하여 아이들은 충분한 영어환경에 노출되고 실용영어 습득을 위해서 영어학습을 한다. 네덜란드가 당연히 영어를 잘 구사할 수밖에 없다. 한국의 월드컵축구 감독이었던 히딩크가 문법을 개의치 않고 자신의 의사를 자신 있게 표현했다. 그의 유명한 말 중에 "I am still hungry"는 우리에게 아직도 큰 반향을 불러일으킨다. 필자는 그의 유명한 말보다 영어구사에 자신감을 갖고 그 누구와도 영어를 막힘없이 사용함에 큰 자부심을 느끼고 있는 히딩크에게 놀랐다. 아무튼 네덜란드 사람의 영어구사 능력이 부럽다.

필자는 우리 자라나는 청소년들이 사교육에 의존하지 않으면서 실용영어를 자유롭게 구사할 수 있는 방법과 실행에 관심이 많다. 왜냐하면 우리나라 사교육의 주원인이 영어공부다. 그러한 사교육의 주범인 영어학습 문제를 해결할 수 있다면 사교육비 절감 효과와 더불어 올바른 교육의 방향을 제시할 수 있을 것이다. 필자는 우리 영어교육의 문제를 일정 부분이라도 해결책을 제시하고 또 교육을 실천하여 그 열매를 보고 싶다. 우리 영어교육은 실제로 영어를 듣고 말하기 중심의 본질적 영어학습으로 돌아가야 한다. 원전 읽기와 단어와 표현 암기, 문법 및 쓰기 교육을 배제하는 것이 아님은 물론이다. 영어학습에 우선적 중점이 자연스러운 듣기 노출과 말하기에 두어야 함을 강조하고 싶다. 우리의 영어교육에 본질을 추구하여 의사소통 특히 영어로 자유롭게 말할 수 있는 그 날을 기대해 본다.

사자소학(四字小學) 공부

필자는 5, 6학년 담임 시에 《사자소학》의 한 쪽씩을 매일 필사시키는 숙제를 내주었다. 《사자소학》은 서당에서 가르치는 아이들이 반드시 지켜야 할 예절과 기초 윤리를 다루고 있다. 한자를 통해 건강한 인성을 기르고 바른 예절 생활 태도를 기르고자 틈을 내서 《사자소학》의 구절들과 뜻을 아이들과 함께 새겼다.

처음에는 읽고 해석하는 숙제로 내주었으나 바쁠 때는 숙제를 통해 자습하도록 했다. 교재 구입은 학급운영비로 충당했고 붓펜을 사용하여 필사시켰다. 아이들은 처음에 붓펜으로 글쓰기를 어려워했으나 시간이 지나자 곧 익숙해졌다.

어떤 아이는 필사하면서 그 의미를 생각하고 친구에게 그 내용을 설명해 주는 것을 보고 흐뭇했다. 남을 가르칠 때 그것이 공부의 습득으로 이어져 자신의 확실한 지식이 될 수 있다. 수학교과 시간에 연산문제를 풀 때, 계산을 힘들어하는 학생에게 친한 동무가 설명해 주는 모습을 보면서 '또래의 지도'가 교사의 지도보다 때론 훨씬 더 효과적임을 깨닫는다. 친구들과 소통하며 서로 가르치고 배우는 모습은 심지어 아름답게 보였다.

아이들이 한 학기가 지날 즈음, 자신만의 고유한 붓의 글씨체가 보이기 시작했다. 졸업할 즈음에 미평초 6학년 윤수인의 붓글씨체는 반듯하고 단아하고 독특하다. 글씨에 그 학생의 성품이 깃들어 보이기까지 하였다. 아침 교실에서 적막함 속에 아이들이 사자소학 구절들을 붓펜으로 정성을 다해 쓰고 몰입하는 모습을 볼 때 마음에 행복과 보람을 느꼈다. 아이들은 자신의 모형 붓으로 글을 쓰면서 자신의 인격과 성품을 다듬고 가꾸는 귀한 시간이 되었으리라 믿는다. 졸업생 중 한 학생은 중학교 한문 시간에 초등학교 때 사자소학으로 한자를 접한 것이 큰 도움이 되었다고 전해줘 필자의 작은 노력이 헛되지 않음에 고마웠다.

《사자소학》의 첫 구절은 "**부생아신**(父生我身)**하시고 모국오신**(母鞠吾身)**이로다**"이며 의미는 '아버지는 내 몸을 낳으시고 어머니는 내 몸을 기르셨다'이다. 인류의 가장 기본 중의 기본을 가르치고 있다. 각 사람은 자신이 어디서 왔는지를 반드시 알아야 하는바, 바로 자신의 아버지가 나의 생명 존재를 있게 해주신 분임을 알게 한다. 아버지의 성을 따름도 분명히 알게 된다. 이것은 생물과학으로 명백하다. 어머니가 아버지를 닮은 나를 기르신다. 왜 우리가 부모를 공경해야 되는지를 분명하게 인식하게 된다. 따지고 보면 이 사회에 많은 부조리가 생기는 것의 근본 원인은 건강한 효(孝)가 실천되지 않기 때문이다.

《사자소학》 **"독서근검(讀書勤儉)은 기가지본(起家之本)이니라"** 의 구절의 뜻은 '책을 읽으며 부지런하고 검소함은 집안을 일으키는 근본'이다. 참으로 공감이 되고 공부와 삶에 대한 혜안을 담고 있다. 사람이 책을 만들지만 책이 또한 사람을 만든다. 특히 인문고전을 통해 자신만의 철학의 내공을 기르고, 자신의 실력을 길러 나간다면 공동체에 꼭 필요한 인재가 될 것이다. 아울러 시간과 물질을 낭비하지 않으며 성실한 생활은 자신의 집을 세우고 부흥케 한다.

우리가 아는 위대한 인물들은 독서로 내공을 다진 사람들이다. 지구상에서 가장 독창적이고 사용하기 쉬운 한글을 만든 세종대왕, 12척으로 왜적 330척을 승리한 이순신, 구한말과 일제강점기에 대한의 불멸의 혼을 밝힌 안중근, 윤봉길, 세계적 기업인 빌 게이츠, 삼성과 현대의 창업주 이병철, 정주영 등 위대한 인물들은 한결같이 인문고전 애독자들이다. 바로 독서로 **수신(修身:마음과 행실을 바르게 닦아 수양함)** 하며 성실한 삶을 산다면 누구든지 부유한 삶과 성공에 이를 수 있다. 독서근검의 정신은 자신을 가꾸고 가정을 일으키고 나라를 바르게 세울 수 있다.

| 3월 학기 초 윤수인 학생의 필체 | 5월 윤수인 학생의 필체 |

 필자 생각으로는, 대한민국의 모든 자라나는 세대가 《사자소학》을 배우고 익히고 삶 속에서 훈련하고 실천한다면 나라의 질서가 잡히고 도덕적으로 아름다운 풍속이 사회에 흘러 건강한 나라, 세계에서 인정받고 세상을 이끌어가는 위대한 나라다운 나라가 되리라 믿는다.

교육은 홍익인간(弘益人間)의 이념 아래 모든 국민으로 하여금 인격을 도야(陶冶)하고 자주적 생활능력과 민주시민으로서 필요한 자질을 갖추게 함으로써 인간다운 삶을 영위하게 하고 민주국가의 발전과 인류공영(人類共榮)의 이상을 실현하는 데에 이바지하게 함을 목적으로 한다(교육기본법 제1장 제2조 이념).

'사람다운 사람'을 훈련하는 공부(工夫)

'섬진강 인문서당(書堂)'에서 배우는 수신(修身) 내용

· *chapter 3* ·

덕성(德性) 공부

'사람다운 사람'을 꿈꾸는 교육

'**사**람이 사람답다'라는 말은 사람이 동물처럼 행동하지 않고 사람의 본질적 삶을 살아냄을 의미할 것이다. 말과 행동에 믿음이 가고 자신의 언행에 책임을 질 줄 안다. 남에게 의존적 존재가 아니라 자신의 삶에 대한 주인의식을 갖고 생활하는 자주적 사람이다. 그는 자신에 대한 분명한 정체성을 지니고, 가정, 사회, 나라에서 질서를 지키며 공동체 의식을 지닌다. 자신과 이웃을 돌아보며 동고동락하는 인간적인 애정을 갖고 폭력에 항거하며 범사에 평화를 지향한다. 참됨과 거짓을 분별할 수 있으면서 왜곡된 거짓과 불의에 항거할 수 있는 용기를 지닌 사람이다. 그가 어디에 속해 있든지 그 공동체의 유익을 위해 존중과 배려의 마음으로 자신의 것을 내려놓을 수 있는 희생과 섬김에 앞장서는 태도를 지닌 사람, 이러한 사람이 '사람다운 사람'일 것이며 바로 교육이 이러한 사람을 길러내야 하리라 믿는다.

우리나라의 조선시대 교육자들은 교육의 목적이 성현의 경지에

도달하는 것이라 하였다. 조식은 의(義)를 강조한바 그의 제자 100 여 명 중에 임진왜란 중에 의병장으로 목숨을 바친 이가 절반에 이르렀다. 퇴계 이황은 윤리적 가치에 기반을 둔 인(仁)을 체득한 성현이 되는 것에 교육목적을 삼았다.

참사람의 길을 가다 – 율곡 이이(李珥)

16세기 이이(李珥)는 우리 교육사에 있어서 반드시 기억해야 할 인물이고, 대한민국 교육이 지향해야 할 교육철학을 제시하였다. 율곡은 7살 때, 논어, 맹자, 중용, 대학 등의 공부를 마쳤고 12살이 되기 전에 동양고전에 능통했다. 고작 13살의 나이에 과거에 응시하여 장원급제를 하였다. 29세에 처음 벼슬길에 나갈 때까지 각종 과거시험에 9번이나 장원급제한 '천재'였다. 그가 36세 청주목사로 재직 시에 유교적 예절과 풍속을 향촌사회에 보급하고자 **향약**을 지어 백성을 교화하였다.

> 1. 서로에게 착한 일을 권합시다.
> 2. 잘못된 일은 서로 고쳐줍시다.
> 3. 서로 바른 예절로 사귑시다.
> 4. 어려운 일은 서로 도웁시다.

백성이 지킬 열 가지 규칙

1. 부모님께 효도합시다.
2. 나라에 충성합시다.
3. 형제간에 사이좋게 지냅시다.
4. 어른을 공경합시다.
5. 남녀 사이에 서로 존경합시다.
6. 친척과 이웃끼리 화목하게 지냅시다.
7. 자녀를 바르게 가르칩시다.
8. 가난해도 청렴하게 살고 부유해도 겸손하게 살면서 남의 제물을 탐내지 맙시다.
9. 맡은 일을 부지런히 합시다.
10. 약속을 잘 지킵시다.

율곡의 모친인 신사임당이 별세 후, 계모 권 씨가 집에 들어왔고 권 씨는 이율곡을 오랫동안 괴롭혔다. 권 씨가 병으로 누웠을 때, 율곡은 친어머니에게 하듯이 손수 약을 달여 바치면서 권 씨를 간호했다. 율곡의 변함없는 희생이 권 씨를 변화시켰고 권 씨는 마침내 착한 마음을 지니게 됐고 율곡처럼 살고자 했다고 한다. 율곡은 부모에게 효도하는 '사람다움'을 몸으로 행동했다.

그는 성심을 다해 국가에 봉사했다. 약 20년의 관직 생활 동안 무려 40번 이상 사의를 표하고 사임을 원하는 상소를 올려 임금의 노여움을 사기도 하였다.

왕에게 바른 간언을 하는 사간원마저 침묵할 때에, 율곡은 붓을 들어 당시 을사사화의 장본인인 윤원형의 죄를 통렬하게 비판하고 조정에서 쫓아내야 한다는 상소를 올렸다. 역적으로 몰려 비참하게 죽을 것이라며 경고하는 사람들에게, 임금에게 바른말을 못한다면 그는 이미 선비가 아니라고 말했다. 그는 정의를 위해 하나밖에 없는 목숨도 개의치 않았다.

그는 노동을 천하게 여기지 않고 땀 흘리는 수고를 했다. 청렴하게 산 터라 높은 관직에 있었지만 집에 먹을 것이 없자, 대장간을 차려 호미 등 농기구를 스스로 만들어서 판매했다. 유교적 신분 조선에서 천하게 여기는 땀 흘리는 노동을 기꺼이 몸소 실천했다.

1582년 이조판서, 병조판서로 재직 중이었다. 2만여 여진족이 함경도 종성을 침범했다는 급보를 듣고 무관을 집합시켜 대책을 세웠다. 그는 해박한 군사 지식을 바탕으로 작전을 짜고 지휘관들을 이끌고 병사들을 통솔했다. 그의 활약이 얼마나 대단했던지 장군들조차 감탄을 자아냈다고 한다. 여진족을 평정한 후, 국제 정세를 자세히 분석하여 앞으로 10년 안에 큰 전란이 일어날 수 있으니 10만 명의 병사를 길러 만일의 사태에 준비해야 한다고 주장했다.

1584년 율곡의 나이 49세, 왕으로부터 북방 순찰의 임무를 부여받은 서익은 율곡에게 조언을 구했다. 율곡은 북방의 백성들을 편안하게 하고 나라를 구할 수 있는 방법이 담긴 《육조방략》을 불러주고 적게 하였다. 율곡은 그해 병 들었고 병세가 악화되서 운명을 다했다. 율곡의 몸에는 남에게 빌린 수의가 입혀져 있었다고 한다. 평생을 정직하게 살았고 가난한 백성들에게 퍼주며 살았기에 율곡은 수의를 살 돈마저도 없었다고 한다.

　율곡은 학문에 대해 말했다. "학문은 특별한 것은 아니다. 아버지가 되어서는 자애롭고, 자식이 되어서는 효도하고, 신하가 되어서는 임금에게 충성하고, 부부간에는 분별이 있고, 형제간에는 우애가 있고, 젊은이는 어른을 공경하고, 친구 간에는 믿음을 실천하는 것이다."

　또한 자경문(自警文: 스스로 경계하고 조심하는 글)에서 다음과 같이 강조하였다. 1. 입지(立志): 목표를 크게 가진다. 2. 과언(寡言): 말을 적게 한다. 3. 정심(定心): 마음을 안정되게 한다. 4. 근독(謹獨): 혼자 있을 때도 몸가짐이나 언행을 조심한다. 5. 독서(讀書): 옳고 그름을 알기 위하여 독서를 한다. 6. 소제욕심(掃除慾心): 재물과 명예에 관한 욕심을 경계한다.

　7. 진성(盡誠): 해야 할 일에는 정성을 다하고, 하지 말아야 할 일은 단호히 끊는다. 8. 정의지심(正義之心): 정의롭지 않은 일은 절대 하지 않는다는 마음을 가진다. 9. 감화(感化): 누군가 나를 해치려고 한다면 나 자신을 돌이켜 보고 그의 마음을 감동시킨다. 10. 수면(睡眠): 밤에 잘 때나 병이 든 때가 아니면 절대로 눕지 않는다. 11. 용공지효(用功之效): 공부를 게을리하거나 서두르지 않는다. 공부는 평생 꾸준히 하는 것이다.

　율곡의 교육방법으로 먼저 뜻을 분명히 세우고(立志), 성실하고 경건한 자세(誠敬)로 앎과 삶이 일치(知行合一)되어야 한다고 했다. 공부는 내적 동기를 바탕으로 개인차를 고려하여 각자의 기질에 맞는 방법을 택하여 반복학습을 통한 점진적 발전을 추구했다.

공부(工夫)의 길

《감옥으로부터의 사색》의 저자 신영복 선생은 '공부'에 대한 글을 남겼다.

> 공부의 옛 글자는
> 사람이 도구를 가지고 있는 모양입니다.
> 농사지으며 살아가는 일이 공부입니다.
>
> 공부란 삶을 통하여 터득하는
> 세계와 인간에 대한 인식입니다.
> 그리고 세계와 인간의 변화입니다.
>
> 공부는 살아 있는 모든 생명의 존재 형식입니다.
> 그리고 생명의 존재 형식은 부단한 변화입니다.

공부(工夫)의 사전적 의미는 학문이나 기술을 배우고 익힘을 말한다. 우리가 공부하면 흔히 학교에서 교과서 지식을 이해하고 습득하는 것만을 생각할 수 있다. 공부는 협소한 개념이 아니고 폭넓은 뜻을 갖고 있다. 공부는 교과서와 학교의 울타리를 벗어나 온 사회, 국가의 발전에 건강한 영향력을 끼치며 공동체를 변화시킨다. 공부(工夫)는 성인 남자가 도구를 능숙하게 다루고 있음을 말한다. 농업인이라면, 자신의 농기구를 능숙히 다루는 모습이 공부다.

농부가 피땀 흘리면서 능숙하게 농기계를 다루며 경작하여 농업 소득을 극대화시키는 것이 진정한 공부의 길이다.

여름철 농부는 부지런해야 한다. 그는 늦어도 새벽 5시에 농장에 도착하거나 축사에서 가축들을 돌본다. 농부가 농부다운 농부가 되기 위해서는 예초기, 경운기, 트랙터 등의 다양한 농기구를 그 쓰임새에 맞게 잘 다루어야 한다. 아울러 한 해의 농업을 효율적으로 운영하여 반드시 농가 소득을 창출해야 한다. 그래야 농촌에서 살아남을 수 있다. 자신의 '먹거리' 즉 이윤을 창출해야 한다. 나아가 자신이 속한 농촌 마을 공동체의 복지를 위해 기여하는 선도 농업인이 되어야 '공부하는 농업인'이라 말할 수 있을 것이다.

이렇듯 공부는 삶의 실존에서 전문화된 기술을 습득하기 위해서 피땀 흘리는 고된 반복과 훈련이 필연적으로 요구된다. 그 공부 과정에서 참고 견뎌내는 인내가 반드시 수반된다. 인내가 없이는 어떠한 일도 성취할 수 없다. 또한 인내는 모든 행동함에 있어 최고의 수련 덕목이다.

아울러 공부하는 사람은 인문학적 소양으로 무장하여 역사의 흐름을 알고 시대의 아픔을 안고 시대정신을 지녀야 한다. 자신의 전문화된 공부 실력으로 이 사회와 나라의 안위, 성장을 위한 혁신적 대안을 제시할 수 있어야 한다. 자신이 속한 공동체를 섬기는 멋진 정신을 지녀야 공부하는 사람이다. 백범 김구는 독립된 나라의 문지기로 봉사하는 것이 그의 소망이었다.

참된 공부는 제한된 공간인 교실 속 책상 앞에서 글을 배우고 익히는 것을 뛰어넘는다. 공부란, 자신의 일에 대한 전문성을 기르고 계발함을 말한다. 나아가 '공부'하는 사람은 자신이 속한 공동체의 시대에 대한 문제의식을 지닌다. 공동체의 과거 역사에 대한 재해석을 할 수 있고 역사의 발전을 꾀하는 것이다. 자신을 미래지향적으로 변화시키고 가정과 사회, 국가를 변혁하는 주체가 된다. 공부하는 자는 '철학(哲學)'하는 학생이다. 참된 진리를 찾고 용기를 갖고 정의를 구현하며 그 과정에서 지혜를 추구한다. 자신이 속한 구성원들의 복지와 미래 세대의 지속적 발전을 위한 고상한 이상(理想)을 지녀야 '진정한 공부를 한다'라고 할 수 있다.

서당(書堂)교육에서 사람다움의 배움의 길을 찾다

서당(書堂)은 대한민국의 교육의 뿌리였다. 그러나 일본의 탄압으로 민족교육과 애국의 산실이었던, 그리고 조선의 리더인 선비를 배출한 서당은 세력이 약화되었다. 일제강점기의 중앙집권적 관 주도형 공교육, 조선민의 우민화 정책, 조선민의 노예화를 획책했던 황국 신민화 교육은 조선 후기에 자생된 근대화 교육의 싹을 도려내었다. 일본 식민지 시기의 서당 말살은 서당이 주도적 발전을 통한 근대적 교육기관으로의 변화에 결정적인 장애를 초래했다.

해방 후 미군정과 정부의 신교육 도입으로 현재 전국에는 극소수의 서당만이 그 명맥을 유지할 뿐이다. 일부 사람들은 서당이라고 하면 으레 농촌의 아이들과 남루한 행색의 훈장을 떠올리면서 재해석의 여지를 닫아버렸다. 서당은 애초에 조선조의 농촌 경제

체제에 적합한 형태여서 전통시대 교육을 이끌어온 서당에는 시대의 한계성이 있다. 그러나 서당은 풍부한 인문학적 자산과 교육적 혜안이 담겨져 있다.

19세기 말 전남 구례군 토지면의 경우 32개 리 중 서당이 있는 마을은 6개였다. 이는 약 115가구마다 하나의 서당이 존재했다는 것이다. 이는 19세기 구례 지역에서는 소농민들의 교육 참여가 활발하였음을 보여준다. 이처럼 서당은 우리 몸의 미세혈관처럼 조선의 사회의 산간벽지나 도서 지방 곳곳에 퍼져서 우리만의 전통교육과 문화를 지켰다.

조선사회에서 가장 건실하고 안정적인 교육활동을 수행한 교육기관이 바로 서당이라 할 수 있다. 서당교육의 초점은 **'사람다운 사람'** 을 만들기 위한 교육 즉 명륜(明倫:윤리를 밝힘)에 있다. 서당교육이 초보적인 수준의 문자 교육에만 한정되었다는 것은 잘못된 편견이다. 서당은 그 설립 주체나 각 마을이 처한 조건에 따라 초급의 문자 교육에서부터 심오한 동양철학의 강론에 이르기까지 다양한 교육을 수행했다. 어린아이부터 40세 전후의 성인을 포괄할 만큼 폭넓은 연령대의 학생들을 가르치는 경우도 있었다. 이는 오늘날 일정 부분의 평생교육 역할도 한 것이었다. 각 마을이 처한 경제적 처지나 삶의 조건에 따라 서당교육은 그 내용과 형식이 다양했다.

최근에 한 어버이는 '사람 되는 교육'을 접하기 위해 그의 자녀들을 '서당교육'을 시켰다. 그의 한 아들은 서당교육을 마치고 고려대학교 철학과를 전공 후, 성공회대 교수로 강남에서 동양철학을 강의하고 있다. 교육이 직업을 갖기 위해 필요한 기술을 익히는 과정으로 채워지고 그 과정이 학생들 간의 치열한 경쟁을 동반한다는 것이 얼마나 비교육적인지를 지적하였다. 이러한 지적은 우리 사회의 학교교육의 문제를 아프게 드러냈다고 볼 수 있다. 교육은 한 사람을 '된 사람'으로 만들어가는 과정이어야 하고, 직업은 그렇게 '된 사람'으로 길러진 누군가에 의해 채워져야 한다고 했다.

서당에서는 《四字小學》을 배우고 익힌다.

자신의 몸이 처음 생기고 길러져서 이렇게 존재할 수 있는 것이 모두 부모의 은덕임을 알게 한다. 부모에게 효도해야 하는 이유와 방법, 형제 사이의 우애, 스승에 대한 도리, 친구들과 사귈 때 유념해야 하는 것들에 대해 배운다.

글공부하는 아이들에게 이러한 내용을 가르치는 것은 지식의 기반과 몸의 습관을 '관계 윤리'라는 바른 방향에서 형성하기 위함이다. 우선 아이들로 하여금 윤리적 내용에 익숙해짐으로써 윤리적 행동에 거부감을 갖기보다 편안함과 안정감을 갖도록 하여 삶의 관계성의 중요함을 내재화시키고 습관화하는 것이다.

지식은 많이 축적하는 것을 목표하기 전에 올바른 방향을 먼저 정립하는 것이 중요하다. 왜냐하면 방향이 그릇된 지식은 높게 쌓을수록 타인에 대한 배려보다는 남에게 위험한 것으로 변질될 수 있기 때문이다.

오늘날 일부 법조계, 검찰들은 자신의 기득권 유지와 유익을 위해 공권력을 사유화하고 있어 큰 우려를 자아내고 있다. 바른 가치관과 더불어 사는 윤리가 없는 지식의 축적과 고위직 공무원 취업은 사회를 병들게 하고 선량한 시민들의 분노를 일으킨다. 지식을 습득하기에 앞서 참된 사람 간의 관계를 배워 공동체 윤리와 질서를 지켜야 하는 것이다. 글공부의 시작은 앞으로 배울 지식의 올바른 방향을 잡고, 몸이 올바른 방식을 자연스러워하도록 습관을 들이는 첫걸음이다. 《사자소학》은 관계 윤리를 중시하는 우리의 전통교육 내용의 기본 중의 기본이라 여겨진다.

서당에서는 교훈적인 교재로 《계몽(啓蒙)》을 가르쳤다.

장절이 비교적 짤막하여 초학자가 글의 뜻을 이해하기 쉽게 쓰였다.

《계몽》의 수신 편에는 아이들의 기본 생활 습관 9가지 몸가짐에 대해 쓰여졌다. 첫째, 족용중(足容重)으로 발의 모습은 무겁게 하라. 아이들이 행동할 때 질서를 지키고 예절 바르게 행동하여 함부로 뛰어다니지 말 것을 강조한다. 둘째, 수용공(手容恭)은 손의 모습이 공손할 것을 말한다. 공부할 때 집중해야 한다. 손을 함부로 움직이지 말고 조심히 할 것을 말한다. 셋째, 목용단(目容端)으로 눈의 모습이 단정해야 한다. 공부 시에 눈이 이리저리 방황하지 않고 차분히 볼 것만을 보고 공부와 인격에 방해되는 것에 눈이 돌아가지 말아야 한다. 넷째, 구용지(口容止)로 입을 다물고 있어야 한다. 잔소리를 내지 말고 입을 가지런히 지켜야 한다. 다섯째, 성용정(聲容靜)으로 목소리의 모습은 고요해야 한다. 소리를 높이지 않고 조용히 할 것을 말한다. 여섯째, 두용직(頭容直)하라. 이는 머리의 모습은 곧게 하라. 머리를 가볍게 함부로 움직이지 말라. 일곱째, 기용숙(氣容肅)으로 기운의 모습을 엄숙히 하라. 반듯한 자세로 정신을 차려야 한다. 여덟째, 입용덕(立容德)으로 서 있는 모습은 덕스럽게 하라. 타인에게 관용하는 모습을 갖춰라. 아홉째, 색용장(色容莊)으로 얼굴빛의 모습은 장중하게 하라. 얼굴 모습을 가지런하게 하라.

아울러 9사(九思)에 대해 밝히고 있다. 학문에 나아가고, 지혜를 계발하는 데에 9가지 생각이 중요하다. **보는 것은 밝게 보기를 생각하고, 듣는 것은 정확하게 듣기를 생각하고, 얼굴빛은 온화하게 하기를 생각하고, 용모는 공손하게 가지기를 생각하고, 말은 성실히 하기를 생각하고, 일은 공경히 하기를 생각하고, 의심나는 것은 묻기를 생각하고, 분한 일은 어려움이 닥칠 것을 생각하고, 이득을 보면 의를 생각하는 것이다.**

필자가 초등 아이들을 지도하다 보면, 너무나 절실한 내용이라 할 수 있다. 초등 6학년 담임을 맡을 때, 하교 지도 후에 교실을 정리한다. 그렇게도 자리 정돈할 것을 누누이 강조하지만, 몇몇 아이들을 제외하고는 자신들의 책상 주변 정리가 되지 않는다. 아이들 교실 정리만 하는데 한 30여 분이 걸린다. 6학년이 되어도 책상 위에 낙서와 오물, 밑에 온갖 물건들과 오물들이 어지럽혀져 있다. 6교시 후 교실 정리하다 보면 짜증이 날 때가 종종 있었다. 자신의 생활 태도를 가지런히 하고 자신의 일과 물건을 소중히 여겼다면 이런 일이 안 일어날 텐데, 라는 안타까운 마음이 들 때가 너무 많았고 아이들을 바르게 훈육하지 못한 나를 한없이 책망했다. 초등학교 교과목 시간에 아예 시간을 할애해 기본생활 습관을 훈련했으면 한다.

아이들의 기본생활 습관 형성이 매우 중요하다. 아동의 행동과 태도가 어른까지 갈 수 있는 바, 아이들이 건강한 기본 습관과 예절이 몸에 배어야 한다. 아이들을 지도할 때 아이들의 예절 바른 행동과 태도가 되어 있지 않은 상태에서는 교수학습이 제대로 되질 않는다. 아이들은 공부하기에 앞서 이러한 기본적인 건강하고 바른 태도와 예절을 반드시 갖춰야 한다. 그러나 이러한 습관 형성은 어른들도 쉽지 않기에 끊임없는 반복적인 훈련이 필요하고, 인간으로 태어났으면 이러한 자세를 갖추고자 죽을 때까지 공부해야만 하고 실천하려고 노력해야 한다. 즉 자신이 이러한 바른 태도를 갖추고자 늘 깨어 있어야 한다. 공적인 교육 장소에서만큼은 반드시 아이들의 바른 몸가짐에 대해 반복적으로 훈련해야 한다. 이런 점에서 서당에서의 《계몽》의 '수신 편'은 우리 모든 기초 교육에 중요한 대안이요, 살아 있는 바른 예절 지침이라 여겨진다.

필자는 이랜드 회사에 다닐 때 매일 새벽에 출근해서 반복적 인사 훈련과 인상 좋은 얼굴을 갖기 위해 의도적으로 웃는 연습을 훈련했다. 그 훈련이 아직도 유효해서 고개를 많이 숙여 인사하게 되고 웃는 모습으로 타인을 대하게 되었다. 아직도 누구를 만날 때, 나와 상대방이 서로 웃지 않으면 굉장히 어색하게 느껴진다. 반복적인 훈련은 행동과 얼굴빛을 바꾸게 만든다. 생각이 행동을 낳지만, 습관화된 행동은 생각까지 변화시킬 수 있게 된다.

우리가 공부하는 것은 일종의 가장 큰 훈련이다. 즉 공부는 훈련 그 자체 일 수 있다. 그러기에 공부에는 땀과 눈물이 흘러야 제대로 된 공부라 할 수 있다. 인생의 모든 성공의 밑바탕에는 피, 땀, 눈물의 수고와 노동이 반드시 밑거름이 되어야 성공의 열매를 거둘 수 있게 된다. 불한당(不汗黨)은 땀을 흘리지 않는, 즉 수고 없이 열매를 거두려는 사람들을 의미한다. 우리 건강한 사회에서는 이러한 불한당을 배척해야 하고 자신이 불한당이 되지 않도록 평생에 힘쓰고 노력해야 하는 것이다. 유튜브 등 매스미디어에서 쉽게 일확천금을 버는 방법에 대해 광고하는데 이것은 우리를 속이고 기만하는 것이다. 수단 방법을 가리지 않고 결과만을 중시하며 황금만능, 즉 돈이 사회를 지배하는 것이 아니라 오직 정직한 땀의 대가를 인정해 주는 공정한 사회를 꿈꾼다. 국민의 세금인 공적 자산을 유용해 정당한 수고 없이 부를 축적하는 권력층과 기득권층의 불한당적인 야만적 행태를 배격한다.

서당에서는 다양한 연령층의 학생들이 배웠다.

서당은 10여 명 안팎의 학동들이 다양한 연령대로 구성되어 글공부를 하였다. 공교육의 교실처럼 같은 또래로만 묶어서 학급을 구성하는 방식이 아니다. 동네의 막내부터 큰 형님까지의 구성원들이 더불어서 글을 읽게 되는 셈이다. 학습공간의 인적 구성이 동년배로만 이루어져 있는 것은 매우 인위적인 집합체이다. 이러한 구조는 건강한 학습을 보장하기 어렵다 할 수 있다.

학습이란 지식과 정보의 전이와 이식만을 위하나 단순한 작업이 아니다. 그 역시 우리들의 삶을 위해 필요한 과정이다. 그것은 삶의 한 과정이라 보아야 한다. 학습이 이루어지는 인적 구성 역시 삶과 연계성을 지녀야 할 것이다. 하지만 다양한 연령들과의 교류가 차단된 채 동년배들끼리 매일을 살아야 하는 공간은 초·중·고등학교 교실 말고는 세상에 없을 것이다. 이는 학생들을 효율적으로 관리하고 지도하기 위한 목적에 부합하기 위한 인적 구성이다.

김홍도의《서당도》에서는 학생들의 인적 구성이 '계단 꼴' 모양을 이룬다. 훈장의 가장 가까운 곳에 갓을 쓴 사람이 있는데, 가장 연장자일 것이다. 그리고 그보다 어린 학동들이 그 옆으로 나란히 앉아 있고, 제일 끝에 가장 나이가 어릴 듯 보이는 아이가 앉아 있다. 이러한 '계단 꼴'의 서당의 인적 구성은 김홍도가 일부러 구성한 배치가 아니라 모든 서당에서 발견된다.

서당은 기본적으로 학동들의 연령대가 다양하여 형은 동생을 챙겨주고, 동생은 형을 의지하게 된다. 형들이 동생들의 공부를 당연히 개인적으로 도와주고 방법들을 인도해 주면서 자연스럽게 '교학상장'이 이루어진다. 학습 공동체 안에서 사랑하고 사랑을 받는 인적 소통이 활발히 이루어진다. 요즘 학교에서의 '왕따' 문제가 일어나지 않게 되는 것이다. 오히려 상대방을 존중하고 부족함을 채워주는 '사람다운 사람'을 기르는 교육이 실현되는 역동적 공동체라 할 수 있다.

서당에서는 개별적으로 공부한다.

서당은 훈장이 학생 한명 한명을 대상으로 글을 지도한다. 공교육의 교실처럼, 한 교사가 동일 집단의 아이들을 획일적으로 한 주제를 가르치기보다 훈장이 한 사람씩 글을 가르친다. 훈장은 개별적으로 개별화 교육을 진행한다. 한 사람의 성장 속도에 따라 글을 지도한다. 집단적 획일화된 교육을 지양한다. 한 사람의 성장과 인격에 기반한 글공부를 지도했다. 서당에는 일종의 조교 역할을 하는 접장이 학습 성장을 도와주기도 하였고 연장의 학동 선배들이 후배들의 배움을 이끌어 주었다.

공교육 교실에서는 한 교사가 동일한 연령대의 아이들을 한 번에 한 주제를 가르친다. 한 교실에는 학생들 한 사람 한 사람마다 성격이 다르고 학습에 대한 반응과 성장이 천차만별이다.

필자도 한 교실에서 수학의 한 차시를 지도할 때, 실력이 평균적인 아이들에게 중점을 두고 지도하고 연습문제를 통해 확인 학습을 시켰다. 그러면 누구나 다 아는 개념과 풀이도 몇몇 아이들은 기본적인 수학 더하기와 뺄셈이 안 돼 원의 넓이를 구하지 못하고 있었다. 어떤 아이들은 이미 선행학습으로 무장돼 연습문제를 풀어 놓고 딴짓을 하고 있었다. 분단별 아이들을 뽑아 칠판에서 문제를 풀게 하여 수업에 집중하도록 시키곤 했다. 으레 수학시간에는 5분에서 10분 정도는 남겨둬서 부진 학생들을 모아 지도했다. 아무튼 실력 차이가 나는 학생들을 대상으로 획일적으로 지도하는 것은 부진 학생 입장에서는 아마도 폭력적 정신활동이었을 것이다.

서당에서의 개별화 교육은 우리 공교육 현장에서 반드시 시행되어야 할 방법이라 여겨진다. 물론 개인별 평가도 성적을 서열화시키는 상대평가가 아닌 개인의 능력과 성장에 따른 절대평가로 전환되어야 할 것이다. 하지만 우리나라는 대학입시라는 현실적 문제와 입시경쟁 문제로 개인의 성장과 발전에 목적을 둔 개별화 교육과 절대평가 시스템은 요원하다. 너무나 안타까운 한국의 교육 현실이다. 교육기본법은 인격을 도야하고 자주적 생활능력을 길러야 된다고 명시되었지만 아쉽게도 우리 교육의 현장은 성적을 점수화, 등급 서열화로 비교육적 현장이 된 지 오래다. 소수의 아이들만 명문대학과 의과계열에의 입학이 허락된다. 학교에서도 유명대학 합격생 명단을 현수막에 내걸고 그것이 마치 학교가 교육을 잘했다는 위세를 떨치고 있다. 그 나머지 대부분의 학생들의 인격과 진로, 그리고 잠재적 성장 능력이 무시당하고 있다. 한국 교육의 뼈아픈 현실이다. 초·중·고등학교 12년의 교육 결과가 겨우 유명대학 합격에 좌우된단 말인가? 어떻게 한 사람의 능력이 정육점 내 고기처럼 등급으로 결정되고 고귀한 인격과 장래가 교과성적으로만 평가될 수 있다는 얘기인가?

서당에서는 필사하고 성독하고 암송으로 글을 체득한다.

인문고전을 접하는 사람들의 오래된 공부 방법은 원문을 반복하여 읽고 필사하는 것이다. 그리고 수십 번 읽어 좋은 아이디어와 문장들을 암송한다. 서당에서는 자신의 학습 성장 속도에 따라 글을 배우되 자신의 것이 되도록 베껴 쓰고, 소리 내어 읽고 또 읽는다. 중요 핵심 구절들을 반드시 암송해야 했다. 학동들은 자신의 학습 정도에 따라 공부과제가 주어지므로 어떤 누구도 공부에서 소외될 수가 없다. 서당 학동들은 배움이 일어나는 공간에서 딴짓을 할 수 없다. 자신만이 해야 할 과제가 학동들 개개인에게 주어졌기 때문이다.

최근 우리나라 인문계 고등학교 교실은 일반인들에게는 다소 충격적일 것이다. 일선 교사들의 얘기로, 교과 진도를 따라오는 아이들 중심으로 공부가 진행되고 자는 아이들도 있고, 수업에 방해만 안 해도 다행인 상황들이다. 이것이 제대로 된 교육인가. 어떤 공교육 교사는 교육 불가능의 시대라고 교육 현장을 혹평했다.

서당에서 교육을 받았던 한 학자의 경험을 얘기해 본다.

> 서당에서는 오로지 그날 새로 배운 글을 읽는 데만 오전에 약 2~3시간, 오후에도 2~3시간을 들여 무려 5~6시간 동안 진행되는 글 읽기는 하루 100번 읽는 것을 목표로 한다. 신교육을 받은 우리로서는 상상할 수 없는 반복 훈련인 것이다. 최소 100번 읽어야 새로 배운 낯선 글이 비로소 자신의 것으로 체득될 수 있다. '백독'이 의미하는 것은 바로 '성독(聲獨)'이다. 서당에서의 글 읽기는 소리 내어 읽는 성독을 원칙으로 한다. 글을 눈으로 읽는 것을 묵독이라 하고 성독은 글을 소리 내어 읽는 것을 말한다. 서당에서는 글 읽는 자신의 목소리가 자신의 귀에 들려야 한다고 한다. 왜 글을 읽는 내 목소리가 내 귀에 들려야 하는지, 그것이 지향하는 바가 무엇인지 생각해 보면, 성독은 자신에게 글 읽어주기라는 것을 깨닫는다. 심리적인 측면에서 자신의 혼잣말은 문제를 해결할 수 있는 힘이 되고 혼잣말은 뇌에 들리게 하여 뇌의 행동을 촉발하는 단서가 될 수 있다. 이렇듯 서당에서의 성독은 자신에게 글 읽어주면서 배움을 체득화 할 수 있는 아주 좋은 공부 방법일 수 있다. 아울러 스트레스도 풀 수 있고 목소리를 냄으로써 구강의 소근육을 발달시키고 뇌

에 자극을 주어 지식이 내재화되고 행동화할 수 있는 유용한 공부법이 될 수 있다.

성독 시에 글 읽은 이의 소리에 장단과 강약이 들어간 음악적 가락을 띠면서 학습자는 주도적 학습 주체가 된다. 성독은 해당 글을 읽는 이가 그 글을 읽어가면서 그 글의 의미와 소통하면서 갖게 되는 흥취의 정도를 소리에 실어 표현한 것이다.

'독서백편의자현(讀書百遍意自見)'이라는 말이 있다. 글 읽기를 100번을 하면 뜻이 저절로 드러난다는 뜻이다. 새로 배운 글을 처음 읽을 때는 글의 구조도 낯설 뿐만 아니라 그 의미도 생소할 수 있다. 10번, 20번 횟수를 거듭하다 보면 글과 익숙해지고 의미가 조금씩 보이기 시작한다. 이렇게 몰랐던 의미들이 보이기 시작하면 자연스럽게 글은 더 재미있어지고 글 읽기는 활기차고 흥이 난다. 성독이 주는 글 읽기의 선순환이라 할 수 있다.

우리의 오래된 전통의 공부 방법을 오늘날 되살릴 필요가 있다. 공부함에 있어 반드시 기억해야 할 개념이나 이론들은 필사를 통해 자신의 각 교과목 공책에 적고 소리 내어 읽어본다. 서당의 성독처럼 내 뇌 속에, 아니 내 몸속에 체화될 때까지 100번 이상 반복하여 소리 내어 읽고 암송한다. 이것은 특히 영어학습에 매우 유익하리라 본다. 외국어 학습의 기본은 아마도 핵심 문장이나 좋은 문단 혹은 짧은 이야기를 통째로 암송하는 것이 기본이라 할 수 있다.

운동하는 스포츠인을 보면 그들은 기본기에 충실하다. 그 기본 기능을 다지기 위해 수백 수천 번 반복을 통한 훈련을 지독하게 한다. 축구인 손흥민의 슛 '감아차기'는 그의 전매특허이다. 그는 이를 위해 그의 아버지로부터 수천수만 번의 슛을 연습, 또 연습하여 이렇듯 세계적인 선수가 되었다. 이처럼 우리 배우는 사람들은 자신만의 분야에서 기본기를 갖추기 위해 수천수만 번의 반복 훈련을 해야 한다. 우리 배우는 청소년들도 반드시 배워야 하는 부분에서는 성독이 필요하고 암송하여 그 개념들을 자신의 몸속에 내재화시키면 좋을 듯하다. 우리 아이들도 서당에서의 학습처럼 자신의 성장 속도에 맞는 분량을 반복 훈련하면 교육 현장에서 다른 짓할 시간도 없을 뿐만 아니라 자신의 공부에 몰입하는 '공부하는 행복'을 느낄 수 있을 것이다. 교육과정상의 학습이 아닌, 자신의 성장 속도에 맞는 교육과정을 스스로 만들어 가면서 성취감과 도전정신을 또한 습득할 수 있는 것이다.

《명심보감(明心寶鑑)》은 인성교육의 최고의 교과서이며 삶의 지침서

이 책은 서당에서 《사자소학》을 뗀 아이들에게 사람이 살아가면서 기본적으로 지켜야 할 덕목들을 가르쳐 주던 교재였다. 《명심보감》은 여전히 시대가 바뀌어도 삶의 지침서로서의 자리를 굳건히 지켜왔다.

사람은 누구나 태어나면서 부모와 자식, 형과 아우, 남편과 아내의 관계에서부터 더 나아가 친구와 친구, 스승과 제자, 윗사람과 아랫사람 등의 수많은 관계를 맺게 된다. 《명심보감》은 바로 그러한 기본적인 인간관계 안에서 말하고 있다. 자식으로서, 부모로서, 형으로서, 아우로서, 아내로서, 친구로서, 제자로서, 한 가정 안에서든지 사회 안에서든 윗사람으로서, 무엇보다 자신의 삶을 책임 있게 꾸려가야 할 한 사람으로서 어떻게 처신해야 하는지를 다양한 형식으로 자신을 되돌아보게 한다.

'마음을 밝혀주는 보배로운 거울'이라는 뜻의 《명심보감》 금언들은 한 개인의 인간수련(人間修鍊)에서 시작하여 한 가정을 원만하게 이끌어 나가며 사회에 참여하고 국가를 다스리는 문제에 이르기까지 그 원칙론에 입각하여 광범위하게 다루고 있다.

자라나는 우리나라 청소년들이 읽고 필사하고 암송하여 자신의 삶에 적용하고 삶의 지침서로서 일생을 살아간다면, 우리 사회, 우리나라는 정치, 경제, 사회, 문화 등 전 영역에서 가장 모범적이고, 모델이 되는 나라가 되리라 확신한다.

《명심보감》은 삶의 교훈서이다. 한 사람의 일관된 주제로 정연한 논리를 펴는 것이 아니라 여러 사람들이 한 말과 교훈이 될 만한 것을 골라서 편집한 문장들이다. 공자, 맹자 등의 유가 사상가와, 장자 등의 도가 사상가 등 다양한 인물들의 격언과 좌우명들로 구성되었다.

지금 우리에게 전해지는 《명심보감》은 고려시대 추적(秋適)이라는 사람이 엮은 초략본 19편에 5편의 글이 증보되었다. 추적은 《고려사》에 나오는 인물이다. 그는 공인으로서 공명정대한 인물이었다. 그의 벼슬은 좌사간으로 임금의 잘못을 지적하며 고치라고 말할 수 있는 자리에 있었다. 추적이 황석량의 무고한 참소로 감옥에 갇혔을 때 죄가 없기에 그는 한 치의 물러섬도 없이 당당한 모습을 보이는 진정한 선비 정신을 보였다. 그는 늙어서도 밥을 잘 먹었다. 항상 "손님 대접은 쌀밥이나 무르게 짓고 생선을 썰어서 국이라도 끓이면 충분하지 무엇하러 많은 돈을 써가며 팔진(八珍: 여덟 가지 진미)을 구해 올 필요가 있겠는가"라고 말하였다. 그는 예문관제학이라는 고위직까지 올랐던 사람으로서 쉽게 지닐 수 없는 소박하고 검소하며 청렴한 인물이었다.

그의 올곧은 선비 정신과 삶의 소박함과 검소함이 바로 《명심보감》이라는 '보배로운 마음의 거울'을 우리에게 비추도록 하였다.

《명심보감》의 처음 시작하는 계선 편에서 선(善)행을 강조한다. "착한 일을 하는 사람에게는 하늘이 복으로 갚아주고, 나쁜 일을 하는 사람에게는 하늘이 화로써 갚아주느니라" 글에서 보듯이 사람의 본분은 선한 일을 해야 한다. 즉 생활에서 착한 양심을 지니고 살아야 함을 강조한다.

태어나서 가장 중요한 일로 효(孝)를 꼽는다. 효는 사람으로서 반드시 지켜야 할 천부적 윤리이며 도덕임을 강조한다. 우리 대한민국이 시대가 변해도 꼭 지켜야 할 천륜은 부모공경인 효이다. 《성경》은 "네 부모를 공경하라"고 했고 《구약성경》 레위기 19장 3절에서는 이에 더하여 "너희 각 사람은 부모를 경외(敬畏)하고"라고 했는데 이는 하나님을 두려워하는 마음같이 부모를 외경심으로 섬길 것을 명령하고 있다.

필자가 서울의 종로구에서 초등학교 이름이 효제(孝悌), 즉 효제

초등학교가 있어 매우 신기했고 초등교육의 가장 중요한 덕목이 부모공경인 효(孝)와 형제간의 우애 즉 제(悌)임을 상기시켜 주었다. 대한민국의 수도 서울시 종로, 한국의 심장에 효제동에 자리잡은 초등학교 이름이 효제(孝悌) 즉 부모공경 효(孝)와 형제우애의 제(悌)는 우리 모든 대한민국이 영원히 지켜야 할 제1덕목이라고 생각한다.

바로 이 효(孝)와 제(悌)를《명심보감》에서 행동윤리로 사람이 반드시 지켜야 함을 강조하고 있다. 부모공경과 형제간의 우애가 곧 교육이 추구할 기본 덕목이다.

우리의 고전(古典), 한문 원문으로 읽기

우리의 전통 서당에서 다루었던《사자소학》,《명심보감》,《논어》,《맹자》등은 원문으로 읽어야 그 의미가 클 것이다. 특히《사자소학》과《명심보감》등은 원문에서 읽을 때, 독서의 깊은 사색과 개인 삶의 변화에 이를 것이다.《논어》는 인간 관계학의 보고이고《맹자》는 인(仁)을 토대로 한 정치 철학서이다. 이를 한문 원전으로 읽고 습득할 때 한자로 쓰여진 원문의 맛을 그대로 느낄 수 있을 뿐만 아니라 동양을 넘어 인류 최고의 스승들로부터의 가르침을 직접 받는 감동을 받게 될 것이다. 그 천재들의 도덕적 영감과 삶의 통찰과 지혜를 만나게 될 것이다.

단국대학교 이해명 교수는 초등학생인 자신의 아들에게《명심보감》,《논어》,《맹자》등을 한문 원전으로 읽게 하였다. 읽을 뿐만 아니라 모두 필사시키면서 외우는 방식으로 읽혔다고 한다. 중학교, 고등학교 들어가서는 다른 동서양 고전을 공부시켰다. 결과는 놀라웠다. 아들은 고등학교 재학 시절 5회 응시한 전국 논술 경시대회에서 최우수상을 3회 수상했다.

필자는 최근에 전통 서당 출신의 한학자로부터《명심보감》을 순천향교에서 직접 강해 수업을 받고 공부한 적이 있다. 선현들의 보석 같은 지혜의 문장들을 대할 때마다 내 마음이 열리고 참된 지혜의 문에 들어가는 느낌을 받았다. 한문 원전에서의 감동과 희열은 읽어보지 않은 사람은 그 원문으로 읽는 동양고전의 맛을 알 수 없을 것이다.《명심보감》의 금언들을 붓펜으로 노트에 필사하고 암송했을 때 비로소 그 글이 내 속에 살아 움직이는 것을 경험하였다. 또한 삶 속에서 그 말을 실천하려고 노력했을 때, 비로소 그 글은 책 속의 글이 아닌 현실에서 내 삶을 개혁하는 위대한 생명의 글이 됨을 느꼈다.

《명심보감》계선 편의 공자가 "착한 일을 하는 사람에게는 하늘이 복으로 갚아주고, 나쁜 일을 하는 사람에게는 화로써 갚아 주느니라(爲善者는 天報之以福하고 爲不善者는 天報之以禍니라)"라고 말했다. 우리 사람이 착한 일을 해야 함의 당위성을 말하고 있다. 당연히 해야 할 선(善)을 행했을 때 하늘로부터 복을 받아 살 수 있음을 계시하여 준다. 어떤 면에서는 인과응보적인 면이 있으나 사람이라면 '사람다운 사람'이 되기 위한 행동 지침이라 할 수 있다. 우리 모든 각자의 삶에서 어떤 언행에 대한 세상을 통치하는 보이지 않는 조물주로부터 반드시 심판이 있다는 것을 보여주고 있어 더욱 착한 삶을 지향해야 됨을 보여주고 있다.

《명심보감》성심 편의 **"자신자(自信者)는 인역신지(人亦信之)하나니"** 즉 **"스스로 믿는 사람은 남도 또한 자기를 믿나니"** 라는 의미이다. 그 구절 이후에 "오나라와 월나라와 같은 적국 사이라도 모두 형제와 같이 친하게 될 수 있고, 스스로 믿지 못하는 사람은 남들도 또한 자기를 의심하나니 자기 외에는 모두 적국이 되느니라" 라고 쓰였다.

자신이 자신을 믿고 행동할 때 타인도 또한 그를 믿어준다. 내가 자신 없는 믿음과 태도로 살면 상대방도 금방 이를 알아채고 그를 신뢰하지 않는다. 이 구절은 정말 우리 모든 사람들이 마음 판에 새겨야 할 금언이라 여겨진다. 내 자신이 믿지 못하는 일과 사업을 추진했을 경우, 다른 사람도 이를 믿지 않고 나아가 협력하여 주지 않으니 사업이 성사될 리가 없다.

우리의 정신적 삶의 태도가 이렇게 중요하다. 필자는 축구 동아리에서 필드에서 공격수로 플레이한다. 내 자신이 불안하고 자신이 없으면 볼 키핑과 패스, 드리블, 슛 등이 전혀 풀리지 않을 뿐 아니라 상대팀도 본능적으로 알고 공을 중간에 가로채 간다. 그러나 내가 좀 실력이 부족해도 자신감을 갖고 드리블하고 패스하면 좋은 기회를 창출하고 생각지도 못한 EPL 수준의 기막힌 골도 넣게 된다. 상대 진영 페널티 박스 근처에서 프리킥 찬스가 왔다. 필자가 키커로 나섰다. 상대 팀원들이 프리킥 지점으로부터 일렬로 막아섰다. 골키퍼의 위치와 상대팀의 벽을 살펴보니 골대로 향하는 공간이 보였다. 친한 동생이 용기를 주었고, 내 자신도 용기를 내어 빈 공간 사이로 강하게 슛팅하여 골을 넣었다. 내 생애에 잊지 못할 기막힌 골을 작열시켰다. 좀 부족해도 '할 수 있다'는 자신감을 갖고 용기를 내어 세상을 살아가야 한다. 정말로 세상은 결코 만만치 않다. 자신에 대한 믿음과 도전 정신이 없다면 세상은 나를 얕보고 밟을 것이다.

파리 올림픽에서도 양궁, 태권도 등 여러 종목에서도 전문가는 아니지만, 이 글귀를 생각하여 보면 운동선수의 자신(自信)있는 플레이가 본인에게 좋은 결과가 미쳤음을 깨닫는다.

우리 각 사람은 조물주의 섭리로 이 땅에서 생명을 받은 귀한 존재로 알고, 매사에 자신이 부족하고 연약해도 '할 수 있고 하면 된다'라는 자신감을 갖고 용기 있게 세상을 헤쳐가길 바란다. 세상은 자신의 주변에 온통 문제와 도전 거리가 산적해 있다. 믿음의 눈으로 자신감을 갖고 말하고 행동하여 유쾌한 생을 살기를 바란다.

《명심보감》정기 편에 **"대장부는 마땅히 남을 용납할지언정, 남에게 용납받는 사람이 되지 말아야 하느니라(大丈夫 當容人 無爲人所容)"** 라고 쓰여졌다. 크고 멋진 사나이는 타인의 허물과 부족함을 포용하고 타인에게는 자신이 이해되거나 포용될 여지를 주지 않는다고 한다. 우리 모두는 타인의 실수에 대해 여러 핀잔과 잔소리를 하며 그를 이해하지 않는다. 또한 나의 실수와 단점들을 다른 사람들이 이해해 주기를 바란다. 이것이 보통 사람들이 갖는 일반적 삶의 모습일 것이다. 하지만 이러한 태도를 뛰어넘어 이웃의 실책과 잘못을 이해하고 포용하면서 자신은 그러한 실수로 인해 타인에게 이해를 구하지 않도록 깨어 있는 사람이 대장부(大丈夫)인 것이다. 뮤지컬 《영웅》의 주인공 안중근은 "장부가 세상에 태어나 큰 뜻을 품었으니 죽어도 그 뜻 잊지 말자 하늘에 대고 맹세한다"고 노래하였다. 안중근 의사는 하얼빈에서 이토 히로부미를 저격하기 전에 〈장부가〉라는 시를 남겼다. 모든 사람이 대장부가 될 수 없을 것이다. 하지만 《명심보감》에서 추구하는 대장부를 기억하여 남에게 이해받기보다는 이해하며 포용하는 '사람다운 사람'의 길을 뚜벅뚜벅 걸어가길 소망한다.

자신의 정체성(Identity)을 세우는 공부

영화 《레미제라블》에서 주인공 장발장은 형기를 마치고 나오지만 위험인물로 신분증을 늘 가지고 다니면서 제시하고 경찰에게 항상 확인 받아야 했다. 춥고 배고프고 잠잘 곳도 없지만 그 누구도 도와주지 않고 배척할 뿐이다. 그러다 우연히 들른 성당에서 먹을 것과 잠자리를 주는 선한 성직자를 만난다. 그의 은혜도 잠시 망각하고 장발장은 성당에서 은식기들을 훔쳐 도망가다 경찰에 잡혀 끌려오는데, 이때 교회의 주교는 오히려 자기가 준 선물이라며 촛대를 두고 갔다며 챙겨준다. 이런 도움은 처음이라 더 혼란스러운 장발장은 무언가를 깨달은 듯 자신의 거짓 없고 의미 있는 삶을 살아가기로 결심한다. 이때 'Who am I?' 나는 누구인가를 장발장은 스스로 묻는다.

'Who am I?'의 질문은 바로 우리 모든 각 개인에게 자신의 정체성에 대한 물음이다. 종교적으로는 나는 어디에서 와서 무엇을 위해 살며 어디로 가는가에 대한 물음일 수 있고 동양 윤리적으로는 육신의 부모로부터 자신의 존재를 자각하며 가정과 사회적 관계에서 자신의 책무를 지키며 도덕적 삶을 살아야 하는 존재임을 인식하게 된다.

아무튼 자신의 정체성을 확립해야 자신감을 갖고 건강하고 행복한 인생을 살아갈 수 있으리라 본다. 건전한 정체성을 기초로 건강한 자존감을 가질 수 있다. 이러한 자존감은 자신감의 중요한 기초가 된다. 스스로 동기부여가 가능하고 자신의 결정과 행동에 대해 책임감을 가지며 타인과의 비교의식으로부터 자유로울 수 있다. 자존감은 자신에 대한 존귀함을 인식하게 하며 관심과 격려, 칭찬을 먹고 자란다. 자신의 실수를 용납받으며 그러한 과정을 통해 더욱 자아 정체성은 성장하게 된다.

관계성은 건강한 인성의 버팀목이다. 정체성을 통해 견고한 인성의 기초를 바로 쌓은 아이들은 사회적 관계에서도 자신감이 있다. 가족과 타인으로부터 존중과 배려를 받아보았기에 대인 관계에서도 타인을 존중하며 배려할 수 있다.

《사자소학》의 첫 구절이 "아버지가 나를 낳으시고, 어머니가 나를 키우셨다"이다. 이 구절을 접하면서 자신의 존재가 자신의 능력과 결정과는 전혀 상관없이 부모의 사랑의 관계로부터 세상에 나왔음을 확실히 가르치고 있다. 생물학적으로도 부인할 수 없는 자신의 존재에 대한 명백한 근거이다. 《명심보감》의 순명 편에 공자가 "죽음과 삶은 명에 달려 있고 부유함과 귀함은 하늘에 달려 있다"고 말했다. 우리 각 사람은 하늘의 명에 의해 이 땅에 생명을 받았고, 그리고 하늘의 명으로 죽을 수밖에 없는 존재임을 밝히고 있다. 《성경》의 히브리서에서 "한 번 죽는 것은 사람에게 정하신 것이요 그 후에는 심판이 있으리니"라고 쓰여졌다. 이는 우리 각 사람은 영원 속에서 이 세상의 삶 이후 자신의 언행에 대한 심판이 반드시 예정되어 있음을 알려준다. 이러한 고전들의 독서를 통해 자신의 존재를 알고 부모, 우주의 창조주와의 만남을 갖게 된다.

  식물이 햇빛을 받음으로 광합성을 통한 성장이 이뤄지듯이 사람은 '사랑'을 받고 그 인격과 몸이 성장한다. 식물의 '굴광성'으로 빛에 반응하여 빛 쪽으로 식물체가 향하게 된다. 사람의 인격도 사랑과 관심으로 보살핌을 받을 때 비로소 건강한 인격체를 지닐 수 있다. 따듯한 사랑과 사려 깊은 존중을 받음으로 사람의 인격은 원만하게 성장할 수 있다. 실수할 때 용납해 주는 관용과 자비로 사람은 실수를 딛고 일어나며 도전할 수 있는 강한 용기를 가질 수 있다. 한없는 사랑과 관용하는 말이 사람을 자신 있게 만든다. 그릇된 행동에 대한 혹독한 책망과 훈육은 사람으로 예절 바르게 행동하도록 인도한다. 사랑과 바른 훈계는 아이들로 하여금 건강한 자아형성을 갖게 하며 바른 예절을 지키도록 인도한다.

웃음 짓는 얼굴을 지니는 공부

자신의 존재에 대한 독립적인 본질인 정체성을 자각한 후에는 행복한 삶을 살아야 한다. 아리스토텔레스는 "행복이란 삶의 의미이자 목적이며, 인간 존재의 총체적 목표이자 끝이다"라고 말했다. 행복을 삶의 목적이라고 그는 말했다. 그렇다면 어떤 사람이 행복할 수 있는가?

웃음과 미소가 얼굴에서 떠나지 않는 사람이 참으로 행복을 누리고 있으리라 믿는다. 행복한 인생을 살기 위해서는 웃어야 한다. 혹자는 말한다. "행복해서 웃는 것이 아니라 웃어서 행복하다." 웃음은 생활을 긍정하는 낙천적 생각에서 나온다. 2024년 파리 올림픽 양궁 3관왕 금메달리스트인 임시현은 활을 당기고 난 후에 미소 띤 얼굴이 TV에 비쳐졌다. 최고의 긴장된 자리에서도 웃음이 떠나지 않았고 인터뷰 내내 얼굴에 미소가 가득하다. 그녀의 삶이 낙천적이며 행복하지 않을 수 없는 것이다. 그녀는 개인전에서도 금메달을 획득했다. 남수현과의 결승전에서 한국 선수끼리 대결했다. "승부처에서는 확 피치를 올리는 것 같은데 반해 점수가 앞서는 상황에서 화살이 빗나갈 때도 있더라"라고 기자가 묻자 그녀는 "너무 여유로웠나"라며 혼잣말하며 빙그레 웃었다. 유쾌한 미소는 그녀를 올림픽 3관왕의 금빛보다 더 빛나게 만든다. 우상혁 높이뛰기 선수의 해맑은 웃음도 잊지 못할 올림픽의 명장면이다. 경중경중 뛰어가며 자신의 한계에 도전하며 제비처럼 자신의 몸을 눕혀 바를 통과한 후 좋아하며 웃는 모습은 모든 시청자에게 행복을 전파해 주었다.

　그 웃는 모습은 참으로 매력을 더해준다. 비단 임시현 선수만 행복한 웃음을 지을 수 있을까? 그렇지 않다. 모든 사람이 자신의 웃음과 미소를 창출해 낼 수 있다고 본다. 누구나 웃는 얼굴을 지니는 반복 훈련을 하루 10분 이상만 해도 빛나고 유쾌한 '멋진 나'를 만들 수 있다. 웃는 연습을 통해서….

　"웃음이란 사람들의 마음이 만족한 상태에서 얼굴에 나타나는 표정이다. 마음속의 기쁨이 얼굴에 순간적으로 표현되는 것이다. 생각이 얼굴에 그대로 표현되는 것이다. 웃음은 마음의 거울이다. 웃음은 현대인들의 삶의 지루함과 고독함을 없애주는 최고의 약이다. 웃음은 명약이다"라고 용혜원 작가는 말한다.

　필자는 1990년 11월, ㈜이랜드에 입사하여 '웃는 얼굴'을 지니기 위한 반복 훈련을 받았다. 웃는 연습은 간단하다. 30분 정도 시간을 할애하여 강사가 처음에 주도하여 웃음을 자아내고 사원들이 돌아가면서 웃음을 만들고 또 청중들은 웃고, 마지막에는 작은 손거울을 준비하여 자신의 얼굴을 보면서 여러 가지 웃는 모습을 훈련한다. 물론 늘 즐겁거나 행복한 것은 아니지만, 일단 웃는 얼굴을 가지려는 반복된 훈련을 하다 보면 나도 모르게 얼굴에 미소의 빛이 얼굴에 새겨 있다. 남들을 만날 때 저절로 입꼬리가 살짝 들리고 흰 이가 드러나며 눈이 웃고 있다. 웃음은 행복, 안심, 안정의 느낌이 있을 때 일어난다. 반대로 웃음을 짓고 웃다 보니까 행복과 만족이 속에서 일어난다.

　우리의 자라나는 아이들에게 웃음이 필요하다. 물론 아이들은 어른보다 훨씬 많이 웃는다. 웃음 훈련 즉 웃음 공부를 통해 아이들은 더욱 건강해질 뿐만 아니라 마음의 질병과 아픔이 치료될 수 있다. 타인과 서로 웃음으로 인사하고 소통하면, 좋은 친구가 될 수 있다. 서로 웃을 수 있는 사이라는 것은 서로 상대를 신뢰하는 사이라고 말할 수 있다. 좋은 인간관계를 맺기 위해서는 중요한 것이 웃음이다. 함께 웃으면 친하게 되고 친하면 좋은 인간관계가 맺어진다.

우리 청소년들에게 필수 교육재료로 손거울을 준비하게 하여 웃음의 훈련을 제공하고 싶다. 그리하여 자살이 이토록 많은 이 나라 이 땅의 청소년들이 밝게 살고 마음의 고통과 아픔이 치유되기 바란다.

진리(眞理)를 추구하는 교육

'**역**사 왜곡'이 무서운 이유는 무엇 때문인가? 바로 참된 도리인 진리와 역사를 부정하고 참을 훼손하며 거짓을 꾸며내기 때문이다. 중국은 동북정공이란 이름으로 만주와 요동 일대 세웠던 고구려를 자기의 나라에 부속한 국가라고 역사를 왜곡, 변조로 만주와 요동이 중국 자신의 영토 됨을 주장하고 있다. 중국은 거짓으로 자신의 욕심을 채우고 있어 우리 민족의 공분을 일으키고 있다.

역사 왜곡은 반진리적이며 반역사적이다. 역사적 사실을 그릇되고 편향된 시각으로 보는 잘못을 저지르기 때문이다. 정의의 가치, 진리의 절대적 가치를 무너뜨리고 거짓된 사회로 이끌어 혼란과 무질서를 낳기 때문이다. 진리가 참이 되지 않는 세상에서 기득권층은 이를 틈 타 자신의 권력을 유지하기 위해 왜곡을 진리로 포장한다. 비열하고 야수적 혼미한 세상이 펼쳐지는 것이다.

그러나 세상만사는 사필귀정이다. 즉 무슨 일이든 결국 옳은 이치대로 돌아가기 마련이다. 조만간에 진리의 빛이 비춰지면, 거짓의 어두움은 물러가고 왜곡의 거짓됨을 명백히 보여준다.

일제강점기 우리 딸들은 전쟁의 성노리개로 무자비하게 잡혀 끌려갔다. 그것은 역사적 사실이며 우리 모두에게 치욕이며 너무나 아프다. 그런데 일부 어용학자들은 소녀들이 자신의 이익을 위해 스스로 자원했다고 주장한다. 또한 일제의 강점기로 인해 우리나라가 근대화되고 발전되었다고 주장한다. 그러한 역사 왜곡을 주장하는 어떤 사람이 독립기념관장으로 임명되었다고 한다. 기가 막힌 일이다. 친일의 사람이 대한민국의 독립의 정신을 기리고 애국심을 고취하는 독립기념관장이 되었다고 한다. 정부가 나서서 역사 왜곡을 막고 진리의 길을 보여주기는커녕 역사 왜곡의 길을 가고자 한다. 심히 염려스럽고 비진리가 이 나라에서 횡행할까 답답함이 앞선다.

《성경》에서 사탄은 하나님의 진리의 말씀을 삐뚤어진 거짓말로 유혹한다. 사탄은 거짓된 왜곡의 "하나님이 참으로 너희에게 동산 모든 나무의 열매는 먹지 말라 하시더냐" 말로 하와에게 접근한다. 하나님은 사람에게 "동산 각종 나무의 열매는 네가 임의로 먹되 선악을 알게 하는 나무의 열매는 먹지 말라. 네가 먹는 날에는 반드시 죽으리라"라고 명하신다. 사탄은 동산의 모든 과실을 먹지 않는 것이 하나님의 참된 의도인지를 하와에게 묻는다. 하나님은 사람이 동산의 모든 열매를 먹을 수 있으나 선악과는 먹지 말라고 한다. 그 이유는 사람의 죽음을 불러오기 때문이다. 사탄은 더욱 진리를 왜곡하여 거짓말을 한다. 사탄은 선악과를 먹게 되면 눈이 밝아져 하나님처럼 될 수 있다며 거짓말을 한다. 사탄은 왜곡된 거짓으로 인간으로 하여금 하나님과의 관계를 파괴하고 사람을 죽음이라는 최악의 길로 몰아넣었다. 이같이 진리의 왜곡은 인류의 진정한 행복을 파멸로 이끌었다. 우리가 거짓을 피해야 하는 이유는 그 자체가 참된 것이 아니며 궁극적으로 우리를 불행에 빠뜨리기 때문이다.

도산 안창호는 '거짓'을 멀리하고자 노력했으며 가히 군자(君子: 학식과 덕행이 높은 사람)라 말할 수 있는 애국애족의 선비였다. 도산은 거짓이 바로 나라를 망하게 하는 제1원인이라고 역설하였다. 도산은 "아아 거짓이여, 너는 내 나라를 죽인 원수로구나. 군부(君父)의 수(讐)는 불공대천(不共戴天)이라 하였으니 내 평생에 죽어도 다시는 거짓말을 하지 아니하리라"라고 맹세했다. 그리고 그는 자기의 마음속에 있는 거짓을 박멸함으로써 독립운동을 삼고 조국에 대한 가장 신성한 의무로 여겼다.

도산은 "우리 한인들이 원래 거짓말에 친하고 다른 민족도 다 이와 같을 것이다"라는 말에 "그럴 리가 없소"라고 응답했다. 영국 사람이 우리처럼 거짓을 많이 했다면 우리나라처럼 망하진 않았음을 역설했다. "거짓 많은 국민으로 아니 망하는 국민이 어디 있으며 거짓 많은 채 부흥한 국민이 어디 있소?" 이렇게 단언하였다. 그는 우리 민족이 거짓에서 벗어나는 날이 곧 쇠망에서 벗어나는 날이라고 주장했다. "한국인의 말은 믿을 수가 있다"하고 외국인에게 신뢰받게 되는 날이 곧 우리 민족이 사는 날이라고 확언하였다.

도산은 국가와 민족을 위해서는 영웅호걸보다도 진실한 사람을 구하였다. 철두철미하게 거짓을 벗고 오직 참으로만 나가는 사람이야말로 나라를 구원하고 백성을 건지는 민족적 영웅이라고 도산은 생각했다.

무엇이 참된 교육인가?

진리를 찾아 구하는 길이 교육의 길이다. 거짓과 왜곡으로 포장한 것을 추구하는 것이 아닌, 참된 것, 즉 거짓되지 않는 삶을 찾고 구하고 문을 두드리는 것이 진정한 교육의 길이다. 그리스도도 "오직 너희 말은 옳다 옳다, 아니라 아니라 하라. 이에서 지나는 것은 악으로부터 나느니라"라고 말씀하고 있다. 혼란하고 혼미한 세상 속에서 살아갈 때 참된 진리를 선포하고 거짓을 분별하여 거짓됨을 밝히며 참된 삶을 살 것을 명하고 있다.

명문대학에 입학하는 것만이 유일한 참된 교육인 양 선전한다. 궁극적으로 '사람다운 사람'의 건강한 인격을 배양하여 자신과 이웃을 존중하고 배려하며 사회적 약자를 돕되, 보상을 바라지 않고 자신만의 철학을 갖고 담대히 세상을 살며 나라와 인류의 보편적 복지와 행복을 위해 노력하는 그러한 사람을 키워내는 것이 참교육의 길이라 할 수 있다. 어쩌면 우리 선조들의 진정한 선비 정신을 오늘에 되살리는 것이 교육이 가야 할 길이라 생각한다.

- **역사를
거스르지 말아야 한다**

　　일제강점기 일본의 황국신민을 가르치는 일에 협력했던 모든 교육 기관들의 행태들은 진정한 의미에서 반교육적이라 할 수 있다. 청소년들을 왜곡된 우민화 교육에 끌어들여 일제 주장에 따르게 하고 일본이 우리나라를 성장, 발전시켰다는 헛된 소리를 믿게 하였다. 일본의 왜곡된 말에 우리의 소녀들이 붙잡혀 강제로 전쟁터 끌려가 성노리개로 스러져 갔다.

　　제주4.3사건이 나라를 파괴하는 북한의 공산당 '빨갱이' 세력에 의해 자행된 폭거라고 이승만 정권은 주장한다. 폭력적 진압을 정당화하고 수많은 무고한 백성을 살육한 그 야만적 행위는 그 차제로도 반역사적이요, 반인류적이다.

　　오늘날 우리 현대를 살아가는 모든 국민은 제주4.3사건의 역사적 진실을 바르게 알고 국가 공권력의 폭행과 오류를 인식하고 바로 잡아야 한다. 해방 전후 나라의 진정한 독립이 아닌, 정치적으로 혼미한 상태를 제대로 공부해야 한다. '나라가 나라다운 나라'를 세우기 위해 전 국민은 깨어 있어야 한다. 이념적으로 갈라진 동서의 시민들이 협력하여 건강하고 부강하면서도 문화적으로 강한 나라를 세워 주변과 세상을 선한 영향력으로 이끌어 가는 거룩한 나라를 꿈꾸어 본다.

군사독재 시절, 독재 정권의 정당성과 권력 재창출을 도와준 교육부의 지침과 진리를 감춘 교육과정도 교육이 될 수 없다. 얼마나 많은 선량한 양심적 지식인과 이름 없는 무명의 투사들이 감옥과 형장의 이슬로 사라져 갔던가.

역사의 수레바퀴를 거꾸로 되돌리는 일들이었다. 이는 교육이 아니요 폭력이요 야수적 행태였음을 지나온 역사가 말해주고 있다.

- **윤리와 거룩성,
  개인의 자유를 거스르지 말아야 한다**

　윤리란 사람이라면 마땅히 행하거나 지켜야 할 도리이다. 부모에게 효도하고 웃어른을 공경하며 질서 속에 예절을 지키며 이웃과 좋은 관계를 유지함을 말한다. 부모와 선배와 또래 그리고 직장 상사와 선생님과의 관계에서 윗사람은 아랫사람을 사랑하고 섬겨주고 아랫사람은 윗사람을 존경하며 따르는 건강한 관계가 이상적 윤리적 사회 모습이라 여겨진다. 또래 동료 간에는 서로 신뢰하고 존중하는 사회일 것이다.

　하지만 우리나라 교육 현장은 그렇지 않아 안타까울 뿐이다. 인문계 고등학교의 교실 현장에서 치열한 대입 경쟁으로 과목별 상대적 석차에 따른 등급화로 인해 학생들 간, 학생과 교사 간에 과연 사랑과 존중 그리고 신뢰가 잘 형성되고 있는지 의문이 든다. 하루 속히 학생들 개개인의 평가가 상대적 차등에 따른 평가가 아닌 자신의 성장에 따른 개인별 절대적 평가로 전환되기를 간절히 소망한다.

필자가 중고등학교 다니던 시절에는 체벌이 일상화되어 누구도 그것에 대해 이의를 제기하진 않았다. 필자도 고교 때, 성적 향상을 위해 그리고 기타 이유 등으로 매 맞는 것이 학교생활이었다. 정당한 이유가 있어 매를 맞았을 때는 당연하다고 생각했으나 아무 이유도 없이, 또 선을 넘는 체벌에는 지금 생각해 보니, 정도가 벗어난 폭력의 일환이라 여겨진다. 그러나 그 당시에는 교육이라는 이름으로 도를 넘는 폭력이 자행되었다. 그것은 정상적인 교육활동이라 볼 수 없다.

일제강점기에 행해졌던 신사참배는 종교의 거룩성을 침해한 것이었다. 일본의 우상화 작업으로 피지배 백성들을 우민화시켰던 것이다. 일제의 우민화 작업에 동원되었던 교육기관과 학교는 종교의 거룩함을 침해했고 자율성을 억압하였다.

박정희 정권에서 만들어 국민을 교육한다는 미명하에 '국민교육헌장'을 만들어 자신의 기득권을 유지시켰다. 국민교육헌장은 '건강하고 자주적이며 창조적이고 도덕적인 사람을 육성하는 것을 목표로 하는 5차 교육과정에 교과서 맨 앞부분에 인쇄되어 나왔다. 각 급 교실과 관공서에서는 빠짐없이 게시되어 학생은 물론 회사원, 노동자, 공무원, 군인, 경찰 등을 막론하고 어떠한 의문도 질문도 가지지 않고 무조건 외워야 했다.

어떤 면에서는 헌장에서 말하는 내용이 틀리지 않다. 하지만 독재 정권의 의도는 국민들 개개인의 자유와 행복보다 국가에 충성하고, 나아가 국가 권력에 맹종하도록 유도하고 국가의 발전을 위해 개인의 희생과 불행은 간과해도 괜찮다는 전체주의 이념을 따르도록 강요한 것이었다. 겉으로는 나라, 국가의 중흥을 표방하면서 자신의 권력에 대항하고 의로운 길을 가고자 했던 수많은 민주인사들을 잡아 고문하는 등 무자비하게 다루며 감옥과 사형으로 내몰았다. 이것은 교육을 가장한 우민화 작업이고 민주 세력을 억압하고자 했던 '외식'이었다. 《성경》의 예수도 진실을 거짓으로 꾸미는 종교지도자들을 한 번도 두둔하지도 않고 오히려 그들을 저주했다. 이에 필자도 반성한다. 내 자신도 위기에서 벗어나고자 내 자신을 드러내고 높이고자 외식할 때가 많았다. 반성하고 또 회개하여 다시는 그러한 왜곡된 거짓을 행하지 않도록 경계하고 또 경계해야 할 일이다.

애기애타(愛己愛他)의 마음 기르기

● **애기(愛己)**

도산 안창호의 정신 가운데 애기애타(愛己愛他)가 있다. 즉 자기를 사랑하고 이웃을 사랑하는 것이다. 《성경》의 말씀 '네 이웃을 네 몸과 같이 사랑하라'와 의미는 같다고 볼 수 있다.

자기 자신을 사랑하지 못하는 사람이 타인을 보살피고 사랑할 순 없다. 무엇보다 자신을 먼저 사랑해야 한다. 자신을 사랑한다는 것은 어떠한 삶으로 살아야 하는가?

- **자아혁신**

　자신을 바르게 세우고 수련하여 건전한 인격자가 되는 것이다. 건강한 인격자가 되기 위해 덕성, 체력, 지성의 전인격적 성장을 도모하여 인격의 힘을 갖추고자 끊임없이 노력해야 한다. 하나님이 각자에게 부여한 자신의 잠재 능력을 계발하고 인(仁)을 실천하는 건강한 사람으로 거듭나게 함이 자기를 개혁하는 길이다.

　도산은 "그대는 나라를 사랑하는가. 그러하거든 먼저 그대가 건전한 인격이 되라"며 설파하였다. 이것이 도산의 건전 인격 제일의 주장이다. 이 건전한 인격이 없이는 개인으로나 민족으로나 '힘' 있는 자가 되지 못하고, 이 '힘'이 없이는 결코 목적하는 소원을 성취할 수 없다고 한다. 잃었던 국권을 회복하여 쇠퇴하였던 민족의 운세를 왕성케 하는 소원이 제일 크다고 주장한다. 그런데 그 소망을 달성하기 위해서는 '힘 중의 힘'을 발하는 길은 오직 하나, 딴 길 없는 오직 한 길, 즉 민족 각 개인이 인격을 건전케 하는 길이라 역설하였다.

　"왜 우리 중에는 인물이 없나?"라는 말에 도산은 이렇게 대답하였다. "우리 중에 인물이 없는 것은 인물이 되려고 마음을 먹고 힘쓰는 사람이 없는 까닭이다. 인물이 없다고 한탄하는 그 사람 자신이 왜 인물 될 공부를 아니 하는가." 도산의 이 말은 대한민국 모든 사람들이 새겨야 할 말씀이다. 우리는 흔히 무슨 불상사가 일어날 때마다 사회와 국가와 시스템을 비판하고 원망한다. 남과 제도로 탓하지 말고 자아혁신을 통해 사회와 나라를 위하며 건강한 인격을 갖추고자 결심하고 끊임없이 노력하자.

　학교라는 제도, 종교 등 수많은 교육 기관이 있다. 하지만 학교가 교회와 사찰이 우리 각 사람을 건전한 인물로 성장시킬 수는 없다. 오직 각 개인이 바른 인물이 되겠다는 결심과 포기하지 않는 노력이 현재와 다음 세대에 건강하고 아름다운 인물이 되어 나라를 바르고 부강하게 이끌며, 주변 이웃 국가에도 선한 영향력 있는 지도자가 되리라 믿는다.

어깨를 펴고 똑바로 서자

도산은 바른 예의를 갖추고자 바른 습관 형성을 위해 부단한 노력을 기울였다. 도산은 행동 시에 몸을 단정히 하는 습관을 길들였다. 그는 앉을 때 허리를 굽히지 않았고 설 때 몸을 기대거나 기울이지 아니했다. 걸음을 걸을 때도 팔다리를 바르게 맞춰 놀리고 고개를 기울이지 아니하였다. 이것은 생리적, 심리적으로 건강하게 한다. 그는 말하는 속도와 음량에 조절이 있다. 도산은 한 잔의 차를 들이마시는 데도 고행의 반복적 수련을 마다치 않았다.

도산이 몸소 실천적으로 몸의 바른 자세로 실천하였는데, 이는 조던 B. 피터슨의 주장과 일맥상통한 면이 있어 보인다.

《12가지 인생의 법칙》책의 저술가인 피터슨은 다음과 같이 주장한다.

| 몸짓 언어 변화에 따른 심리 변화가 대표적인 예다. 심리 실험 참가자에

게 얼굴 근육을 한 번에 하나씩 움직여 슬픈 표정을 지어 달라고 요청하고 심리 상태를 확인하면, 그런 표정을 짓는 과정에서 더 슬퍼졌다고 대답했다. 반대로 얼굴 근육을 하나씩 움직여 행복한 표정을 지어 달라고 요청하고 심리 변화를 확인하면, 그런 표정을 짓는 과정에서 더 행복해졌다고 대답한다. 감정은 대체로 몸으로 표현되고, 그 표현 때문에 증폭되거나 줄어들 수 있다.

자세가 나쁜 사람들, 예를 들어 가슴을 웅크리고 고개를 숙인 채 다니는 이들은 주변 사람들에게 왜소하고 자신감 없는 것으로 보일 뿐 아니라 자신도 의기소침하고 무기력한 느낌이 들게 된다. 문제는 주변 사람들 반응 때문에 무력감이 더욱 증폭된다. 인간도 강한 바닷가재가 약한 바닷가재의 자세와 겉모습으로 평가하듯이 상대방을 평가한다. 따라서 패배자의 자세를 하고 있으면 사람들도 당신을 패배자로 취급한다. 반대로 자신이 허리를 쭉 펴고 당당한 자세를 하고 있으면 사람들 역시 나를 다르게 보며 그것에 맞게 대우한다.

그렇다면 **어깨를 펴고 똑바로 선다는 것**은 무슨 의미일까?
첫째, 우리 사람은 몸뚱이로만 이루어진 존재가 아니라 정신적 존재이기도 하다. 몸을 똑바로 하라는 말에는 정신 역시 똑바로 하라는 말이다. '똑바로 선다'는 것은 '존재'의 부담을 자진해서 받아들인다는 뜻이다. 우리가 삶 요구에 자발적으로 응답하면 신경계가 완전히 다른 식으로 반응한다. 예를 들어 재앙 앞에서 얼어붙지 않고 적극적으로 도전한다. 만약 용을 만난다면 겁에 질려 움츠러드는 것이 아니라, 오히려 용이 모아둔 황금을 찾아 나선다. 더 높은 서열과 보상을 얻기 위해 당당하게 앞으로 나서고, 자신의 영역을 지키고 개선하려는 의지를 보인다.

둘째, 어깨를 펴고 똑바로 선다는 것은 두 눈을 크게 뜨고 삶의 엄중함 책임을 다하겠다는 의미다. 어깨를 펴고 똑바로 선다는 것은 혼돈을 질서로 바꾸기 위해 적극적으로 노력하겠다는 의지의 표현이다. 자신의 약점이 무엇인지 알고 그것을 기꺼이 받아들이며, 인간의 유한성과 죽음을 모르던 어린 시절의 낭만이 끝났음을 인정하겠다는 뜻이다. 아울러 생산적이고 의미 있는 현실을 만들기 위해 어떠한 희생도 감수하겠다는 뜻이기도 하다.

셋째, 어깨를 펴고 똑바로 선다는 것은 구약 창세기의 방주를 지어 홍수로부터 세상 사람들을 지키고 폭정으로 고통받는 사람들을 이끌고 사막을 건너겠다는 의미다. 어깨를 펴고 똑바로 선다는 것은 옳은 것과 편한 것이 충돌하는 지점에서 십자가를 짊어지겠다는 뜻이다.

따라서 몸의 자세부터 반듯하게 바로잡아야 한다. 구부정하고 웅크린 자세를 버려야 한다. 우리 자신의 생각을 거침없이 말하자. 바라는 것이 있으면 그런 권리를 가진 사람처럼 당당하게 요구하자. 허리를 쭉 펴고 정면을 보고 걸어라.

자신감과 용기를 찾은 자들은 자신의 약점과 강점을 있는 그대로 받아들이고, 더 나은 사람이 되기 위해 좁고 힘든 길이라도 마다치 않을 것이다. 사랑하는 사람이 큰 병에 걸리거나 부모가 돌아가시더라도 그 아픔을 견뎌 낼 수 있을 것이다. 절망의 늪에 빠진 사람들에게 용기와 힘을 북돋워 줄 수도 있을 것이다. 삶의 항해를 다시 새롭게 시작하고 우리 각 개인에게 주어진 정의로운 길을 걸을 수 있을 것이다.

똑바로 서라! 가슴을 펴라!

자기관리

애기애타(愛己愛他)의 애기(愛己)는 자기를 사랑함이다. 자신을 사랑한다는 것은 자신의 삶을 건강하고 바르게 관리함을 말할 것이다. 자신의 몸과 시간, 언행, 습관 등을 효과적으로 관리하여 유익하고 행복한 자신을 가꾸어 나가는 것이다.

자기가 자신의 주체가 되어야 한다. "하늘은 스스로 돕는 자를 돕는다(God helps those who help themselves)" 금언에서도 자신의 삶에 주체가 되어 세상을 살아갈 것을 요구한다. 자신의 미래와 행복을 위해 자신을 진정으로 건강하게 보살피는 것이다. 타인이나 나쁜 습관, 무절제하는 방종으로부터 본인 스스로 주체가 되어 할 것과 하지 않을 것들을 분별할 수 있어야 한다. 분별해서 끝나는 것이 아니라 반드시 할 일을 하고, 하지 말아야 할 일은 허용하지 않는 것이다. 자기가 자신의 생각과 행동을 다스려 나가야 한다. 여기에 절제와 인내가 필요한 이유이다.

시간은 누구에게나 하루 24시간, 1년은 365일이 제공되었다. 하지만 꿈이 있는 자와 그렇지 않은 사람은 시간을 선용함이 마음가짐부터 다르다. 미래의 비전이 있는 사람은 계획을 세운다. 하루, 한 달, 1년, 2년, 5년, 10년 등 단기와 장기적 목표와 계획을 짠다. 못하더라도 계획이 잡혀 있다. 계획이 있기에 하루 생활 시간표가 나오고 정신, 육체, 독서와 경험, 만남 등이 치밀하게 짜여진다. 그러니 자신의 삶을 방만하게 살 수가 없게 된다. 자신을 사랑하는 사람은 자기가 자신을 주의 깊게 관찰하고 스스로 자신을 절제할 수 있어야 한다.

가끔 축구클럽에서 플레이를 한다. 휴식 시간에 담배를 피우는 것을 자주 보게 된다. 담배의 니코틴과 연기가 주는 달콤한 중독을 이기지 못해 불을 붙인다. 땀 흘린 후의 휴식 시간에 피는 담배의 맛은 달콤하기 그지없을 것이다. 하지만 다음 경기를 뛰어야 하는 휴식에 담배 한 모금 순간의 쾌락이 이어질 경기력에 지장을 초래한다. 국가대표 운동선수가 되어 경기 중 휴식 시간에 담배를 태울 어리석은 선수가 있는가?

한국 경마의 살아 있는 신화 박태종 기수는 자기관리가 철저하다. 그는 1987년 데뷔해 2013년까지 총 1,800승을 거두었다고 한다. 기수의 총 평균 승수가 250승 정도인데 그의 기록은 대단한 것이다. 키 150cm 몸무게 46kg으로, 경마 기수의 좋은 조건에 키는 10cm 작고, 몸무게는 6kg이 부족하다. 그럼에도 그는 부단한 노력자이며 포기하지 않는 '독종'이다. 손가락, 발가락이 부러지는 것은 아무것도 아니며 목숨을 잃을 각오를 해야 한다. 그는 오른쪽 무릎 인대가 끊어지는 사고를 당해 선수 생활을 접어야 할 기로에도 있었다. 그는 포기하지 않은 채, 매일 새벽 4시에 일어나 경주마와 훈련을 한 뒤에 남은 시간은 체력 관리를 하고 있다. 그는 매주 자기보다 몸무게가 10배 이상 나가는 경주마를 결승점에 통과시켜야 한다. 말과 하나가 되는 것을 목표로 각고의 노력으로 경주했다. 말에게 채찍질하듯이 끊임없이 자신을 채찍질해 자신의 몸을 말의 근육처럼 단련시켰다. 기수는 경쟁이 치열하다. 돈의 유혹도 끊이지 않았을 것이다. 그가 이처럼 탁월한 성취를 하게 된 것은 철저히 자기관리를 잘했기 때문이다.

깨어 있어야 한다

새벽을 깨워야 하리라. 《성서》의 시편 57편 8절 "내 영광아 깰지어다. 비파야, 수금아, 깰지어다. 내가 새벽을 깨우리로다" 말씀에서 시편 기자는 사람이 깨어 있을 것을 말한다. 정신적으로도 육체적으로도 깨어 있어 빛과 어두움을 분별하고, 선과 악을 구분하며 거룩함과 탐욕을 분별하여 순간순간 진리와, 선함과, 아름다움의 좁은 길, 사람을 살리고 공동체의 행복을 위해 걷고자 하는 마음가짐이다.

필자가 인천에서 중학생이었을 때, 4km 거리를 걸어서 학교로 다녔다. 인천의 주안 석박위라는 동네에서 인하대학교의 부속 중학교까지 걸어서 통학했다. 아침 7시에 출발하여 8시 즈음에 학교에 도착했다. 귀가는 반대로 학교에서 집으로 걸어왔다. 암송해야 할 영어 단어들을 외우면서 걸었다. 이때 필자는 저녁밥을 먹은 후 8시가 지나면 잠을 잤다. 한 친구가 놀러 왔다가 잠든 나를 깨운 적이 있고, 그 친구는 내가 벌써 잠자리에 든 것을 보고 매우 신기하게 생각했었다. 필자는 새벽 3시 전후에 일어나 공부를 하곤 했다. 찬물로 세수한 후 시험공부를 주로 했다. 새벽 시간의 장점은 정말 고요한 시간에 아무런 잡념이 없다는 점이 매우 좋았다. 고등학교 때도 새벽 2시 전후에 일어나 공부를 한 기억이 있다. 평생 이렇게 공부하지 못한 점이 많이 아쉽다. 최근에 필자는 새벽에 일어나 독서와 집필 활동을 하고자 노력 중이다. 아는 지인 중에도 새벽 3시에 일어나 기도와 명상, 독서 시간을 가진 후, 6시에 가파른 언덕에 오르내리는 산행을 운동 삼아 한다고 들었다. 그 지인은 필자의 학부모로서 이렇듯 자신을 계발하고 공부하여 장애인들에게 돈을 버는 방법인 주식 투자의 공부를 시키며 사회적 약자의 '부의 축적'을 통해 자립의 길로 안내하며 섬기고 있다. 눈빛이 살아 있고 삶에 대한 긍정과 생명의 밝은 에너지가 몸 전체에서 느껴진다. 필자가 5학년 때, 담임했던 그 어머니의 딸은 작은 암이라는 장애를 극복하는 중이다. 여성으로 도전하기 힘든 스포츠인 권투를 배우면서 몸과 마음을 단련하고 있는 중이다.

새벽 시간을 활용하면 좋은 점들이 있다. 첫째, 잡념이 없는 상태에서 정신적 활동을 할 수 있다. 낮에는 여러 잡다한 상념들이 많고 즐거움을 주는 소리와 유혹들이 더 많이 접할 수 있게 된다. 둘째, 오직 자신의 일에 몰입할 수 있다. 각종 독서와 책 저술 활동에 참된 자신을 개발할 수 있다. 다른 것을 다 잊고 지금 하는 일에 집중할 수 있다. 고수의 특징 중 하나가 바로 어떤 일에 몰입하는 것이다. 사마천의 《사기》에 나오는 말이 있다. "병사가 잊어야 할 3가지가 있다. 전쟁에 나가라는 명령을 받고는 가정을 잊고, 싸움에 임해서는 부모를 잊고, 진격의 북소리를 듣고는 자신을 잊어야 한다." 셋째, 저녁 늦게 쓸데없는 일, TV와 유튜브 등에 시간을 낭비하는 것을 막을 수 있다. 금과 은보다 귀한 시간을 절약할 수 있다. 시골의 농부처럼 해가 지면 잠들고 샛별을 보고 깨어나 정신을 차려 의미 있는 배움을 이어갈 수 있다. 물론 사람의 스타일에 따라 밤에 집중이 잘되고 정신적 활동을 하는 사람도 있어 개인의 취향에 따라 깨어서 자신을 계발하는 일에 집중하면 될 일이다.

자신이 깨어 있는 사람은 타인을 깨울 수 있다. 바로 파수꾼의 역할을 감당할 수 있다. 파수꾼은 경계하여 지키는 일을 하는 사람을 말하며, 또한 그런 일을 성실하게 수행하는 사람을 비유적으로 이르는 말이다. 특히 정치 지도자 및 각 공동체의 리더 등이 깨어 있어야 한다. 시대의 상황을 볼 수 있는 통찰력과 미래를 볼 수 있는 안목이 있어야 한다. 도산은 자신이 깨어 있기에 일제강점기 민족교육의 선각자요 오늘날에도 그의 인격적 감화는 계속되고 있다. 지도자가 깨어 있지 못하면 그 공동체의 앞날은 혼돈과 좌절 등 불행이 닥쳐온다. 구한말을 포함한 한국의 근현대사에서도 보듯이 나라는 나라가 아니었다. 자신의 탐욕으로 권력을 사유화하고 나라를 팔아먹고 가련한 백성들을 돌보지 않는 무도한 지도자들로 얼마나 많은 민초들이 스러져 갔는가. 내가 깨어 있으면, 동료들을 깨울 수 있고 사회를 깨우고 나라를 깨우는 빛의 선지자가 되는 것이다. 필자가 꿈꾸는 '섬진강 인문서당'에서 배우는 청소년들은 자신을 깨우며 사회를 깨우는 선지자적 사명자들로 섬기고 싶다.

건강한 이미지

　사람은 자신이 만든 '자신에 대한 이미지'로 삶을 살아간다. 나쁘고 부정적인 이미지를 지니고 있으면 인생은 자신의 상상대로 흘러가며, 자신에 대한 긍정적이며 밝은 이미지를 지녔다면 현재와 미래의 삶이 형통하고 복이 될 것이다.

자신의 이미지를 말과 글로 표현하면 그러한 언어가 삶에 현실이 된다. 자신에게 부정적 영향을 주는 말은 절대로 피하고 삼가야 할 것이다. 2016년 리우 올림픽 때 펜싱 에페 결승전에서 박상영이 깊은숨을 몰아쉬며 스스로 주문을 건다. "나는 할 수 있다. 할 수 있다. (후~) 할 수 있다." 박상영은 결국 대역전 드라마를 펼친 끝에 15:14, 1점 차로 금메달을 목에 걸었다. "의심하지 마. 의심하니까 자꾸 의심 드는 거야." 파리 올림픽에서 펜싱 금메달리스트인 구본길이 단체전 결승에서 5실점 후 첫 득점에 성공한 오상욱에게 한 말이다.

이렇듯 말은 우리의 이미지를 현실로 옮기게 한다. 이미지가 말을 낳지만, 반대로 우리의 긍정과 낙천적인 말이 우리의 부정적 이미지를 바꿀 수 있다. 언어생활을 바르고 건강하게 해야 하는 이유이다.

우리 사람은 말로 먹고 산다. 칭찬과 격려, 응원의 말을 많이 들으면서 우리는 자신감을 갖고 매사에 긍정적, 낙관적 태도와 행동으로 삶을 행복하게 살 수 있다. 부모로부터 이러한 격려와 사랑의 말과 사랑의 웃음으로 자란 아이는 결국 멋진 인생을 살리라 본다. 혹시 부모가 없다면, 주위의 친구, 동료, 선생님으로부터 이러한 격려의 말은 자신의 건강한 이미지를 형성케 하여 행복한 인생이 된다. 우리가 주변의 이웃에게 격려와 칭찬을 아끼지 말아야 할 이유이다. 또 사람이 살아갈 이유가 바로 격려와 사랑의 위로 그 자체일 수 있다.

이러한 조력자가 주위에 없다면 바로 자신의 '혼잣말'로 건강한 자기 이미지를 강화시킬 수 있다. "○○야, 너는 꽤 괜찮은 얼굴을 지녔어. ○○야, 너는 우주에 하나밖에 없는 인물이고 80억 명 중에 아주 독특한 보배롭고 존귀한 사람이야"라는 말로 자신을 위로하고 격려해 보자. 아침, 저녁으로 시간 날 때마다 자신의 건전한 이미지를 말로 가꾸고 거울을 보면서 긍정적 자아 이미지를 갖도록 반복하여 훈련해 보자. 이것이 가장 우선적으로 해야 할 공부 중의 참공부일 수 있다. 이 세상, 이 우주에서 가장 중요한 것은 가고 오는 시간 속의 '나 자신'인 것이다. 나에 대한 건강하고 밝고 빛나는 이미지가 바로 자신의 삶을 결정하고 그의 미래가 되기 때문이다.

누구나 혼잣말을 한 경험이 있을 것이다. 혼잣말은 스트레스 완화에 도움을 줄 수 있다. 미국 미시간 주립대 연구에 따르면, 혼잣말은 자신의 경험과 거리를 둬 심리적 균형을 맞추는 데 도움을 주고, 감정 조절에 효과적이기 때문이라고 분석했다.

혼잣말은 또한 동기부여와 능력향상 효과도 있다고 한다. 특히 본인을 2인칭으로 칭하며 혼잣말을 하면 그 효과가 배가된다. 미국 일리노이대 연구 결과, 자기 자신을 호명하며 혼잣말을 한 사람이 그렇지 않은 사람보다 운동 계획을 잘 실천했으며 운동 효과가 더 두드러졌다고 한다. "○○야, 운동을 좀 더 자주 하자" "○○야, 날씬해질 수 있어" 등 격려의 말을 하면 된다. 이는 다른 사람들로부터 지지와 격려를 받았던 기억을 떠올리게 해 결과에 좋은 영향을 미칠 수 있다.

우리 자라나는 청소년들은 반드시 자신에 대한 건강한 이미지를 갖기 위해 주위의 동료와 선생님 등이 조력하고 힘써야 할 우선적

과제라 생각한다. 우리나라 청소년들은 초·중·고를 졸업하고 대학에 들어가 나올 때는 너무 무기력하게 '밥벌이'에 몰두하는 모습에 필자를 안타깝게 만들고 있다. 우리 전 국민이 건전하고 건강한 이미지를 갖기 위해 노력하고 서로 격려와 칭찬, 사랑과 희락의 웃음이 넘쳐나는 이 나라 이 대한국민이 되기를 두 손 모아 기도한다.

자신을 용납하자

용납한다는 것은 너그러운 마음으로 남의 말이나 행동을 받아들인다는 뜻이다. 우주 가운데 가장 중요한 사람은 바로 자기 자신이다. 자기가 자신을 받아주고 안아주어야 한다. 자기가 자신을 용납할 수 없는 사람이 타인을 외모가 아닌 목적으로써 상대방을 수용할 수는 없을 것이다.

자기가 자신의 얼굴, 신체, 말과 행동, 습관 등의 전 인격체를 그대로 인정하고 받아들일 수 있어야 건강한 마인드를 가질 수 있다. 키가 작으면 작은 대로 긍정적으로 받아들이고 다소 얼굴이 네모, 삼각형 모양이라도 자신의 원형의 모습을 받아들이고 그 독특한 모습에 하나님께 감사하는 마음을 지니자. 자신의 외모에 대한 콤플렉스 대신 긍정적으로 수용하는 태도를 지니자. 자기를 긍정하는 당당함과 그 긍정의 태도의 씩씩함이 그 에너지가 큰 매력을 가져다주리라 믿는다. 가끔 자신의 외모에 칭찬도 해주고 격려하는 '빙그레 웃음'을 자신에게 해주자. "내 얼굴 이 정도면 세상에 하나밖에 없는 독창적 외모야. 신이 나를 매우 창의적으로 만든 예술작품이야. 세상에 유일한 내 얼굴인데, 다른 사람 신경 쓰지 말자"라고 혼잣말해 보며 자신을 낙관적으로 생각하자. 올림픽 우리 국가대표 선수들, 특히 사격, 양궁에서 수없이 자기 주문을 많이 한다고 한다. 꼭 운동선수만 '자기 긍정'을 하라는 것은 아니다. 우리 모두 자신을 용납하여야 한다. 특히 자라나는 청소년들이 자신의 외모에 대한 긍정적 태도는 매우 중요하다. 자신을 긍정하고 받아들임으로써 세상을 자신감 있게 살아갈 수 있고, 당면한 자신의 문제를 해결할 수 있다. 자신의 미래를 씩씩하게 뚜벅뚜벅 힘차게 걸어갈 수 있으리라 믿는다.

또한 지난 과거의 실수에 집착해서는 안 된다. 자신의 몸과 마음의 결함에 대해 자기보다 잘 아는 사람은 없다. 자기가 얼마나 한심하고 부끄러운 존재인지 본인보다 잘 아는 사람은 없다. 빨리 자신의 못난 점과 옛날 일을 잊고 새로운 일에 맞서야 한다. 과감히 자신의 실수와 허물 많음을 용서해야 한다. 자신을 아름답게 대우해 줘야 한다. 자신의 약점과 허물투성이들을 용서하고 자신을 제대로 보살펴 주어야 한다. 그러기 위해서는 자신을 용서해야 한다. 자신을 용서함으로써 자신을 존중할 수 있다. 나를 용서하지 못하는 자신이 타인을 용서할 수는 없다. 진정한 용서가 없이는 타인과 더불어 평화의 행복을 누릴 수 없다. *내 자신을 자신이 도와줘야 할 사람처럼 대우하자.* 무엇보다 자신을 있는 모습 그대로 받아들이고 용서하자. 그래야 참평화와 행복의 강물이 내 자신과 이웃들에게 흘러 흘러가리라 믿는다.

인내(忍耐) 공부

　공자는 '모든 행실의 근본으로는 참는 것이 제일 중요하다(百行 之本은 忍之爲上이니라)'고 설파했다. 우리의 모든 일상생활에서 견뎌 내는 인내가 기본 중의 기본이 됨을 말한다. 사실 따지고 보면 '인내'가 없이는 어떠한 일도 해낼 수 없고 사람 간에 기본 도리도 할 수 없게 된다. 참는 것이 누적되어 실력을 갖게 되고 건강한 인격이 갖추게 되어 사람다운 도리를 다할 수 있으리라 믿는다. 우리 자라나는 아이들과 모든 사람들은 인내를 공부하고 실천해야 '사람다운 사람'이 되리라 믿는다.

　인내는 무슨 의미일까. 인내는 분노, 괴로움, 슬픔, 억울함 등을 참는 것을 말한다. 인내는 어려운 상황을 견디는 능력이다. 참을 인(忍)자는 칼 도(刀)자 밑에 마음 심(心)자가 놓여 있다. 한자로 풀이하면 가슴에 칼을 얹고 있다는 뜻이다. 가만히 누워 있는데 시퍼런 칼이 내 가슴 위에 놓여 있는 것이다. 자의적 해석이긴 하나, 자신의 분노, 슬픔, 기쁨 등 온갖 감정의 마음에 칼을 내려놓고 있는 모습이다. 자신이 원하는 마음대로 하지 않고 절제하는 것이다. 지금 직면하는 크고 작은 것에 견뎌내어 참는 것을 말한다.

　아침에 출근하기 위해서는 일찍 잠자리에 들어야 하는데, TV 보는 등 엉뚱한 일을 즐기다 보면 늦게 자게 된다. 아침에 일찍 깨기가 쉽지 않다. 그래도 먹고살기 위해서는 졸음을 참고 깨어나야 하고, 샴푸로 머리 감을 때 10여 초를 참아야 감을 수 있게 된다. 횡단보도 건널 때 빨간 신호등 앞에 기다리고 있다. 신호등 색이 바꿜 때까지 기다려 건너갈 수 있다. 타인과 대화 시에 타인의 말을 충분히 들어주고 자신의 의견을 개진해야 소통이 잘 될 수 있다. 모든 일상사는 인내가 기본이 돼야 생활을 할 수 있게 된다.

사람의 감정 중에 희, 노, 애, 락이 있다. 기뻐도 마음껏 웃을 수 없는 때가 있기 마련이다. 특히 필자는 분노를 조절 못 해 낭패를 본 적이 한두 번이 아니다. 가정에서 딸의 옳지 않은 언행에 내 감정을 폭발하다 보니 관계가 멀어져 버린다. 물론 기본적으로 자신의 감정을 적절히 표현해야 건강한 삶을 살 수 있다. 하지만 화를 내고 나서는 대부분이 후회 거리가 되기 마련이다. 천국 가는 날까지 인간은 인내 공부를 해도 해도 다함이 없다.

인내(忍耐)는 참고 견뎌내는 것이다. 큰 꿈이든 작은 꿈이든지, 사람이 품은 소망 때문에 어려움을 극복하고 견뎌낼 수 있는 것이다. 작은 반복 훈련을 통해 인내의 힘을 키워나갈 수 있다. 필자는 58세부터 턱걸이 운동을 시작했다. 처음엔 4개 하기가 힘들었다. 10개 하기가 쉽지 않았다. 계속 철봉에 팔을 의지한 채 매달리고 또 매달렸다. 최근에 많이 할 때 17개까지 가능하다. 물론 완벽한 자세는 아니지만 최소한 철봉에서 몸을 내린 상태에서 팔로 끌어당긴다. 헬스장에서 광배근육을 발달시키는 보조운동을 했더니 턱걸이 횟수를 늘리는 데 도움이 되었다.

필자는 작은 매실 과수원을 경작한다. 5월 초가 되면 풀을 베야 한다. 예초기로 풀을 2시간 이상 베고 나면 팔이 덜덜 떨리고 녹초가 된다. 턱걸이를 10개 이상 한 후로는 예초작업을 해도 그다지 힘들지 않다. 우리 근육 중에 광배근육을 늘린 결과다. 턱걸이 운동을 통한 상체 근육 강화에 대한 소망 때문에 고통스럽지만 견디며 훈련했다. 필자의 턱걸이 목표는 21개다. 어느 곳에 가든지 철봉을 찾고 시간 나는 대로 턱걸이를 훈련 중이다. 필자는 매번 철봉에 설 때마다 머뭇거리고 긴장이 된다. 그러나 막상 하면 하게 되고 턱걸이는 상체의 균형을 잡아주고 몸을 바르게 세워준다. 무엇보다 이 단순한 훈련을 통해 자신감과 삶에 활력을 가질 수 있어 우리나라 전 국민에게 추천하고 싶다.

대중들에게 많이 알려진 '마시멜로 실험'은 아이들에게 마시멜로 하나를 주고, 15분을 참으면 2개를 주겠다고 했을 때, 15분을 참고 2개를 받는 아이들이 성공할 가능성이 더 크다는 내용을 담고 있다. 이 실험은 참을성이 있는 사람이 성공할 수 있다는 것을 증명하며 많은 사람들에게 인내의 동기부여를 제공했다.

2015년에 발간된 《마시멜로 테스트》라는 책에서 기존의 마시멜로 실험보다 흥미로운 연구가 소개되었다. 뉴욕대학의 할 허시필드 교수가 2009년에 스탠퍼드대 학생들을 대상으로 한 실험이다. 실험 대상자들에게 자신의 10년 뒤 모습을 떠올리라고 지시하고, 그들의 뇌 속에서 일어나는 현상을 관찰했다. 이 결과 대부분의 사람들 뇌 속에서는 타인의 패턴이 나왔다. 자신의 10년 뒤 모습은 자기가 아닌 타인으로 여긴다. 하지만 소수의 실험 대상자들은 자신의 미래의 모습을 떠올리며 자아 패턴을 보였다. 미래의 자아에 큰 동질감을 느끼고 감정적으로 연결되어 있는 사람이라면 당장의 보상보다는 미래의 만족에 더 큰 비중을 둔다.

대부분의 사람은 미래에 내가 얻을 이익보다 바로 내 앞에 있는 현재의 보상에 더 많은 자극을 받고 반응을 하게 된다. 하지만 소수의 사람들은 지금 조금 참더라도(인내) 미래의 더 큰 보상을 떠올리면서 산다. 이렇듯 '지연된 보상'을 추구하는 사람들이 성공할 확률이 높다는 것으로 밝혀졌다.

《맹자》의 고자하 편 15장에 "하늘이 장차 큰 임무를 어떤 사람에게 내리려 할 때는 반드시 먼저 그의 마음을 괴롭게 하고 그의 근골을 힘들게 하며, 그의 몸을 굶주리게 하고 그의 몸을 곤궁하게 하며, 어떤 일을 행함에 그가 하는 바를 뜻대로 되지 않게 어지럽힌다. 이것은 그의 마음을 분발시키고 성질을 참을성 있게 해 그가 할 수 없었던 일을 해낼 수 있게 도와주기 위한 것이다"라고 쓰여졌다. 하늘이 위대한 인물을 내기 위해서는 인내(忍耐)를 훈련시킨다고 한다.

넬슨 만델라는 남아프리카 공화국 최초의 흑인 대통령이자 흑인 인권운동가이다. 그는 종신형을 받고 27년여간을 복역하였다.

김대중 대통령은 1971년 8대 총선 지원 유세에 나섰다가 대형 트럭의 돌진 사고로 평생 다리를 절게 되었다. 1973년 유신독재 때, 중앙정보원들에게 납치돼 살해될 위기를 넘긴다. 1980년 신군부 전두환 정권에 의해 내란음모로 사형선고를 당하나 국제사회의 도움으로 미국 망명길에 오른다. 1997년 12월에 15대 대통령으로 당선되었고 2000년 한국 최초로 노벨평화상 수상자가 되었다.

《감옥으로부터의 사색》의 저자인 신영복 선생은 20년간의 옥고를 치렀다. 선생은 1968년 육군사관학교 경제학과 교관으로 있던 중에 통일혁명당 사건으로 말할 수 없는 고문과 투옥 끝에 20년 만에 1988년 8월 15일 특별가석방으로 출소했다. 성공회대에서 강의를 했다. 시대의 스승으로 알려졌다. 선생의 말과 글의 언어는 사람들에게 삶을 돌아보는 성찰과 타인에 대한 이해와 애정의 관점을 가지게 한다.

성공회대학교 김창남 교수, ㈔더불어숲 이사장은 다음과 같이 신영복 선생을 추억했다.

> 여전히 신영복 선생을 떠올릴 때마다 가슴이 먹먹해집니다. 그러고는 콧날이 시큰해지면서 눈시울이 뜨거워집니다. 그리움 때문입니다. 그분과 함께하던 시간이 떠오르기 때문입니다. 선생의 인자한 모습, 잔잔한 말투와 웃음, 어린애 같은 장난기와 농담, 무엇보다 그분이 보여주셨던 겸양의 언어와 흐트러짐 없는 삶의 자세가 시간이 갈수록 새삼스럽게 기억되기 때문입니다.
> 신영복 선생은 우리에게 어떤 분이었던가 생각합니다. 그분을 책으로만 접한 독자들은 오랜 감옥 생활 속에서 고통의 시간을 치열한 정신으로 벼려내 마침내 세상을 달관하는 경지에 이른 고고한 선비의 모습을 떠올립니다. 하지만 그분과 만나 대화를 나누고 어울렸던 사람들은 이 고고한 선비가 보여주는 뜻밖의 편안함과 따뜻함, 격의 없는 소탈함에 놀라게 됩니다. 고고한 선비의 모습과 소탈한 생활인의 모습, 선생은 한몸으로 이 두 가지의 모습을 아무런 모순 없이 자연스럽게 보여주셨고,

> 그렇게 우리는 신영복이라는 거울 속에서 참된 스승과 좋은 친구의 모습을 함께 만날 수 있었습니다.
> 선생은 책과 강연, 서화를 통해 많은 사람들에게 공존과 연대, 평화와 생명의 가치를 전한 스승이셨지만 또 누구보다도 편하고 즐거운 친구시기도 했습니다. 선생은 언제 어디서든 무게를 잡고 어른 행세를 하거나 특별 대접을 받으려 하시지 않았습니다. 늘 스스로를 낮추려 하셨지요. 한참이나 어린 동료 교수들이나 교직원들과도 늘 스스럼없이 어울리셨습니다. 선생이 교수와 직원, 학생들과 어울려 축구하시는 모습을 본 사람들은 시대의 스승이 보여주는 뜻밖의 모습에 놀라워했습니다. 하지만 운동장에서 함께 축구하는 우리들에게 선생은 정확한 볼 컨트롤로 날카로운 슛을 날리는 능력을 가진, 그래서 가능하면 같은 편이 되고 싶은 유능한 선수셨지요.

필자가 꿈꾸는 한국 교육의 대안적 모델인 '섬진강 인문서당'에서는 모든 학생들이 인내를 공부를 할 것이다. 현재의 대한민국에 살면서 시대정신과 역사의식을 갖고 모든 공부 속에서 참고 견뎌내는 힘을 기르고자 한다. 동양고전과 서양 인문학을 접하면서 필사와 성독, 암송을 통해 인류의 스승, 천재들과의 만남을 갖고자 한다. 노작과 전인적 삶의 실천을 통해 자신을 단련하여 다음 세대에 선한 영향력을 끼치는 시대의 '선비'를 훈련하고자 한다. 자아혁신의 기본은 인내(忍耐)를 온전히 이루어 내는 것이다.

용기(勇氣) 공부

용기란 씩씩하고 굳센 기운 또는 사물을 겁내지 아니하는 기개라고 정의된다. 영어 단어 'courage'는 'the ability to DO something dangerous, or To FACE pain or opposition, without showing fear(뭔가 위험한 일을 감수하여 행동하거나 두려움을 보이지 않고 고통과 반대되는 것을 직면하는 능력)'라는 의미이다. 우리가 용기가 없다면 어떠한 일도 진보하거나 성취할 수 없다. 김대중 전 대통령은 "행동하지 않는 양심은 악의 편"이라고 연설했다. 우리의 일상의 삶도 살아갈 용기가 반드시 필요하다. 인생은 실로 용기에서 시작하여 용기로 마감된다. 그러기에 용기를 공부하고 자아혁신과 모든 이웃과의 관계에서 진정한 용기를 훈련해야 할 것이다.

필자도 집사람에게 데이트를 신청할 때, 가슴 졸이면서 거부당할 수도 있음을 감수하고 쪽지를 내밀었던 기억이 난다. 필자가 30여 년 전에, 농촌 지도직 공무원 재직 시에, 사무실에서 담배를 피워대는 '파렴치한' 인간이 있었다. 물론 그 당시에는 사무실에서도 어느 정도 담배 피우는 것은 제한적으로 용인이 되었던 시절이다. 다들 그의 행위는 싫어했지만 그의 성깔과 무력에 다들 쉬쉬하고 그를 제지하지는 않고 있었다. 나는 아무리 생각해도 그러한 행위가 용납되지 않았다. 그러한 생각에 사로잡힌 나는 용기를 내어 사무실에서 담배를 피워대는 그에게 다가가서 "이 사무실에서 담배를 피우는 것은 옳지 않습니다"라고 분명히 항의했다. 그러자 그는 기분 나쁜 표정으로 사무실을 슬그머니 나가버렸다. 그는 나보다 10여 년 이상 나이가 많고 '근육질'의 운전기사로 공동체의 '터줏대감' 노릇을 했던 자이다. 필자도 겁이 많은 사람이라 옳은 말도 제대로 할 줄 모르는 '소인배'인데, 그때는 어떻게 그런 배짱이 나왔는지 모르겠다.

안중근 의사는 우리 대한인의 위대한 인물이다. 최근의 뮤지컬 《영웅》에서 안중근은 구국의 결단으로 독립투사들과 함께 손가락을 자른다. 그 피로 '대한독립'을 쓰며 맹세하는 '단지동맹'을 맺는다. 우리 사람은 조그마한 바늘이 몸에 찔려도 아픈데, 더군다나 살아 있는 손가락을 자르는 행위는 범접하기 어려운 용기라 볼 수 있다. 나아가 안 의사는 하얼빈 역 플랫폼에서 이토 히로부미를 사살 후 도망가지 않고 대한민국 만세를 외쳤다. 안 의사의 총알 3발은 정확히 이토의 몸을 관통시켰다. 군악대의 사열대를 대범히 뚫고 나아가 조준 사격을 가했다. 사람을 죽이는 사격인데 얼마나 심장이 떨리는 일인가. 아울러 이토를 처단 후 안 의사는 도망가지 않고 그 자리에서 체포되었다. 원수도 죽지만, 자기 자신도 죽을 수밖에 없는 상황을 도망치지 않고 태연하게 직면한 것이다. 하얼빈 역으로 가는 길은 죽음의 십자가로 이어지는 길이었다. 그는 좁은 길, 십자가의 길을 뚜벅뚜벅 걸어갔다. 2천만 동포의 안위를 위해 그리고 조국의 모든 후손들의 미래를 위해 기꺼이 자신의 생명을 버렸다. 안 의사는 어떻게 그런 담력과 용기를 가질 수 있단 말인가? 그의 담력과 용기를 필자는 흉내조차 내기 힘들다. 그의 민족공동체에 대한 뜨거운 조국애의 크기는 일반 범인의 생각을 초월한 것이라 여겨진다. 얼마나 민족을 사랑했기에 손가락을 자르고 자신의 고귀한 생명을 망설임 없이 던질 수 있단 말인가? 안 의사가 남긴 붓글씨에는 대장부의 기개가 살아 움직인다. 안 의사의 글 '爲國獻身 軍人本分(나라 위해 몸 바침은 군인의 본분이다)'은 우리에게 거룩한 용기를 촉발하고 있다. 우리는 삶에 크고 작은 용기가 필요하다. 사람의 근육이 없이는 살아 움직일 수 없듯이 용기 없이는 정의롭고 뜻있는 인생을 살아갈 수 없다. 그렇다면 우리는 '용기'를 어떻게 공부하고 습득할 수 있을까?

우리는 생활 속에서 '작은 용기'를 실천할 수 있다. 그러한 모험을 통해 인생의 큰 결단과 도전을 감행할 수 있는 '정신적인 근육'을 만드는 토대를 마련할 수 있다. 일상생활에서의 용기는 반드시 실천해야 할 행동도 있지만, 하지 말아야 할 비윤리적인 행동이나 건강치 못한 습관도 있다. 근육을 강화시키기 위해서는 고통을 수반한 반복 훈련이 요구된다. 건강을 위해 결단하고 자신의 몸을 헬스 기구 앞에 가서 힘들어도 자신의 몸을 기구에 던지는 작은 용기가 요구된다. 그러한 순간순간의 용기가 반복되고 습관화되어 건강한 몸매를 가꿀 수 있게 된다. 나쁜 습관 중에 흡연이 있는데 담배에 불을 붙이고 내뿜는 하얀 연기에 빠져 자기도 모르게 기분이 좋아도 나빠도 그냥 담배에 손이 가게 된다. 좋지 않은 습관을 고치기 위해 작은 용기와 더불어 악습관을 끊기 위해 지속적인 작은 용기가 필요하다.

《구약성경》의 인물 다윗은 양치기 목자였다. 그는 자신의 일에 목숨을 걸고 일했다. 사자나 곰을 상대하여 자신의 양들을 구해냈고 이러한 일상에서 얻은 용기로 소년은 자신의 조국 이스라엘과

블레셋의 거인 골리앗과의 대결에 용감히 나섰다. 모든 군인들이 그 거인을 두려워했으나 소년 다윗은 대범하게 그와 정면으로 맞섰다. 두려운 상황을 피하지 않고 그 공포의 대상과 직면했다. 자신의 일터인 야생에서 습득한 용기를 갖고 자신을 이기고 상황 속으로 뛰어들었다. 결과는 자신이 던진 물매돌이 골리앗의 이마를 깨고 들어가 박혀버렸다. 다윗의 용기의 승리였다. 생활에서의 작은 용기들이 일생의 결정적인 순간에 큰 용기의 마중물이 되었다.

애타(愛他)

자신 외에 타인을 사랑하는 것이다. 공자는 인(仁)을 '사랑하는 것'이라고 말했다. 그렇다면 사랑은 어떻게 하는 것이 사랑을 실천할 수 있을까. 에리히 프롬은 《사랑의 기술》에서 "사람을 사랑한다는 것은 결코 강렬한 감정만이 아니라 결단이고 판단이고 약속이다"라고 말한다. 우리도 결혼의 삶을 통해 감정을 뛰어넘어 상대방의 행복을 위해 의지적인 결단과 약속을 지키고자 하는 판단과 결심이 필요하다. 프롬은 "사랑은 본래 주는 것이지 받는 것이 아니다"라고 한다. 사랑은 수동적인 감정이 아니라 적극적인 활동인 것이다. 사랑이란 수동적으로 받는 것이 아니라 능동적으로 주는 것이라고 한다. 사랑은 단순한 감정이 아닌, 배우고 익혀야 하는 기술로 설명한다. 사랑은 이웃에 대한 관심, 대가를 바라지 않고 주는 것, 그리고 희생, 나아가 상대방에게 책임을 갖는 것 등으로 실천될 수 있다.

　우리가 타인을 사랑하는 첫 걸음은 상대방에 대한 관심일 것이다. 이웃이 말할 때 잘 경청하여 듣는 것이다. 대부분의 사람들은 경청하지 않는다. 아마도 모든 인류는 자신의 생각과 자아로 꽉 차 있어 상대방이 지금 말한다 할지라도 '눈뜬장님'처럼 영혼 없이 상대방의 말에 잘 귀 기울여 듣지 않는다. 경청이란 관심을 갖고 귀를 기울여 듣고 존경하는 마음으로 상대방의 말을 듣는 것이다. 이러한 마음이 있어야 상대방을 중요하게 여겨 귀를 열고 듣게 된다. 집중하여 듣고 상대방의 말을 헤아려 듣게 된다. 경청은 상대방으로부터 3가지 소리를 들어야 한다고 한다. 첫째, 말하는 사람의 생각이다. 머리의 소리를 들어야 한다. 둘째, 말하는 사람의 감정이다. 마음의 소리를 잘 들어야 한다. 셋째, 말하는 사람의 비언어적 전달 내용이다. 몸의 소리를 잘 들어야 한다. 우리의 자라나는 청소년들과 경청의 예의 바른 태도를 함께 공부하고 싶다.

　필자는 현재 전라남도 순천에 살고 있다. 순천에서 송치재를 넘어가면 구례로 이어진다. 24년 5월 31일, 자동차로 언덕을 넘어 구례에 볼일 있어 가는데 웬 하얀 도포에 갓을 쓴 기인이 등의 가방에는 '천웅 이순신'라는 깃발을 휘날리며 길 가장자리로 걸어가는 것이 보였다. 순간 '아 이 사람은 이순신의 백의종군로를 따라 순례하는구나!'라는 생각이 스쳐 지나갔다. 그리고 차를 그늘에 주차한 후 그가 내려오는 길목에서 기다렸다. 그는 윤한봉이며 장흥 출신으로 미국의 영주권자로서 오리건 주에서 50여 년을 살았다. 그를 맞아 근처 괴목역 부근 구목식당에서 국밥을 먹으며 삶을 잠깐 나누었다. 이순신을 성웅 대신에 '천웅'이라 생각하고 그 이순신의 구국의 길을 사모하여 75세의 나이에 뜨거운 조국애로 백의종군의 길을 나서고 있었다. 필자의 약간의 호기심에서 나온 관심에서 우리의 만남이 이뤄져 지금도 카톡으로 소통하고 있다. 구목식당의 여주인은 고맙게도 우리의 사정을 듣고 밥값을 받지 않았다. 그가 식당에서 김치와 국밥의 맛에 감동하는 모습에 오히려 필자가 감동을 받았다. 작은 관심이 나그네의 배고픔을 달래주었고 만남으로 이어졌다. 사랑은 관심이고 관심은 경청의 태도를 낳는다. 경청은 단순히 그의 목소리만 듣는 것이 아니라 그의 마음과 몸의 메시지도 들어야 될 줄 믿는다.

이스라엘 솔로몬 왕이 그의 하나님께 기도한다. "그러니 당신 종에게 듣는 마음을 주시어 당신의 백성을 통치하고 선과 악을 분별할 수 있게 해 주십시오." 솔로몬이 이 기도에 앞서 자신은 하나님 앞에서 어린아이에 지나지 않아 백성을 이끄는 법을 알지 못한다고 고백한다. 솔로몬은 겸손한 마음으로 자신의 부족하기에 나라를 다스릴 지혜를 구한다. 무엇보다 경청하는 태도 즉 진리의 하나님의 말씀을 귀하게 여겨 잘 듣고자 한다. 아울러 백성의 소리, 즉 백성들의 희로애락의 메시지를 듣고자 하는 경청의 태도를 갖고자 했다. 작년에 국회의원 선거가 끝난 후, 여소야대의 정국이 펼쳐졌다. 현 정권에 대한 자국민들의 민의를 잘 듣고 국가운영에 반영하기를 바란다. 한 국가를 운영하는 지도자는 마땅히 국민이 먹고 살기에 편하게 해주어야 한다. 아울러 자국민들의 소리를 들을 수 있어야 한다. 잘 듣고 국민의 원하는 바가 무엇인지 헤아릴 수 있는 경청의 마음을 솔로몬의 지혜에서 구한다.

사랑의 두 번째 특징은 '주고 베푸는 것'이다. 《명심보감》 존심편에 "시은물구보(施恩勿求報)하고 여인물추회(與人勿追悔)하라(은혜를 베풀고 나서 보답을 바라지 말고, 다른 사람에게 주고 나서 다시 후회하지 말라)."이 글은 다른 사람에게 베풀거나 도움을 줄 때는 자신의 행위에 대한 보답과 대가를 바라지 말아야 한다는 의미이다. 그리스도는 "주라 그리하면 너희에게 줄 것이니 곧 후히 되어 누르고 흔들어 넘치도록 하여 너희에게 안겨 주리라"고 했다. 조건 없는 사랑을 베풀면 반드시 하늘이 이를 보답한다는 뜻이며 필요한 자에게 은혜 베풀 것을 명하고 있다.

예수 그리스도보다 400년 전, 묵자는 모든 사람을 평등하게 사랑하고 서로 이롭게 하자고 주장했다. 이것이 묵자의 **겸애(兼愛: 가리지 않고 모든 사람을 똑같이 사랑함)** 사상이다. 참된 선비는 친구의 몸을 자신의 몸을 위하듯이 하고, 그 친구의 부모를 자신의 부모 위하듯 한다. 그 선비가 벗을 만났을 때는 그가 굶주리면 먹여주고, 헐벗고 있으면 입혀주고, 병을 앓고 있으면 시중들어 간호해 주며, 사람이 죽으면 장례를 치러준다. 묵자의 겸애는 이렇듯 자기 자신을 돌보듯이 이웃에게 실제적으로 사랑을 베푸는 실천을 강조했다. 필자도 기부 단체에 기부하는데, 사랑의 실천함에 단지 흉내를 낼 뿐이다.

타인능해(他人能解)의 쌀뒤주가 있는 곳은 전라남도 구례군 토지면 오미리의 '운조루' 양반 가옥이다. 옛 가옥인 운조루는 뒤쪽에는 지리산이, 앞으로는 너른 평야와 섬진강이 유유히 흘러가는 배산임수에 위치한다. 운조루는 조선시대 양반 주택으로 국가지정 문화재로 지정되어 있다. '타인능해'는 '사람들의 고통을 해결해 줄 수 있다'라는 의미로 쌀독에서 주위의 배고픈 사람이 쌀을 가질 수 있게 하여 나눔을 실천하였다. 운조루의 양반들은 이웃의 가난한 사람들이 주인 얼굴을 대하지 않고 쌀을 가져갈 수 있도록 사람들의 눈에 띄지 않는 사랑채와 안채 중간 지점에 통나무 속을 비워 만든 뒤주를 놓고 쌀을 채운 후 마개에다 타인능해(他人能解)라는 글자를 새겨 놓았다. 이 뒤주에는 쌀이 약 2가마 반이 들어갔는데 운조루 1년 소출의 약 20%인 36가마니를 주변 사람들을 대상으로 베풀기 위한 용도로 쓰였다고 한다.

프랑스어 '노블레스 오블리주'는 '귀족은 의무를 갖는다'를 의미한다. 노블레스 오블리주는 사회지도층에게 사회에 대한 책임이나 의무를 모범적으로 실천하는 높은 도덕성을 요구하는 말이다. 우리의 지배계층이었던 양반이 이웃의 배고픔을 외면하지 않고 자신의 양식을 나누어 사회적 책무를 다한 점에서 그 운조루 양반들은 귀족의 의무를 다했다고 생각한다. 더군다나 배고픈 자들이 마음에 부담을 갖지 않도록 하면서 쌀을 가져갈 수 있도록 유도했다. 전해지는 말로, 여순사건과 6.25 전쟁의 난세에도 집이 훼파되지 않고 유지될 수 있었던 것은 '나눔의 실천'으로 빨치산이나 군경 등 누구에게든지 '인심'을 잃지 않았기 때문이다.

《일생에 한번은 고수를 만나라》의 저자인 한근태는 다음과 같이 말한다. "진정한 고수는 혼자만 잘사는 사람이 아니다. 자신이 가진 것을 주변 사람과 나누는 사람이다. 혼자만 잘사는 부자는 넘쳐 난다. 하수다. 자신의 부를 효과적으로 나누는 사람이 고수다. 공부도 그렇다. 혼자 공부를 잘해 일신상의 유익을 구하는 것은 하수다. 그 공부를 사회를 위해 쓸 수 있어야 참다운 고수다"라고 말하며 진정한 고수는 자신의 것을 이웃과 나누고 베풀 줄 아는 사람이라고 주장했다. 결국 자신의 것을 주는 삶이 더욱 값지고 그것이야 말로 진정 자신을 위하는 길이라 생각한다. 그것이 참된 사랑의 공부다.

"당신은 사랑받기 위해 태어난 사람 당신의 삶 속에서 그 사랑 받고 있지요" 지난 4월 유튜브 영상에 올라온 노래다. 경북 김천시 능소초등학교 6학년 이수아 양은 수술을 4번이나 받을 정도로 다리를 심하게 다쳐 한동안 병원에서 지내야 했던 학생이었다. 지난 19일 수아는 드디어 친구들이 있는 교실로 들어왔다. 휠체어를 탄 채 소녀는 교실에 들어왔으나 친구들이 반가워하는 표정 없이 시험을 보느라 수아에게 관심도 가지지 않는다. 수아는 그러한 친구들의 모습에 당황했고 쑥스럽고 어색한 표정이 역력하여 깊은 연민의 마음을 지니게 했다. 어색한 마음을 추리고 있던 수아에게 케이크가 들어오고 피아노 반주에 맞추어 반 아이들은 교실에 돌아온 수아에게 축하의 노래를 불러주었다. 그때 감동의 눈물이 수아의 눈에서 흘러나온다. 이 영상을 본 많은 사람들도 감동의 눈물을 흘렸으리라 본다. 수아는 파티 모자를 쓴 채 케이크의 촛불을 입으로 불며 끈다. 아이들은 환호와 사랑과 축하의 말을 건넨다. 수아는 친구들의 사랑에 행복한 눈물로 얼룩진 웃음으로 감사를 표한다. 담임선생님은 병실에서 교실로 돌아온 수아를 축하해 주기 위해 '사랑의 이벤트'를 연출했다. 선생님은 "이것이 바로 진정한 교실의 모습입니다. 세상에서는 학교폭력 등이 교실의 현실인 양 보고 있지만 아직도 우리 교실은 행복이 넘치는 교실이 많이 있습니다"라고 얘기했다. 이렇듯 우리 교육 현장에 훈훈한 얘기가 있고 사랑의 교육 현장에 너무나 애틋하고 고마운 일이다. 우리나라 모든 교육에 사랑하고 사랑받는 아름다운 꽃이 피어나길 바란다.

서울 마포구 합정동 144번지에 가면 수백 개의 비석이 서 있는 묘지가 있다. 양화진 외국인선교사 묘원이다. 그 양화진에 유일한 **일본인 소다 가이치**의 시신이 묻혀있다. 소다 가이치는 젊은 날 방황으로 여러 곳을 떠돌던 중, 대만에서 술에 취해 사경을 헤매던 그를 한 조선인이 여관에 데려가 치료까지 받게 하고 모든 비용을 지불해 주었다. 그는 누군지는 알지 못했지만 은인의 나라에 은혜를 갚겠다는 마음으로 한국에 온다. 월남 이상재 선생을 만나 기독교인이 되며 이후 월남을 평생 스승으로 모신다. 1911년 105인 사건이 터져 이상재를 비롯한 애국지사들이 체포되었다. 소다 가이치는 당시 대법원장을 찾아 석방을 호소했으며 일본의 불의와 만행을 비난하여 총독부에서 '배신자' '한국인 앞잡이' 등으로 불리기도 했다. 1921년 가마쿠라 보육원 경성지부장으로 한국의 고아들을 보살폈다. 고아원 출신들이 반일투쟁을 하다 잡혀 그도 끌려가 항일교육 혐의로 심문과 탄압을 받았다. 자신의 잘못이라고 인정하여 청년들을 빼내 주었다. 해방이 되자 보육원을 아내에게 맡기고 일본으로 건너갔다. 세계평화라는 띠를 두르고 한 손에는 성경을 들고 일본 전역을 다니며 다른 나라를 침략하고 탄압한 일본의 회개를 촉구했다. 1962년 3월 28일 96세로 세상을 떠났다. 그는 참사랑의 실천자로 우리 민족을 사랑했던 멋진 일본인이었다.

도산은 상해에서 윤현진이라는 동지가 병으로 죽을 때 비상금으로 치료에 전력을 다했다. 여운형이 러시아 체류 중에 그 처자의 생도가 곤란하다는 말을 듣고 어떤 이를 통해 여러 달 동안 그 생활비를 보냈다. 그 당시에는 도산과 그의 가족 간에는 서로 친밀한 관계가 없는 사이였다.

도산의 동지인 추정 이갑이 있었다. 그가 전신불수로 신음하고 있을 때, 도산 부부가 수년간 노동으로 번 돈 천 달러를 추정에게 보냈다. 추정은, 도산이 공사장 인부로 일하고 도산의 아내인 이혜련이 삯바느질과 빨래를 하여 모든 돈을 보내주었다는 얘기에 눈물을 떨구었다고 한다. 급진 성향의 추정 이갑은 여러 면에서 도산과는 의견이 달라 힘든 관계였다. 그럼에도 도산은 공무의 의견이 다르다고 하여 동지의 어려움을 결코 외면하지 않는 참다운 사랑을 실천한 것이다.

상해에서 동오 안태국이 병원에 입원했을 당시, 도산은 그의 병상 옆에 돗자리를 깔고 병간호를 하면서 대소변을 받고 몸도 직접 씻어 주었다고 한다. 오늘날 간병인 역할을 자처하며 사랑을 실천했던 것이다. 필자도 부친이 요양원에 계실 때 목욕탕에서 몸을 씻겨준 일은 있으나 대소변은 처리해 주지 못했다. 부친이 실수해서

뒤처리는 한 적은 있으나 도산의 그 겸손과 뜨거운 인간애에는 한없이 부족하고 불효에 대한 자책감이 앞선다.

도산은 민족공동체를 진정으로 사랑한 '참애국자'이시다. 1937년 도산이 동우회 사건으로 잡혀 검사는 묻는다. "너는 민족 운동을 그만둘 생각은 없는가?"라는 질문에 도산은, "그만둘 수 없다. 나는 평생에 밥을 먹는 것도 민족을 위하여서요, 잠을 자는 것도 민족을 위하여서다. 내가 숨을 쉬는 동안 나는 민족 운동을 하는 사람이다"라고 답했다. 필자는 이러한 위대한 참사람, 참민족애로 전인격과 삶에 녹아든 세상에 찾아보기 힘든 인물, 도산 안창호가 아름다운 한반도에 존재했음에 무한 감사할 뿐이다.

이 시대를 살아가는 모든 사람들, 특히 우리 미래, 소망이 청소년들이 도산의 애국, 애족의 마음을 닮아가는 진정한 '사랑 공부'를 익히기를 두 손 모아 기도한다.

우리 민족보다 한국을 더 사랑한 미국의 헐버트

'**민**족의 노래'에서 '세계인의 노래'가 된 〈아리랑〉을 최초로 악보로 옮긴 사람은 미국 선교사 호머 헐버트(Homer B. Hulbert, 1862~1949)다. 문경새재 입구 옛길박물관에 '문경새재 아리랑비'를 건립하여 헐버트의 〈아리랑〉 애정과 한국에 대한 사랑을 기념하고 있다. 헐버트는 다양한 고전 등의 독서로 인문학에 정통하였다.

23세인 1866년 육영공원 교사로 내한했고 1893년 미국 감리교

선교사로 다시 한국에 왔다. 조선에 도착한 그는 조선인들이 학문을 숭상하는 민족임과 선진 교육이 절실함을 깨달았다. 헐버트의 한글 사랑은 특별해 한글 전용 운동을 최초로 주창한 사람이었다. 한국 근대 최초의 교과서라 할 수 있는《사민필지》는 양반뿐만 아니라 모든 백성들이 알아야 하는 세계지리와 문화를 소개하는 최초의 한글 교과서다. 헐버트는 이 책을 저술하여 육영공원의 교재로 활용하였다. 헐버트는 "중국 글인 한문으로는 모든 사람이 빨리 알지 못하고 널리 볼 수 없으며, 조선 언문은 본국 글일뿐더러 알기 쉬우니 슬프다!"라고 서문에서 자신의 심정을 토로했다. 헐버트는 한글이 조선을 문명국으로 끌어올릴 비책이라고 여겼다. 그는 한국 역사에도 관심이 많아 800여 쪽에 달하는《한국사》를 펴내기도 하였다.

그는 선교사였으나 한글학자요, 출판인이었으며, 교사요 계몽운동가요 진정한 독립운동가이기도 했다. 한국YMCA 창립에 의장으로 중요한 기여를 했으며《독립신문》발행에도 삼문출판사를 맡고 있어서 가능했다. 한글을 사랑하고 한글이 영어보다 더 우수한 문자라고 판단했다. 1905년 을사늑약 이후에는 한국의 역사, 문화, 전통, 풍습 등 한국 사회의 거의 모든 것을 집대성한《대한제국멸망사(The Passing of Korea)》를 펴냈다.

그는 1895년 일제의 민비 시해 사건 이후에는 시해 위협에 시달리던 고종을 위해 언더우드 등과 함께 권총을 품고 고종의 침전 불침번을 서기도 하였다. 고종은 헐버트를 을사늑약을 저지하기 위해 자신의 특사로 미국 대통령에게 친서를 보냈다. 1907년 헤이그 평화클럽에서 일본의 제국주의 침략을 비난하는 연설까지 했다. 헤이그 특사는 3인이 아니라 4인이었다.

1934년 그는 자신이 졸업한 다트머스대학에 제출한 '졸업 후 신상기록부'에 '나는 1,800만 한국의 권리와 자유를 위해 싸워왔으며 한국인에 대한 사랑은 내 인생의 가장 소중한 가치다. 결과가 어떻게 되든 나의 그러한 행동은 가치 있는 일이라고 생각한다'고 썼다. 한국인보다 더 한국을 사랑했던 파란 눈의 미국인 헐버트가 한국 독립운동가임에 분명하다. 안중근 의사도 생전에 한국인이라면 꼭 기억해야 할 인물로 헐버트를 말했다.

1949년 7월 29일 좋지 않은 건강상태로 헐버트는 인천항에 내딛는다. 그가 기자에게 전한 소감은 "나는 웨스트민스터 사원보다 한국 땅에 묻히기를 원합니다(I would rather be buried in Korea than in Westminster Abbey)"였다. 그는 한국 땅에 도착한 지 일주일 만에 눈을 감았다. 한강이 내려다보이는 양화진에 그의 아름다운 시신이 안장되었다.

건강한 몸 가꾸기

대한민국 청소년들의 건강 실태

2023년 12월《경향신문》의 김세훈 기자는 '대한민국 청소년 신체활동 성적표'라는 제목으로 우리 청소년들의 건강 실태를 게재하였다. 우리나라 유·청소년들의 운동 부족이 심각한 수준인 것으로 밝혀졌다. 한국 청소년 운동 관련 수치는 세계보건기구(WHO) 권장, 경제협력개발기구(OECD) 평균치에도 크게 미치지 못하고 있다.

매년 실시하는 청소년건강행태조사(교육부, 질병관리청, 2023) 결과 신체활동 실천율을 보면, 하루 60분 주 5일 이상 운동하는 초·중·고생은 남학생 23.4%, 여학생 8.8%에 불과했다. 정현우 한국스포츠정책과학원 선임연구원은 "2017년 OECD 조사를 보면 일본, 캐나다, 미국, 러시아, 헝가리, 폴란드는 전체 학생 절반 이상이 학교에서 일주일에 3일 이상 체육활동에 참여하는 반면, 한국 학생들은 20% 미만"이라며 "국내 학생 14%는 학교 밖에서 전혀 운동하지 않고 있다. 이는 OECD 35개국 평균(7%)의 두 배 수

준"이라고 말했다. 정 연구원은 "방과 후 체육활동 참여 비율 역시 42.9%로 OECD 평균(66%)보다 20%포인트 이상 낮은 최하위"라며 "중국 등 37개 비회원국을 포함한 72개국 중에서도 최하위권"이라고 덧붙였다.

57개국 청소년 신체활동 전문가들이 참여한 WHO 주관 '2022 국제 신체활동과 건강' 조사 결과를 봐도 한국 청소년의 94.2%가 하루에 1시간 미만의 신체활동을 한다. 세계 146개국 중 최하위권(호주 89%, 뉴질랜드 88.7%, 미국 72%)이다.

'국민생활체육조사'에 따르면, 2022년 주 1회 이상 생활체육에 참여하는 남학생 비율은 57.7%, 여학생 비율은 47.1%였다. 생애 주기별 운동 참여율도 최저치다. 남학생 28.8%와 여학생 42.7%는 생활체육에 전혀 참여하지 않고 있다.

정 연구원은 최근 학생 스포츠 참여율이 떨어진 주요 원인으로 코로나19를 들었다. 2020년 말 실시된 조사에 따르면(이규일, 강형길) 초등학생 체중은 4.47kg, 중고생은 5.12kg 늘었다. 정 연구원은 "스포츠 이외 취미활동에 대한 관심, 입시 풍토 등이 주요 원인이지만, 스마트폰 과의존이 신체활동과 스포츠 참여를 가로막는 가장 큰 적"이라고 지적했다. 유·청소년 체력 저하, 비만 증가도 심각하다. 학생건강체력평가 시스템(PAPS) 결과에 따르면, 저체력을 의미하는 최하등급인 4, 5등급 학생이 2019년 12.2%에서 2021년 17.7%로 증가했다. 비만율도 남학생 2019년 13.8%에서 2021년 17.5%로, 여학생은 같은 기간 8.1%에서 9.1%로 각각 늘었다.

이 같은 실증적 자료에 따르면 우리 자라나는 아이들의 건강 상태가 좋지 않음을 여실히 보여주고 있다. 가뜩이나 '인구 절벽'의 위기의 시대에 아이들의 건강도 '빨간 불'이 켜져 있어 시급한 대책이 요구된다.

사람은 생로병사(生老病死)를 피할 수 없다. 사람은 태어나면서부터 시간이 흘러 언젠가 반드시 육체적 죽음을 맞이해야 하는 운명을 타고났다. 우리는 100세 시대에 살고 있다. 하지만 병들고 건강치 못한 상태에서 삶을 살아간다는 것은, 삶 자체가 매우 불행하다. 우리 사람은 건강한 몸을 지니면서 활동할 때, 활력이 넘치고 그 밝은 에너지가 이웃에 전해져 밝은 사회가 될 것이다. 자신의 몸이 타인에게 돌봄의 대상이 되어 공동체의 짐이 되고 본인이 활동하는데 제약이 있다면, 많은 돈과 권력이 주어져도 자신에게 참된 만족은 없을 것이다.

우리의 청소년들이 평생에 건강한 삶을 영위하기 위해서는 어렸을 때부터 바른 생활습관, 건강한 대인 관계, 건강한 식습관, 그리고 적절한 운동이 반드시 필요하다.

우리 몸의 바른 자세

바른 몸의 자세에서 건강한 몸과 마음이 가꾸어 지리라 믿는다. 《내 몸 살리는 혈관 소통》의 구현종은 혈액 순환과 바른 자세에 대해 다음과 같이 설명하고 있다.

수로가 구불구불하면 물이 잘 흐르지 못하고 구부러진 부위에 오염 물질이 쌓이기 때문에 수로가 막히기도 한다. 우리 몸속 혈액과 혈관도 이와 마찬가지다. 혈액이 심장을 중심으로 온몸을 돌아야 하는데, 등이 굽으면 주변의 근육이 굳어져 혈액 순환은 물론 대장 운동이 둔해진다. 또 둥글게 굽은 등 때문에 복부가 오그라들어 장을 압박하기 때문에 복부에서 허벅지까지 체지방이 쌓이기 쉽다.

바른 자세를 유지하면 몸속 핵심 근육들이 활발히 움직여 기초 대사량과 열량 소모를 높인다. 즉 몸을 움직이지 않고도 가볍게 운동한 효과로 체중 감소에 도움이 된다. 다만 바른 자세라 하더라도 장시간 같은 자세를 유지하면 근육이 경직되고 관절에 무리가 가서 좋지 않다. 바른 자세를 50분 정도 유지한 다음 온몸을 쭉쭉 늘리는 간단한 스트레칭을 한다. 스트레칭은 신진대사를 활발하게 만들고 근육을 풀어줘 혈액 순환이 잘 되게 한다.

학생들은 많은 시간을 의자에 앉아서 보낸다. **의자에 앉아 있을 때 바른 자세가 몸을 건강하게 한다.** 앉았을 때 최악의 자세는 다리를 꼬는 것이다. 다리를 꼬고 앉으면 몸통 양 옆구리의 내복사근을 불균형하게 사용해 몸통 비대칭을 유발할 수 있다. 다리 꼬기 자세는 무릎 관절에 좋지 않다. 또한 정맥의 혈액 순환을 방해해 다리가 부을 수 있어 다리 건강에 좋지 않다.

척추는 S자의 곡선을 유지할 때 스트레스를 가장 적게 받는다. 앉을 때 엉덩이를 의자 뒤까지 밀착시켜 허리의 곡선이 유지되도록 앉아야 한다. 오랜 시간 앉아 있으면 허리디스크와 근육에 부담이 되므로 30분에 한 번씩 자리에서 일어나 허리를 돌리거나 스트레칭을 해준다.

컴퓨터를 사용하거나 TV를 시청할 때, 머리와 목을 몸 앞쪽으로 빼고 앉으면 목 뒤 근육과 어깨로 이어지는 근육이 수축된다. 이런 자세가 오래되면 거북목이 되고 어깨에 힘이 들어가 혈액 순환이 나빠진다. 거북목이란, 오랫동안 눈높이보다 낮은 모니터나 휴대전화를 내려다보는 사람들의 목이 거북의 목처럼 앞으로 구부러지는 증상을 말한다.

앉을 때는 어깨에 힘을 빼고, 턱은 약간 몸쪽으로 당긴 상태에서 몸과 몸이 일직선이 되도록 한다. 옆에서 보았을 때 귀와 어깨가 일직선이 되어야 바른 자세라 할 수 있다. TV 모니터나 컴퓨터 모니터의 높이는 눈높이와 비슷하게 조절해 목이 앞으로 구부러지지 않게 한다. 한쪽 다리를 꼬지 않도록 한다. 척추를 뒤틀리게 할 수 있으므로 두 다리는 모아서 앉는다.

서 있을 때 바른 자세가 건강에 중요하다. 한쪽 다리만 굽히고 서는 짝다리 상태는 건강에 바람직하지 않은 자세이다. 바른 자세를 유지하기 위해서는 우리 몸의 몇 가지 근육들이 긴장하고 있어야 한다. 구부정한 자세는 편하긴 하지만 허리와 목에 좋지 않은 영향을 줄 수 있다. 서 있을 때의 바른 자세를 위해서는 머리와 목, 허리가 일직선이 되게 가슴을 펴야 한다. 바로서기 위해 귀, 어깨, 골반, 무릎, 복숭아뼈의 중심이 일직선이 되게 하고 배에 힘을 주고 발끝이 약간 바깥쪽으로 향하도록 벌리고 유지하는 것이 좋다.

몸의 반듯한 자세는 마음과 영혼까지도 바르게 할 수 있다. 몸의 자세가 마음도 바르고 건강하게 할 수 있다. 구부정하고 웅크린 몸의 자세를 버려야 한다. 나아가 자신의 생각을 거침없이 말하는 용기를 가져야 한다. 바라는 것이 있으면 그런 권리를 가진 사람처럼 당당하게 요구하는 건강성을 지녀야 한다. 다른 사람이 가진 권리만큼 나에게도 그러한 권리가 있음을 생각하자. 이제 서 있는 바른 자세에서 힘차게 걸어보자. 허리를 쭉 펴고 정면을 응시하며 힘차게 걷자. 걸어갈 때 힘찬 모습과 당당한 몸과 마음은 거친 세상을 개척할 수 있는 디딤발이다.

학생들로 하여금 앉을 때나 설 때 그리고 걸어갈 때, 어깨를 펴고 당당한 몸의 자세를 훈련하고 또 훈련하므로, 바른 자세가 습관이 되고 생활이 되고 인생이 되어야 하리라 믿는다.

걸어갈 때 바른 자세는 몸과 마음의 건강을 유지하며 자신감을 갖게 한다. 바른 자세로 걸으면서 허벅지 근육과 종아리 근육, 배 근육을 약간씩 힘을 주어 걸어가는 습관을 들이면 모든 근육이 발달되어 우리의 몸을 건강하게 마음에 여유와 자신감을 가져다준다. 이러한 바른 습관은 과로 시에도 빠른 피로 해소가 가능하다.

걸어갈 때 나쁜 자세로는 머리를 앞으로 기울이기이다. 이는 목에 부담을 주고, 통증을 유발할 수 있다. 또한 등을 구부리기는 허리에 부담을 주고, 척추에 문제를 일으킬 수 있다. 이는 허리 통증과 함께 다리와 발에 통증을 유발할 수 있다. 발목을 내밀기는 발목과 무릎에 부담을 주고, 장기적으로 보면 관절 문제를 일으킬 수 있다.

- **걸어갈 때 바른 자세 만들기 훈련**

올바른 자세 익히기: 문이나 벽에 등을 대고 선다. 머리 뒷부분과 어깨, 엉덩이가 벽에 닿을 수 있도록 서보자. 발꿈치는 벽에서부터 5~10㎝ 정도 떨어진 곳에 두어 바른 자세를 만들 수 있다.

몸의 중심 찾기: 곧은 바른 자세로 서서 몸의 중심을 찾는다. 턱은 바닥을 향하도록 두고, 어깨를 뒤로 젖히고, 가슴을 앞으로 펴자. 배는 안으로 집어넣는다. 팔은 양옆으로 자연스럽게 떨어지도록 둔다.

체중을 앞꿈치에 실어주기: 발뒤꿈치에 중심이 모이면 자연스럽게 자세가 구부러진다. 대신 일자로 서서 체중을 발 앞쪽으로 실어 바른 자세를 만든다.

머리 위에 책이 올려져 있는 것처럼 걷기: 머리 위에 책이 있다고 생각하고 걸으면 더 바른 자세로 걸을 수 있다. 머리 위에 책이 있다고 생각하는 것이 쉽지 않으면, 실제로 몇 분 동안 책을 올려두고 가볍게 걸어본다.

머리를 바르게 올리기: 머리를 직선으로 올리고, 목과 등을 일직선으로 유지한다. 이렇게 하면 목에 부담을 줄일 수 있다.

어깨를 펴고 똑바로 서서 씩씩하게 걷자!

올바른 식습관의 중요성

'**우**리 몸은 우리가 먹은 음식과 같다'라는 말이 있다. 우리가 먹는 것이 바로 육체의 구성 성분이 되는 것으로, 건강한 먹거리와 바른 식생활 습관이 우리의 건강을 결정한다고 할 수 있다.

《심리학 프론티어》저널에 실린 연구에 따르면, 단백질을 구성하는 아미노산의 하나인 '트립토판'은 사람에게 행복감을 주는 신경전달물질인 '세로토닌'의 원료가 되는데 사람이 필수 아미노산인 '트립토판'이 많이 든 음식을 먹으면 마음이 관대해진다는 것이다. 네덜란드 연구팀은 "달걀, 생선, 치즈, 콩, 시금치 등의 음식에 들어 있는 '트립토판'이 사람들로 하여금 돈을 기부하는 넉넉한 마음을 갖게 하는 것으로 나타났다"라고 밝혔다. 우리의 건강한 먹거리가 사회적 관계에도 영향을 미친다 하니 유아부터 바른 식습관을 가져야 할 것이다.

김지현 운동전문가는 "올바른 식습관을 갖는 것은 단순히 체중을 관리하는 데 중요한 것만은 아닙니다. 올바른 식습관은 질병예방, 에너지 향상, 기분 좋은 생활 등 많은 이점을 가져다줍니다"라고 주장한다. 그의 건강한 식습관을 위한 핵심 팁을 소개하면 다음과 같다.

- **1. 균형 잡힌 음식을 섭취하라**

건강한 식사의 핵심은 균형이다. 다양한 음식을 섭취하면 몸이 필요로 하는 다양한 영양소를 섭취할 수 있다. 단백질, 탄수화

물, 지방, 비타민, 미네랄 등 필요한 영양소를 균형 있게 섭취하는 것이 중요하다.

- **2. 가공 음식 대신 천연 식품을 선호하라**

가공 음식에는 과도한 나트륨, 설탕, 지방이 포함되어 있을 가능성이 크다. 이는 다양한 질병의 원인이 될 수 있다. 반면, 천연 식품은 필요한 영양소를 그대로 제공하며 체계적으로 소화되어 영양분을 효과적으로 공급한다.

- **3. 의식적으로 물을 많이 마셔라**

물은 우리 몸의 대부분을 차지하는 중요한 요소이다. 충분한 수분을 섭취하면 체내 독소를 배출하고, 피부 건강을 유지하며, 에너지를 향상시킬 수 있다. 하루에 8잔 이상의 물을 마시는 것을 목표로 하자.

- **4. 간식도 건강하게**

간식은 우리의 에너지 보충원이 될 수 있다. 하지만 과도한 설탕과 지방이 함유된 간식은 오히려 건강을 해칠 수 있다. 건강한 견과류, 과일, 채소를 선호하며, 당분과 나트륨이 적은 간식을 선택하자.

- **5. 규칙적인 식사 시간을 갖자**

불규칙한 식사 패턴은 신체의 생리 리듬을 교란시킬 수 있다. 정해진 시간에 꾸준히 식사를 하는 것은 대사를 안정화시키고 영양소의 흡수를 높여준다.

- **6. 채소와 과일의 다양한 색상을 섭취하라**

　채소와 과일의 다양한 색상은 다양한 영양소와 항산화제를 의미한다. 빨강, 주황, 노랑, 초록, 파랑, 자주 등의 다양한 색상의 식품을 섭취함으로써 균형 잡힌 영양을 얻을 수 있다.

- **7. 발효 식품을 포함시키자**

　요구르트, 김치, 된장 등의 발효 식품은 유익한 프로바이오틱스를 제공하여 장 건강을 향상시켜 준다. 이는 소화를 도와주고, 면역력을 강화시켜 주는 효과가 있다.

- **8. 과도한 카페인 섭취를 피하라**

　커피, 차, 탄산음료 등 카페인이 많이 들어 있는 음료를 과도하게 섭취할 경우 수면 패턴을 교란하거나 심장박동수가 빨라질 수 있다. 하루에 2~3잔 이내로 섭취할 것을 권장한다.

- **9. 식사 전후로 약간의 운동을 통해 대사를 활성화시켜라**

　식사 전후로 간단한 스트레칭이나 산책을 통해 체내의 대사를 활성화시킬 수 있다. 이는 영양소의 흡수를 높여주고, 음식물의 소화를 도와준다.

- **10. 적당한 양의 음식을 섭취하여 먹는 속도를 조절하라**

　너무 빠르게 음식을 먹으면 체중 증가와 소화 불량을 일으킬 수 있다. 천천히 음식을 씹어 대화와 함께 즐기는 식사 시간을 가짐으로써 건강을 유지하고 소화도 도와준다. 올바른 식습관은 단기적인 목표뿐만 아니라 장기적인 건강을 위한 기반을 다져준다.

　자라나는 우리 청소년들이 건강하고 맛있는 간식을 충분히 먹지 못하는 실정이다. 학생들이 상주하는 학교 근처에 건강에 유익한 먹거리를 찾아보기 힘들다.

　현재 필자가 재직 중인 여수의 한 초등학교 주변에는 편의점만 3개 있고 일반 마트 한 곳과 문방구 두 곳이 있다. 이러한 가게들이 취급하는 간식들 대부분이 천연의 먹거리는 아니다. 당분과 지방이 차지하는 비율이 높고 미각을 자극하고 열량이 높은 간식들이 넘쳐나고 있다. 과자류는 대부분 밀가루를 원료로 만들어지는데 입에 자극은 좋으나 지방 및 당분 성분 비율이 꽤 높다.

　성장에 유익한 단백질 함량이 높은 간식이나 여러 신선한 채소와 과일들을 아이들이 충분히 섭취하기를 고대한다. 우리 때 먹었던 번데기, 바닷가에서 나오는 고동들도 좋은 단백질 공급원으로 생각된다. 해산물로 만드는 어묵을 건강한 먹거리로 만들어 간식다운 간식으로 만들어지기를 기대한다. 탄산음료 대신에 보리차나 건강한 생수 등을 아이들이 즐겨 마셨으면 좋겠다.

　우리가 먹는 대부분의 계란은 많이 오염되어 있다. 양계장의 산란 닭들은 좁은 닭장에 갇힌 채 온갖 스트레스를 받으며 질병 예방을 위해 항생제가 과도하게 투여된다. 자연 상태의 닭 최장 수명은 25년 정도이다. 그러나 우리가 먹는 대부분의 닭은 2달도 채 안 된 병아리들이다. 병아리들은 온갖 영양제와 항생제를 넣은 사료로 키워진다. 최단기간 동안 비정상적으로 비대해진 닭들은 1.5kg이 되는 35일쯤 생을 마감한다.

필자가 생각하는 '섬진강 인문서당'에서는 작은 농장을 운영하여 병아리를 키우고 부산물로 생명이 깃든 계란을 수확해 보고 싶다. 수고하는 '노작'의 보람과 농업과 자연의 가치를 맛보게 하고 싶다. 생명에 대한 경외감과 생명의 존귀함, 생명이 살아가는 건강한 생태 환경의 중요성을 체험으로 맛보게 하고 싶다. 자신과 후손들의 지속적인 삶에 애정을 갖는 바르고 건전한 아이들로 성장하기를 고대한다.

체력(體力) 기르기

현대 사회는 생활 형태의 변화, 식습관의 변화, 운동 부족 등으로 비만, 고혈압, 당뇨 등 각종 성인성 질환이 급증하고 있다. 이러한 성인성 질환은 아동과 청소년들에게도 그 발병률이 급증하고 있다. 이러한 각종 성인성 질환은 전 세계적으로 문제가 되고 있다. '미국체육학회' 산하 '체육·스포츠 교육학회'와 '미국심장학회'에서는 학교에서 매일 체육 수업을 위해 수업 시수를 더 확보해야 한다고 제안했다. 미국보건사회복지부(2008)에서 개발된 '청소년 신체활동 가이드라인'은 청소년들이 활기차게 생활하도록 학교 체육프로그램에 적극적으로 참여하게 유도해야 한다는 내용을 기본 골격으로, 초등학생은 최소 하루에 60분 이상의 적극적인 신체활동에 참여하는 체육프로그램을 주장했다.

2017년 6월 15일, 전라남도 교육청에서 〈어린이 놀 권리 보장에 관한 조례〉가 전국 최초로 제정되었다. 〈대한민국 어린이 헌장(1988)〉 5항에 '어린이는 즐겁고 유익한 놀이와 오락을 위한 시설과 공간을 제공받아야 한다'는 내용이 있다. 이러한 놀 권리 조례와 어린이 헌장 등에서 아이들이 마음껏 뛰노는 신체활동을 통해 건강한 몸과 밝은 인성을 키우고자 한다.

건강한 몸을 가꾸기 위해서는 다양한 운동을 통해 체력을 길러야 한다. 체력은 몸을 움직이는 힘이나 질병을 이길 수 있는 능력을 말한다.

근육은 움직일 수 있는 힘을 낼 수 있는 가장 근본적인 조직이다. 사람의 몸에는 600개가 넘는 근육이 있다. 일부는 몸속 깊이 있고 다수는 그보다 얕은 곳에 있다. 뼈대 근육은 힘줄에 의해 뼈에 붙어 있으며 움직임을 일으킨다. 근육은 신체를 구성하는 요소로, 뼈와 함께 신체의 전체적인 형태를 잡아주며 모든 움직임을 가능하게 한다. 쉽게 말해 우리 사람의 모든 움직임 즉, 걷기, 뛰기, 달리기 등 일상의 모든 행동은 '근육의 힘' 때문에 가능하다. 아울러 근육은 관절에 지지력을 제공하고 부상을 일으킬 수 있는 방향으로 움직이는 것을 방지함으로써 관절을 안정화시키는 데 도움을 준다.

2024년 9월 23일,《이데일리》는 꾸준한 건강관리로 80대에 근육질 몸매를 유지하는 부부의 건강 비결에 대한 기사를 게재했다.

캐나다의 전 럭비선수인 맥켄지는 SNS에 조부모의 건장한 체격을 자랑하며 그 비결을 소개했다.

맥켄지는 조부모의 운동 루틴을 담은 영상을 SNS에 올렸는데, 조회수가 2천만 회를 넘어서며 큰 인기를 얻었다. 덕분에 맥켄지는 현재 인스타그램과 틱톡에서 각각 약 50만 명, 약 87만 명의 팔로워를 보유하고 있다. 맥켄지는 할아버지의 건강 비결은 "근력운동에 집중하는 것"이라고 밝혔다. 맥켄지의 할아버지가 손자와 함께 근력운동을 하는 영상을 보면 고강도 운동에서도 손자에게 전혀 뒤처지지 않는 모습이다. 맥켄지는 "할아버지는 주 3회씩 팔굽혀펴기를 500개씩 하는 등 매일 꾸준히 근력운동을 하고 있다"고 말했다.

소식과 움직임을 많이 하는 것도 할아버지의 건강 비결이다. 맥켄지는 "할아버지는 꾸준히 칼로리를 제한해 왔고, 움직임을 멈추는 순간 삶을 멈추는 것이라고 끊임없이 상기시켰다"고 말했다. 아울러 맥켄지의 할머니 역시 충분한 수면과 많이 걷기, 가공식품 피하기 등을 실천하면서 건강한 삶을 누리고 있는 것으로 전해졌다. 공개된 영상에서 할머니는 러닝머신 위에서 뛰거나 많은 계단을 여유롭게 오르는 모습을 보인다. 이와 함께 규칙적인 습관도 건강에 기여한 것으로 분석된다. 맥켄지는 "할아버지와 할머니 모두

취침시간과 기상시간을 항상 지켰다"며 "조부모님의 생활방식을 실천하면 80대에도 건강한 삶을 누릴 수 있을 것"이라고 말했다.

　필자는 나이 60에 들어서야 근육운동을 하기 시작했다. 신체의 전 부분에서 근육량이 줄어들면서 얼굴도 핼쑥해졌다. 축구클럽에 나가 10년간 축구게임을 했다. 가뜩이나 근육량은 줄어드는데 축구운동으로 인해 근육 손실을 부채질한 결과를 낳았다. 과도한 유산소 운동으로 근육량은 점점 줄어들었다. 축구경기에 참여하는 것을 '운동하는 것'으로 오인했다. 큰 패착이었다. 이제라도 정신을 차려 상체, 하체 골고루 근력운동과 유산소 운동을 병행하고 있다. 근육운동 결과는 '대박'이었다. 넙다리뒤근육(햄스트링)을 강화하자 축구공을 찰 때 킥력이 대단히 좋아졌다. 예전과 같은 크기의 힘으로 슈팅을 해도 전혀 힘들지 않고 공을 강하게 찰 수 있고 공의 속도가 굉장히 빨라졌다. 근육운동의 효과는 즉각적으로 보상을 해주었다. 뿐만 아니라 걸을 때나 뛸 때도 무리가 되지 않아 자신감을 가져다주었다. 무슨 옷을 입더라도 자신감이 있다. 근육운동의 결과로 나도 모르게 자세가 바르게 되고 몸매도 나쁘지 않게 되었다. 필자는 3년 전부터 턱걸이운동을 계속해 왔다. 완벽한 자세는 아닐지라도 15개 정도 한다. 앞으로 21개가 목표다.

　사람은 40세가 넘으면 매년 점진적으로 근육 크기가 줄어든다. 그러나 단백질을 충분히 섭취하면서 중력 저항 운동을 지속하면 이러한 점진적인 감소를 줄일 수 있다. 특히 근력운동 같은 신체활동을 실시하면 근육감소증과 근력감소증 같은 문제를 예방하거나 치료할 수 있다.

우리나라 어디를 가든, 공원 한쪽에는 체육 기구들이 들어서 있다. 너무나 아쉬운 점은 중력을 저항하는 헬스장에서 보는 그러한 고강도 운동 기구는 찾아보기 힘들다는 점이다. 철봉이라도 있으면 턱걸이를 통한 풀업 운동을 할 수 있었을 것이다. 공공장소에서 보이는 대부분의 운동기구는 중력에 저항하는 강도 높은 근력 운동하기가 부적합하다. 많은 어르신들도 단순히 몸 푸는 정도의 움직임의 신체활동은 하지만 '강도 높은 근력운동'을 통한 근육을 늘리는 운동을 하지 않고 있다.

60이 넘어도 제대로 된 근육운동으로 상하체의 근육량이 늘어나면 치매 예방과 낙상을 방지해 결과적으로 요양원 등 복지시설에 갈 필요가 없게 되고 사회적 비용을 크게 절감하리라고 본다. 이제라도 우리나라 곳곳에 '고강도 근력운동기구'를 설치하고 전 국민을 대상으로 '근육운동'을 훈련하고 생활화한다면, 한국의 남녀노소 모두는 굳세고 건강한 '근육 부자' 시민들이 될 것이다. 나아가 몸과 마음이 건강한 사회가 되는 복지국가의 기초가 되리라 믿는다.

기초 대사량, 근력운동

기초 대사란, 생명을 유지하는 데 필요한 최소한의 에너지 소비를 뜻한다. 주로 인체 기관들의 활동에 필요한 에너지로, 몸 곳곳에서 이루어지는 장기들의 활동에 따라 소비되는 에너지가 바로 기초 대사이다. 즉 아무 일을 하지 않아도 우리 몸이 살아 있기 위해 저절로 소모되는 에너지의 양이 기초 대사량이다.

　기초 대사량은 전체 대사량의 약 60~70%를 차지한다. 그러므로 기초 대사량을 늘려 열량을 소모하는 것은 운동으로 소모하는 것만큼이나 중요하다. 그렇다면 기초 대사량을 늘리기 위해서는 어떻게 해야 할까? 기초 대사량을 늘리기 위해서는 우선 근육량을 늘려야 한다. 인체의 근육은 자체 생존을 위해 스스로 열량을 소모하기 때문이다. 그러므로 근육이 많은 사람들은 근육량이 적은 사람들보다 기초 대사량이 더 높다. 더구나 근육에서 소모하는 열량은 기초 대사량의 40%를 차지한다.

　피트니스 코치 겸 교육자인 오스틴 커런트는 "근력운동을 지속하면 건강과 삶의 질이 개선되고 평생 질병에 걸릴 위험이 낮아진다"고 주장했다. 그는 근력운동을 일상화한다면 다음과 같은 여러 가지 긍정적인 효과가 있음을 얘기했다.

- 심장혈관 질환과 당뇨병 같은 여러 성인병 질환에 걸릴 위험을 낮춘다.
- 근육의 발달과 유지를 돕고 나이가 들어도 근육량과 근력, 뼈 밀도가 줄지 않게 된다.
- 인지 기능, 기억력, 집중력을 향상한다.
- 알츠하이머병이나 치매 같은 노화 관련 질환을 예방한다.
- 우울과 불안이 생길 위험과 중증도를 낮춘다.

근력운동은 모든 사람에게 유익하다. 그러나 잘못된 오해와 반대하는 의견이 있다. 이러한 점들에 관해 근력운동의 긍정적인 면을 살펴보자. 우선 "나에게는 효과가 없을 것이다"라는 의견에 대해, 근력운동은 효과가 있다. 어떤 사람은 다른 사람보다 운동에 더 많이 반응한다. 특정한 하나의 운동 프로그램에 반응하지 않는다고 다른 운동 프로그램에도 꼭 그러지는 않는다. "나는 근력운동을 하기에는 너무 어리다"라는 의견에, 잘 설계된 근력운동 프로그램은 안정되고 운동 기능이 향상된다. 근력운동은 소녀는 11세, 소년은 13세부터 시작할 수 있다. 또한 인생 초기에 운동 습관을 들일 수 있는 장점도 있다. "나는 근력운동을 하기에 너무 늙었다"는 의견에, 노화로 인한 근력 감소를 막을 수 있는 이점이 있다. 근력운동은 나이 들면서 근육량과 근력이 줄어드는 것을 막는 가장 효과적인 운동 전략이다. 근력이 강화되면 노인들의 몸의 기능과 독립성이 떨어지는 것을 막을 수 있다. "근력운동은 남성에게만 적합하다"라는 통념에는, 모든 사람에게 이로울 수 있다. 저항 운동의 많은 이점은 성별과 상관없이 보편적이다. 근력운동은 체형을 바꾸고, 근육을 늘리고, 개선하고 싶은 부위의 체지방을 줄이는데 가장 효과적인 방법이다. 여성도 근력운동을 하면 남성만큼이나 유익하다.

근력운동은 뼈 강도를 높인다. 저항운동을 규칙적으로 하면, 뼈 무기질 밀도와 성분에 긍정적인 영향을 미쳐 뼈엉성증(골다공증)이 생길 위험을 줄일 수 있다.

뼈는 '뼈 파괴세포(파골세포)'가 뼈를 분해하고 '뼈 모세포'가 뼈를 새로 만들어 끊임없이 변한다. 몸무게를 비롯해 뼈에 실리는 부하는 장력이

나 압박이 어느 정도인지에 따라 이 순환과정에 다양한 영향을 미친다. 앉아 있을 때처럼 뼈에 실리는 외부 부하가 없으면 뼈 파괴세포의 활동이 활발해진다. 그래서 오래 앉아 있는 좌식 생활이 특히 뼈에 나쁘다. 외부 부하에 반응하는 뼈 모세포와 뼈 파괴세포의 혼합된 활동이 뼈 밀도를 높인다. 그렇다고 하여 무한정 근력운동이 좋은 것은 아니다. 자신의 몸이 감당할 수 있을 만큼 운동량을 반드시 조절해야 한다. 저항과 부하에 견딜 만큼, 무리하지 않는 절제된 운동이 필요하다.

근력운동은 뇌의 신경세포의 발달에 효과적이다. 근력운동을 규칙적으로 하면 신경세포의 발달과 유지를 조절하는 성장과 생존 인자의 신경 영양 단백질의 수치가 올라가는 것으로 밝혀졌다. 특히 2가지 신경 영양 단백질, 즉 '뇌유래 신경영양인자'와 '인슐린 유사 성장인자'는 신경발생과 신경가소성에 긍정적인 영향을 미친다.

근력운동은 새로운 신경발생에 긍정적 영향을 끼친다. 과학자들은 인간이 860억 개의 신경세포를 타고날 뿐 새로 만들어 내지는 못한다고 했다. 그런데 최근의 연구에 따르면 신경발생은 일어날 수 있고, 기억을 담당하는 해마에서 실제로 일어난다.

근력운동을 규칙적으로 하면, 기존의 신경세포가 뇌기능 전반에 긍정적인 영향을 미치게 한다. 근력운동은 기분을 좋게 하고 불안을 억제하는 엔도르핀 뿐 아니라 도파민 같은 특정 신경전달물질의 분비를 촉진한다.

청소년기의 근력운동

인간은 태어나면서 영유아기와 아동기를 지나면 청소년기에 접어든다. 이 시기는 일생에 있어서 성장이 가장 왕성한 시기이자 체력적으로 완성되는 단계이다. 청소년기의 높은 체력 수준은 성인이 되었을 때 삶을 지탱해 주는 활력소이자 건강의 근간이 될 수 있으므로 청소년기에 최대한 근력을 향상시켜 놓을 필요가 있다.

세계보건기구(WHO)에서는 일주일에 2~3회 정도의 근력운동을 실시하는 것을 권장하고 있다. 하지만 청소년기의 신체활동량은 늘어날수록 건강상의 이익이 커진다. 청소년기에 부하가 좀 있는 중강도 이상의 신체활동을 가능한 매일 실시하는 것이 건강 유해 요인의 발생 가능성과 심혈관계 및 대사 관련 질환으로 인한 사망 가능성을 낮추는데 도움이 된다.

대표적인 근력운동은 다음과 같다.

우선 근력운동할 때에 마음에 상상력을 동원하여 자신이 이루고 싶은 운동의 목표를 그려본다. 달성되었을 때의 자신의 모습을 그리면서 운동을 한다. 마음-근육 연결은 근력운동을 하면서 목표 근육의 움직임을 의식적으로, 의도적으로 생각하는 것이다. 연구에 따르면 그렇게 할 경우 실제로 근력이 더 강해진다. 이런 의식적인 접근법을 훈련하면 움직일 때 더 많은 근육섬유(근섬유)를 동원할 수 있다. 결국 근육 수축의 질과 운동 성취를 높인다. 이러한 마음의 그림은 어떠한 일을 하든지 성공 확률을 높인다.

스쿼트: 스쿼트운동 시에 발바닥이 뜨지 않게 지면에 단단하게 고정한다. 허벅지가 길고 정강이가 짧은 체형이라면 스쿼트 자세는 어깨보다 조금 넓게 벌려준다. 그러면 상체를 세우기 쉬워진다. 허리가 굽지 않게 펴서 유지한 상태로 손은 자연스럽게 뻗어주어도 좋고 모아주어도 좋다. 허리를 굽히거나 아치형인 상태로 진행하지 않도록 한다. 등은 최대한 일직선을 유지한 상태에서 내려갔다 올라온다.

스쿼트는 무릎관절, 엉덩관절, 몸통의 근육을 단련하는 다관절 복합 운동이다. 가동성과 균형, 근력이 향상되어 일상생활에 도움이 된다. 하체 근육을 수축, 이완하며 혈액 펌프 작용을 원활하게 해, 혈액순환에도 도움이 된다.

푸쉬업(Push-Up)**:** 언제 어디서나 할 수 있는 운동으로 몸무게 부하를 밀어 올리는 훌륭한 응용 동작이다. 얼굴이 바닥을 향하게 하고 발을 엉덩관절 너비만큼 벌린다. 손은 어깨너비보다 약간 넓게 벌린다. 몸이 바닥과 살짝 떨어져 있게 한다. 숨을 들이쉬고 배 근육과 등 윗부분 근육을 긴장시킨다. 팔꿈관절을 펴서 가슴과 몸이 바닥으로부터 멀어지게 들어 올리며 숨을 내쉰다. 시작 자세로 돌아가면서 숨을 들이쉰다. 이때 하강 속도를 조절하며 몸을 계속 일직선으로 유지한다.

디클라인 푸쉬업(Push-Up)은 기본 푸쉬업 자세에서 상체보다 하체가 좀 더 올라갈 수 있는 벤치나 의자에 발을 올린다. 중량 부하가 70%까지 올라간다. 발의 위치를 높이면 쉽게 효과적으로 운동 강도를 높일 수 있다. 가슴 근육 윗부분과 어깨 근육에 더 많은 부하가 실린다. 가슴 근육을 키우는데 기구의 도움 없이 할 수 있는 유용한 근력운동이다. 다만 팔에 많은 부하가 걸리기 때문에 무리가 되지 않는 범위에서 횟수를 늘려가야 다치지 않는다.

푸쉬업은 전신의 근력과 균형을 향상시킨다. 또한 복부 코어 근육을 강화시키는 데 도움을 주며 이는 몸의 안정성을 초래해 다른 운동이나 일상생활에 유익을 준다. 나아가 일상적인 동작에 대한 힘과 안정성을 향상시켜 바른 자세를 유지하는 데 좋다.

턱걸이: 턱걸이는 철봉만 있다면 맨몸으로 쉽게 할 수 있는 운동으로 등 근육 전체를 키울 수 있다. 우리나라 마을마다, 공공장소 어디에나 설치한다면 전 국민의 건강에 크게 도움이 되리라 확신한다.

철봉에 서서 운동자 가슴 바로 위에 손잡이가 오도록 서준다. 서서 두 손을 V자 모양이 되도록 넓게 벌려 봉을 잡는다. 가슴을 힘껏 펴고 날개 뼈에 힘을 주어 등에 긴장감을 준다. 허리와 복압을 강하게 잡은 상태로 가슴이 봉에 닿을 정도로 팔을 당긴다. 초보자일 경우 턱이 봉 위로 가도록 팔로 당긴다. 천천히 원래의 위치로 돌아가고, 날개 뼈에 긴장이 풀리지 않도록 유의한다. 호흡은 당겨 올라갈 때 내뱉고, 원래의 자리로 내려갈 때 들이쉰다(힘을 줄 때 내쉬고, 힘을 뺄 때 들이 마신다).

턱걸이 운동할 때 주로 움직이는 근육은 '광배근(등에서 가장 큰 근육'과 '승모근'인데 물건을 들어 올리거나 물체를 당길 때처럼 일상생활에서 많이 사용되는 근육이다.

 턱걸이를 규칙적으로 하게 되면, 상체 모양이 역삼각형으로 점점 변하게 되는데, 남자의 경우 듬직한 체형을 만들 수 있다. 여자는 광배근을 키우면 상대적으로 허리가 얇아 보이는 효과를 볼 수 있고 또 매끈한 허리라인과 뒤태 라인도 만들 수 있다. 또한 등 근육 강화는 심미적 효과뿐만 아니라 허리나 척추를 보호하는 기능도 있어 허리디스크나 척추질환을 예방할 수 있다.

 턱걸이 운동을 수행하는 것은 결코 쉬운 일은 아니다. 자신의 몸을 단련하는데 '자신과의 고독한 싸움'을 하여 자신을 이겨야 가능하다. 하지만 자신의 몸을 건강하고 아름답게 가꾸고자 결단하면 맨몸 운동인 턱걸이보다 더 좋은 근력운동은 없는 듯하다. 철봉 기구 하나로 자신의 몸을 멋지게 그리고 건강하게 평생을 지낼 수 있으니 이처럼 훌륭하고 단순한 운동은 없을 것이다.

 철봉에 가서 고독한 싸움에서 승리하면 그 보상이 너무 크고 삶에 혁명을 가져다줄 수 있다. 필자도 매번 철봉에 설 때마다 긴장되고 도망치고 싶을 때가 많다. 그러나 자신과 철봉과의 싸움에서 이기면 그 대가는 '건강과 생명과 안전'이다. 이러한 건강을 토대로 경제적 자유를 누리며, 그 자신감으로 빛나는 인생을 살아가는 최고의 건강 자산 운동이다. 그 길이 바로 '턱걸이'다. 필자의 턱걸이 최대 횟수는 18개(완벽한 풀업 자세는 아님)이고 목표는 21개이다.

 우리 청소년들에게 유산소 운동이 필히 필요하다. 너와 나와 더불어 하면서 공동체 정신을 기를 수 있는 스포츠, 운동에 몰입이 되면서 아이들 신체 발달에 유익하면서도 재미를 주고 규칙과 예절을 지킬 수 있는 운동은 어떠한 종목일까? 스트레스도 줄이고 운동함으로 아름다운 몸매를 가꿀 수 있는 종목은 무엇일까?

축구: 팔과 손을 제외한 신체의 모든 부분, 특히 발로 공을 차서 상대편 골네트에 넣음으로써, 득점을 겨루는 구기 종목 중 하나이다. 각각 11명으로 구성되는 두 팀이 발 또는 머리, 혹은 손과 팔을 제외한 신체의 모든 부분을 이용해 공을 상대팀 골네트에 넣으면 득점하게 된다.

필자는 2012년부터 지금까지 근무지 학교가 바뀌어도 해마다, 학교 스포츠클럽 축구부를 운영했다. 자칭 '감독'을 맡으며 아침 7시부터 아이들과 축구를 즐겼다. 교육청의 학교 리그전에 꼭 나가서 경쟁과 시합의 묘미를 아이들과 함께 누렸다. 이러한 학교 간의 시합에 출전하기 위해서는 학생들 관리 및 훈련과 행정 처리, 물품 구입, 기타 여러 준비가 필요하고 아이들과 축구를 사랑하지 않고서는 축구부를 운영할 수 없는 일이다. 아이들과도 바른 인격 관계 속에서 축구지도를 해야 한다. 축구부를 운영할 때마다 지도자가 된다는 것은 공동체의 안녕과 참된 복지를 위해 자신이 먼저 솔선수범하는 자리임을 깨닫게 되었다.

그래도 아이들과의 좋은 추억 쌓느라 교직이 어떻게 시간이 갔는지 모를 지경이었다. 주말에 축구클럽 경기에 참여하고 정규 수업 시간 전에 아이들과 축구하고 점심시간에는 운동장에서 노는 아이

아이들과 축구를 즐기다

슛을 하고 막는 아이들

들과 축구하고 방과 후에는 동네 초·중·고등학생들과 축구에 몰두했다. 가끔 졸업한 제자들을 만나면 축구 이야기를 많이 한다.

필자는 2014년 여름, 미국 뉴욕으로 잠깐 어학연수를 다녀온 경험이 있다. 당시에 한 실습 초등학교 운동장에서 점심시간에 남·여학생이 함께 축구 경기를 재미있게 그리고 다이나믹하게 운동하는 것을 보았다. 물론 필자는 축구를 너무 좋아해서 아이들의 양해를 구해 아이들과 함께 공을 찼다. 보통 6학년 아이들의 키와 체격은 우리나라 중학교 1학년과 거의 비슷한 것으로 기억한다. 당시에 필자의 나이는 51세였다. 일주일간의 실습학교에서의 아주 재미있는 추억거리였다. 아이들은 내가 함께 축구 하면, 나를 받아주고 굉장히 환영했다. 필자의 슈팅과 킥력이 미국 아이들보다는 좋았던 모양이다. 당시 필자는 한국에서 축구클럽에 가입하여 활동하고 있었기에 아무리 미국 초등학생 고학년일지라도 '내 실력'이 좀 통한 모양이었다. 정말 잊지 못할 추억이었다.

벌떼축구(남녀 혼성축구): 남자와 여자가 함께 플레이를 하는 변형된 축구 스포츠이다. 필자가 전라남도 완도의 한 교회 운동회 때 경험했던 축구다. 남성과 여성이 모두 참여하여 축구에 참여하는데, 남성은 기존의 축구게임처럼 손을 쓸 수 없는데 반해, 여성은 손과 발을 다 사용 가능하다. 다만 여성이 손을 쓸 경우, 발걸음에 제한을 둔다. 7발자국, 10발자국 등 그 이상 발걸음에는 손을 사용해서는 안 된다. 어린이뿐만 아니라 성인들도 게임에 참여하면, 그 몰입도가 대단히 크다. 팀의 구성원들은 여성은 남성을, 여성은 남성을 잘 활용하면 이렇게 큰 재미와 공동체 단합에 좋은 스포츠는 없을 듯하다.

필자는 해마다 초등학급 담임을 맡을 때, 3월 초 첫 만남의 자리에서 이 게임을 하게 되면 일순간에 서먹한 마음들이 사라지고 서로를 몸으로 부딪히면서 그 친밀도를 깊이 높일 수 있어서 매우 좋았다. 담임 재량 시간에 이 게임을 수시로 많이 했다. 우리 반 아이들은 이 스포츠에 빠져, 어떤 아이는 '벌떼축구'만 생각하고 학교를 다녔다는 얘기를 들었다. 몇몇 아이들이 쉬는 시간에 팻말을 만들어 '벌떼축구'를 해달라고 항의성 데모를 한다. 그 모습들이 너무 귀엽고, 이 스포츠는 학생들로 하여금 몰입과 운동의 재미, 공동체의 화합에 정말로 훌륭한 스포츠인 것 같다. 나아가 삶에 찌든 스트레스를 날려 보내고 왕따 등의 학교 내 폭력 예방에 선제적 조치를 훌륭히 해낼 수 있게 한다.

필자가 담임했던 아이들을 만나면 아직도 이 '벌떼축구'에 대한 추억을 많이 얘기하며 얼굴에 웃음꽃이 피어난다. 이 변형된 혼성 축구는 우리 전 국민, 아니 세계의 모든 시민이 공 하나만 있으면 즐길 수 있고 공동체 화합이 되는 매력적인 스포츠이다.

핸드볼: 구기 종목의 하나로, 손으로 상대의 골문에 공을 넣는 경기다. 주로 실내에서 진행된다. 골키퍼 1인이 골대를 지키며 다른 6인은 손으로 공을 바닥에 튕겨 뛰어다니면서 공격을 수행한다. 드리블 방식은 농구, 득점 방식은 수구와 흡사하다. 공을 가지고 3발자국까지는 뛰거나 걸을 수 있으나 그 이상으로 뛰면 오버

스텝으로 반칙이다. 골대 코앞에서 공을 쏘아 넣으면 득점이 쉬우므로 골 에어리어에는 공격 측은 물론 수비 측도 골키퍼 외에는 아무도 발을 넣으면 안 된다. 고의로 다른 선수의 얼굴을 향해 공을 던지는 행위는 엄금되어 있다.

핸드볼은 유럽에서 인기가 많은 편이나 우리나라에서는 핸드볼이 대중화되진 않고 있다. 경기규칙이 좀 복잡하고 단순치 않아서 아직 우리나라에서는 사람들이 이 운동을 크게 즐기고 있는 편은 아니다.

핸드볼 스포츠는 다양한 동작의 변화를 요구하므로 스피드, 민첩성, 지구력 등을 발달시킨다. 특히 실내경기로 유산소 운동, 즉 심폐지구력을 발달시킨다. 협동심, 책임감, 사회성을 기르는 데 좋다. 공격과 수비가 빠르게 변화하므로 정확하고 빠른 판단력을 기르는 데 도움을 준다. 전신을 골고루 발달시키는 운동이므로 우리 청소년기에 적합한 스포츠 운동이다.

필자는 아이들의 공 드리블 실력에 따라 5발자국, 10발자국 등으로 융통적으로 제한하여 핸드볼 경기를 시켰다. 이 스포츠도 아이들 몰입도가 굉장히 좋고, 다만 승부 욕심으로 경기가 과격하기 쉬워 아이들의 승부욕을 조절하고 '이기는 것이 목적이 아니라 운동하는 것이 목적'임을 강조하는 정신교육을 한 후에 게임을 진행해야 한다. 공으로 하는 구기 종목은 아이들을 몰입하게 만들며 시간당 운동량을 크게 증가시킨다. 엄격한 제한과 룰을 지키게 하지 않으면 금세 아이들에게 다툼이 일어나므로 특히 안전에 유의하여 핸드볼 운동을 시켜야 한다.

공을 튀기며 드리블하는 능력이 아이들마다 다르다. 부모가 아이들을 데리고 공놀이 활동에 얼마나 노출시키는지가 관건이다. 필자는 아이들의 신체적 능력이 부족한 아이들에게서 부모의 보살핌과 양육의 책임을 느낀다. 아이들의 건강한 삶은 절대적으로 부모의 양육에 달렸음을 알았다. 아이들의 신체적 기능과 건강상태가 부모의 사회, 경제적 여건과 맞물려 있다. 부모의 보살핌이 필요한 아이들에게 한없는 연민의 정과 안타까움을 느낀다.

초등학교 3, 4, 5학년 체육 전담교사로서 아이들이 공놀이하는 것만 봐도 대략 아이들의 가정환경이 떠오른다. 최근 들어 아이들이 공을 튀기거나 드리블하는 능력이 과거에 비해 떨어지는 것 같아 몹시 안타깝다. 이는 외국어 영어학습과 동일하다. 영어에의 노출이 영어 습득에 중요한 역할을 하듯이 어렸을 때 아이들이 얼마나 공을 갖고 노는 것에 따라 운동 기능이 길러진다고 봐야 할 것이다. 체력과 운동 기능의 신장은 부모의 관심과 신체적 활동과 노출에 달려있다. 교과 학습의 부진 현상이 체육 교과에도 보다 심하게 나타나는 현상을 목격하게 된다.

부모의 역할은 아이들로 몸을 직접 움직여 다양한 신체적 능력을 신장하게 하는 것이라고 생각한다. 그 신체적 운동 역량은 곧바로 두뇌의 발달, 나아가 사회성과도 밀접한 관계가 있다. 결국 체력과 건강이 인생의 행복과 성공에 기본적이 틀이 된다.

청소년기의 스포츠 운동은 근육을 성장시키고 나아가 피를 생성하고 몸을 지탱해 주는 뼈를 튼튼하게 만든다. 또한 뇌의 신경세포 등을 활성화시켜 두뇌를 발전시킨다. 스포츠는 공동체의 정체성을 확고히 해주고 더불어 사는 삶의 지혜를 터득하게 한다. 협동심과 상대방을 생각하는 배려하는 태도를 길러 나갈 수 있다. 스포츠를 통해 질서를 지키며 바른 예절 태도를 지닐 수 있다. 무엇보다 경쟁을 통해 도전 정신과 책임감 또한 습득할 수 있다. 운동은 기초 체력을 기를 수 있고 상대방을 이해하고 소통할 수 있는 전인성장의 훌륭한 기초가 될 수 있다.

생존(生存)을 위한 수영 훈련하기

수영(水泳) 또는 헤엄은 팔, 다리를 움직여 수면 또는 수중을 이동하는 것을 말한다. 최근 초등학교에서는 수영을 10시간 이상 이수하는 것을 권고하고 있다. 학교에서 실시하는 수영은 엄밀히 말하자면 '생존 수영'이라 부를 수 있다. '생존 수영'은 수상사고 발생 시에 생명을 지킬 수 있는 기본적인 호흡 방법과 수영 방법으로 구조될 때까지 생존하는 방법을 체득하는 프로그램이라 할 수 있다. '생존 수영'을 통해 물에 빠졌을 때의 두려움을 극복하고 호흡과 체온을 유지하며 오랜 시간을 버틸 수 있도록 미리미리 훈련하는 것이다.

여수에서는 교육청 지원 외에 지방정부가 나서서 학생들로 생존을 위한 최소한의 수영에 대한 기초 교육을 후원하고 있다. 생존을 위한 최소한의 교육이 절실하기에 학교에서 생존 수영을 익히게 하고 있다.

영국은 익사율이 세계 최저로 알려져 있다. 이유는 생후 6개월부터 수영을 배우고 공교육에서도 필수 과목으로 지정돼 있다. 필자의 생각에도 '수영 과목'을 체육교과와 별도로 하나의 국어, 수학 등의 교과목처럼 취급하여 이수토록 하기를 바란다. 왜냐하면 인간이 삶을 영위하는 생존 그 자체를 당연히 배워야 하기 때문이다. 영국 사람들은 목을 빼고 수영하는 개구리헤엄을 친다. 영국은 5세부터 11세 사이에, 최소 25m를 자유형, 배영, 평영으로 수영할 수 있게 가르쳐야 한다. 영국 사람들이 개구리헤엄(평영)을 하는 이유가 생존을 위한 수영을 배웠으리라 여겨진다. 자유형은 빨리 가기에 좋은 수영 방법이나, 오래 물에 떠 있으려면 목을 빼고 수영하는 개구리헤엄이 유용하리라 본다.

해마다 우리나라에서는 익사 사고가 발생하고 있다. 공교육에서 수영의 기초 훈련을 받는다면 사고를 미연에 방지할 수 있을 것이다. 필자의 어린 시절에 친형이 익사를 당해 생존의 기초 수영 능력이 우리 국민 누구에게나 필요하다고 생각한다. "아기 때 목욕탕에서 엄마가 한눈을 판 사이 온탕에 빠져 죽을 뻔한 적이 있었거든요. 그래서 그런지 물에 대한 공포감이 남아 있어서, 커서도 수영을 배우기 쉽지 않았습니다"라고 어떤 사람이 말했다. 우리 모든 사람이 기초 수영을 배워야 하는 이유가 바로 우리의 생존과 직결되기 때문이다. 자라나는 우리 아이들이 반드시 배우고 훈련해야 할 운동이 수영이다.

자연 체험 여가 활동

자연(自然)이라 함은 사람이 힘을 더하지 않은 천연 그대로의 존재다. 산, 바다, 동물, 식물 등이며 그것들이 이루는 지리적, 지질적 환경을 말한다. 종교적으로는 창조주에 의해 만들어진 것이며, 인간에 의해 가공되지 않은 피조 세계를 의미한다.

자연이 값없이 내주는 것은 참으로 많다. 자연이 있는 농산어촌에서 자라난 아이들 마음에 건강하고 아름다운 심정이 자라난다. 많은 예술가들이 자연을 소재로 노래했고 그림을 그리고 글을 썼다. 자연을 접하면 예술성과 창의성과 문제 해결 능력이 길러진다. 자연 속에서 자라난 아이들 가운데 지도자가 많다. 자연은 사람을 건강하게 그리고 삶의 통찰력과 지도력을 키워준다.

자연에서 피어나는 아름다움과 창조성을 느끼기 위해 멀리 가지 않아도 된다. 당장 냇가 둔치나 아무 풀밭에 가보자. 9월의 이른 아침에 풀밭에 가면 나팔꽃을 볼 수 있다. 색깔, 크기, 모양이 너무나 다양함에 놀라움을 금치 못한다. 'Morning glory'라는 이름에 걸맞게 새벽 3~4시경에 봉오리가 벌어지기 시작해 9시경에 꽃이 활짝 피어난 후 오후가 되면 시들어 떨어진다. 이러한 습성 때문에 꽃말도 '덧없는 사랑'이라 불려진다. 파랑색, 자주색, 흰색 등의 나팔꽃이 시원한 아침 바람에 행인들을 반겨준다. 가까이서 보면 그 자태가 거룩하고 미묘한 신비함을 느낄 수 있다. 가까이 코를 대면 옅은 향도 난다.

필자는 3월 봄이 되면, 대한민국 답사 1번지로 순천시 월등면 계월리의 향매실 마을을 추천한다. 3월 초순부터 피어나기 시작한 매화는 계월리 전체 산자락과 계곡, 마을을 뒤덮는다. 꽃이 만개하는 3월 중순경에는 매화의 은은하고 고귀한 향에 사람을 미(美)치게 만든다. 온 마을 전체를 뒤덮은 매화의 그림은 한반도 어느 곳에 가서도 볼 수 없는 풍광이다. 이 시기에 탁월한 자연과 인문환경이 만들어 내는 가장 한국적이면서 가장 봄의 향을 접할 수 있는 곳이 바로 순천의 계월이리라.

이육사는 〈광야〉에서 '지금 눈 나리고 매화 향기 홀로 아득하니 내 여기 가난한 노래의 씨를 뿌려라'라며 매화의 고결함을 노래했다. 매화에서 인(仁)과 의(義)의 향기를 배운다. 윤봉길 의사의 호가 매헌(梅軒)이다. 매헌은 '한겨울 추위 속에서 향기를 내뿜는 매화의 고고한 기품과 충의 정신을 간직하라'의 뜻이다. 1932년 4월 29일 윤 의사의 의거로 자신은 십자가형에 묶여 순국했다. 그 후 중국의 당시 지도자였던 장제스는 대한민국 임시정부를 전폭 지원했고, 1943년 카이로 회담 선언에서 장제스의 제안으로 "적당한 시기에 한국이 자유롭고 독립적으로 해방되어야 한다"는 문구가 들어 있다. 카이로 회담은 한국의 독립을 보장한 최초의 연합국 회의였다.

등산은 사람을 건강하게 만든다. 우리에게 값없이 주는 쉼과 여유를 가져다준다. 삶에 찌든 찌꺼기를 녹여 배출한다. 필자가 순천북초등학교에서 근무할 당시 해마다 3월 말이 되면 자원하는 아이들을 데리고 학교 뒷산인 난봉산으로 올라갔다. 해발 400m 정도의 산이다. 산등성에 다다르면 진달래가 여기저기 보인다. 정상으로 향하는 오솔길 좌우에 진달래가 우리를 반겨준다. 아이들 얼굴도 진달래색으로 변한다. 아이들이 자연을 체험하면서 산에 오르는 약간의 발품으로 등은 땀으로 젖는다. 아이들은 어린 진달래를 입에 물고 자기들끼리 사진을 찍어댄다. 정상으로 이어지는 계단을 오르다 보면 인내의 한계를 느낀다. 그래도 고지가 보이기에 모든 힘을 짜내 오르고 또 오른다. 마침내 정상이다. 학교도 작게 보이고 순천 시내가 한눈에 들어온다. 남쪽에 여수반도와 동으로 광양의 제철소 단지, 이순신 장군이 지켜낸 남쪽 바다가 아득히 눈에 들어온다. 북으로는 저 멀리 지리산 노고단 자락이 보인다. 서쪽으로는 연이은 산들의 바다가 이어진다. 전라남도의 동부 지역은 중산간 지대로, 지도책에 노랗게 산으로 표시되었다. 아이들은 물과 간식을 먹으며 발그레한 뺨으로 웃으며 성취감에 도취한다. 산 정상으로 부는 바람은 땀으로 올라온 우리들 마음과 육체를 유쾌하게 만든다. 어려움을 이기고 인내로 승리한 감격을 서로 나눈다. 산에 친구들과 같이 오르면 몰랐던 친구들을 땀으로 어려움을 겪으며 서로 알게 된다. 얘기도 하면서 등산하다 보니 자연스럽게 몰랐던 친구와도 소통이 되고 친밀해진다.

필자가 6학년 담임했을 때 학년 체험학습으로 아이들을 데리고 지리산 노고단 등산을 다녀왔다. 버스로 성삼재(해발 1,102m)까지 간다. 노고단이 해발 1,507m로 지리산 서쪽 능선의 주 봉우리이다. 약 400m만 더 올라가면 정상에 오를 수 있다. 큰 산이지만, 출발지가 1,100m 지점이고 한 시간 정도면 충분히 노고단 정상에 오를 수 있다. 몇몇 아이들은 포기 직전이다. 그래도 아이들 등을 밀며 데리고 올라갔다. 정상의 출입구에 다다르면 산 아래의 풍광들이 눈에 들어오기 시작한다. 우리나라 고유종 수목인 구상나무가 모진 비바람에도 우뚝 서 있다. 구상나무를 옆으로 지나는 나무계단으로 마침내 정상에 오른다. 아이들은 바람에 땀을 식히며 정상 정복의 행복을 만끽한다.

노고단 정상에 오르면 동쪽 능선 끝, 저 멀리 천왕봉이 아득히 보이고 앞에 반야봉이 버티고 있다. 남원 쪽으로 만복대가 북으로 뻗어 나가 서 있다. 서남쪽으로 구례 분지를 끼고 남도의 젖줄인 섬진강이 휘돌며 백운산을 바라보며 남해로 흘러간다. 천왕봉(해발 1,915m)으로 이어지는 주능선과 남북으로 해발 1,000m 이상의 고봉들은 수없이 갈라지고 그 사이 계곡들을 품고 있다. 피아골, 화개천, 뱀사골, 한신, 심원계곡 등의 생명의 물이 낙동강과 섬진강을 살찌우며 남쪽 바다로 흘려보낸다. 노고단 정상에 서면 산과 산의 바다를 만날 수 있다.

지리산에 가면 우리의 역사를 온몸으로 만날 수 있다. 임진왜란 당시 왜의 침입을 저지하고자 이 아름다운 산하를 피로써 지켰던 구례 현민 3,500여 명 구국의 소리를 듣는다. 구한말 일제와 투쟁하다 장렬히 순국한 의병들과 의병장 녹천 고광순을 만날 수 있다. 여순사건과 6.25 동란을 겪으면서 지리산 골짜기에서는, 힘없는 민초들, 빨치산, 군경 등 헤아릴 수 없는 이 땅의 사람들의 피가 뿌려졌다.

산에 오르면 자신의 약함을 깨닫고 교만한 마음을 내려놓고 겸손해진다. 건강치 못한 비뚤어진 태도를 바르게 고치고 정신을 가다듬는다. 몸과 마음을 단련하고 건강한 삶을 배운다. 등산의 어려움을 이겨내며 자신을 이겨내는 극기와 인내심을 배운다. 산행의 장애물을 통과하면서 자신에 닥칠 삶의 문제해결 능력을 배운다. 사람들과 소통하는 법을 배우고 스트레스를 해소한다.

지리산에 오르면 조국의 산하를 사랑하게 된다. 자연을 사랑하고 타인을 이해하게 된다. 국토를 사랑하고 역사의 아픔을 온몸으로 경험하게 된다. 등산은 자신을 성숙시키고 건강하게 만든다. 산은 우리에게 더 배우고 더 겸손하라고 속삭인다.

시냇가는 놀라운 놀이터이자 배움터요 쉼터다. 개울가에서의 놀이는 어머니의 자궁에서의 편안함과 같이 친숙하고 편안함과 만족을 가져다준다. 필자는 경기도 포천에서 초등학교 저학년 시절을 보냈다. 개울은, 여름에 미역을 감으며 물고기를 잡았고 겨울에는 썰매를 탔던 유년 시절의 추억이 서린 곳이다. 서울에서 대학생활을 할 때는 관악산의 계곡을 자주 놀러 다녔다. 초등학교 교사가 되어서는 아이들과 함께 여름 냇가에서 물고기를 잡으며 동심을 즐겼다. 아이들도 냇가에서의 다슬기와 물고기를 손으로 잡으며 생명의 신비함과 '살아 있음'에 놀라워했다. 아이들의 행복한 얼굴이 나를 더 행복하게 했다. 환갑이 지난 요즘에도 지리산의 피아골, 화개천, 뱀사골 계곡 등의 냇가에 가서 몸을 담그며 우리 고유 어종인 쉬리를 잡는 것이 아주 큰 즐거움이다.

지리산 화개천은《세계테마기행》에 방영되어도 전혀 손색없는 우리나라 산하에 몇몇 안 되는 자연 하천이다. 오염되지 않는 물이 바위 사이로 흘러가며 흰 포말을 품어낸다. 수많은 생명체를 길러내고 사람들을 살게 하고 생명수를 섬진강으로, 남해로 흘려 바다를 풍요롭게 한다. 화개천은 지리산에서 발원하여 섬진강으로 들어가는 약 17km 길이를 지닌다. 물이 완만히 흐르는 곳의 색은 옥빛이다. 청류인 것이다. 화개천은 산과 산 사이 개활지(앞이 막히지 않고 탁 트여 시원하게 열려 있는 땅)를 통과하며 자유롭고 넓게, 충분한 햇빛을 받으며 굽이굽이 흘러가기에 시원하고 힘차게 흘러가는 냇가의 모습이 인상적이다.

사람들은 화개장터에서 쌍계사에 이르는 벚꽃과 드라이브를 즐긴다. 더 좋은 것은 이 천연의 냇가에 발을 담그고 시원한 계곡 바람과 경치를 경험하는 것이다. 화강암 사이를 흘러가는 물 중간중간에 우람한 바위들이 아무렇게나 쌓여 있다. 이 시냇물은 자연스러운 바위 사이를 흘러 섬진강으로 간다. 이곳에 우리나라 고유 어종인 쉬리가 살고 꺽지와 은어와 다양한 물고기가 서식하고 있다. 여름날 냇가에서 물고기를 잡고 놀다가 이 바위 위에 눕는다. 바위는 여름 햇빛에 데워져 따끈따끈하다. 여름임에도 물에 살짝 차가워진 몸이 바위 위에 눕게 되면, 데워진 바위 열로 따스하게 된다. 맑은 물소리와 저 멀리 여름 구름은 흘러가고 바람은 젖은 몸을 말린다. 그 평온함과 아늑함, 화개천 맑은 물의 상쾌함 등이 어우러져 모든 찌꺼기가 사라지며 삶의 새로운 힘을 얻는다. 몇 년 전, 교회학교 아이들과 냇가 놀이에서, 어떤 아이는 작은 호박 크기의 돌을 가슴에 안는다. 차가워진 몸에 따스함을 느끼기 위함이다. 그 장면이 내게는 너무 신선하고 냇가에서의 아이들 노는 모습이 너무나 행복해 보였다. 우리 자라나는 아이들이, 아니 우리 모든 시민들이 이 깨끗한 냇가에 와서 놀며 쉼을 얻고 삶의 스트레스를 씻어내기를 바란다. 우리나라 곳곳의 맑은 시냇가에서 모든 아이들이 마음껏 놀며 여름날의 더위를 식히며 새로운 힘과 용기를 얻기를 갈망한다.

2016년에 세상을 떠난 신영복 선생은 20년을 감방에서 지냈다. 선생은 〈시냇물〉이란 노래를 즐겨 불렀다.

> 냇물아 흘러흘러 어디로 가니
> 강물 따라 가고 싶어 강으로 간다
> 강물아 흘러흘러 어디로 가니
> 넓은 세상 보고 싶어 바다로 간다

선생은 감옥에서 만기 출소자를 보내는 파티에서 마지못해 이 노래를 불렀다고 한다. 당시 건빵을 먹으며 덕담을 나누는 초라한 파티였다. "넓은 세상 보고 싶어 바다로 간다"는 대목에 눈빛이 숙연해진다고 하였다. 선생은 성공회대의 대학생들과 종강 파티에서도 이 〈시냇물〉을 불렀다고 한다.

선생의 이 〈시냇물〉의 서예 한글에서는 '냇물아'부터 '간다'에 이르는 글자가 서로 이웃하여 글자가 띄어쓰기 없이 연결돼 쓰여졌다. 글자 하나하나가 글자끼리 서로 기대어 있다. 한 글자마다 인격이 부여되듯이 서로 연합이 되어 물이 흘러가는 모습을 지닌다. 신영복 유고집《냇물아 흘러흘러 어디로 가니》의 책 표지에 그려졌다. 마치 시냇물 자체가 분리되지 않고 강으로 연이어 흘러가는 듯하다. 이 따뜻하고 순수한 냇물, 이 청류에서 벗들과 마음껏 놀고 싶다.

　우리 생명의 근원인 냇가는 지금 아주 심하게 앓고 있다. 전국의 대부분의 강으로 흘러가는 냇가는 시멘트 보로 갇혀 있다. 원래 냇가는 자유롭게 흐르며 S자를 그리면서 모래를 반대쪽으로 실어 흰 모래가 있는 냇가 환경을 만든다. 가까운 하천에 가보라. 시멘트 보에 갇힌 물속은 흐르지 못한 물로 밑은 진흙으로 덮였다. 물의 흐름 정체로 물속의 자갈과 모래 등이 투명하게 보이지 않고 물은 갇혀 건강치 못한 생태를 보여준다. 지금의 우리나라 하천에 흰 모래톱을 찾아보기 힘들다. 경상남도 하동군 평사리 공원 앞의 섬진강에는 길이가 거의 800m에 달하는 백사장이 있다(오직 한국에서 유일하다). 섬진강 하류에는 이 처럼 모래톱이 장관을 이룬다. 흰 모래톱 사이사이로 강물은 남해로 유유히 흘러간다. 그 강의 원형은 아름다움 그 자체이며 보는 이로 하여금 한없는 평화와 안식을 가져다준다.

　우리 하천의 원형의 모습을 간직한 곳이 내성천이었다. 경상북도 내성천은 낙동강으로 흐르는 지류로 그 냇가 길이가 무려 110 km에 달한다. 세계에서 유일무이한 모래 강이다. 하얀 모래 밑으로 또 모래톱 사이로 냇물이 흘러갔었다. 그러나 4대강 사업의 일환으로 영주댐이 생기면서 물 흐름은 차단되고 말았다. 냇물이 모래를 실어 나르는데 물줄기가 약해지니 모래 유입이 줄어들어 내성천 냇가에 흔히 볼 수 있었던 모래톱들은 사라지고 육지화가 자행되고 있다. 영주댐에 고여 악취가 진동하는 생명의 내성천은 죽어가고 있다. 예천의 회룡포의 흰 모래톱의 원형이 사라지고 있다. 아 세계에서 유일한 모래천이 심한 병에 시달리고 있는 것이다. 인간의 탐욕으로 냇물이 막히고 말았다. 우리 자라나는 후손들에게 영원토록 지켜야 할 생명의 시냇가를 죽게 만들었다. 4대강 사업을 주도한 지도자와 야합한 토건족들은 신속히 강을 원래의 흐르는 강으로 복원시키고 그들에게 환경파괴와 삶의 질을 훼손한 비용을 반드시 손해배상케 해야 할 것이다. 이 모래톱과 냇가에 사는 수많은 생명체의 서식처가 파괴되고, 영주의 무섬이 마을의 모래톱, 예천 회룡포의 아름다운 자태(가장 모래톱의 원형이 살아있는 냇가의 아름다움을 간직한 유일한 곳)들이 시들어 가고 있다. 냇물은 반드시 흘러가야 한다. 생명의 근원인 시냇가가 살아나야 한다. 냇물이 막힘없이 흘러가면, 온갖 생명들이 서식처가 복원되어 생명을 이어가고 사람은 그 아름다운 공간에서 참된 쉼과 안식을 가질 수 있다. 영주댐에 갇혀 신음하는 냇물을 살려야 한다. 하루 빨리 영주댐을 허물고 재자연화시켜야 한다. 우리나라 도처에 신음하는 갇혀 썩은 물을 이제는 막힘없이 흘러가도록 해야 한다. 최소한의 보만 남기고 시냇물을 흘려보내야 수많은 생명체들이 살아나고, 사람들은 친수 공간을 확보하면서 냇물에서 사람은 쉼을 얻을 수 있다. 시냇가의 원형을 되살려 흰 모래톱이 있어 아름답고 물을 깨끗하게 흘려보내며 바다에 양분을 제공함으로 바다의 수많은 생명체들을 키워내고 어부들은 풍족한 어패류와 물고기를 잡을 수 있게 된다. 흘러가는 민물의 영양분이 바다를 살찌운다. 사람에게 물은 생명의 근원이다. 오염되지 않은 깨끗한 생수가 시냇가에서 강으로 흘러가야 사람도 건강하고 뭇 생명들도 삶을 이어갈 수 있다. 우리 후손들이 건강한 생명의 냇가에서 살아야 하리라.

우리나라는 산의 나라다. 수많은 크고 작은 산은 계곡을 품고 생명수를 냇가에 흘려보낸다. 생명의 물 근원이 강의 지천인 시냇가에서 비롯된다. 사람들은 냇가를 중심으로 식량을 생산하며 마을을 이루고 강을 중심으로 도시가 형성되고 나라의 기반을 세운다. 우리 자라나는 청소년들이 맑은 시냇가에서 놀고, 서로 소통하며 자연의 순리와 이치를 배우고 쉼을 갖기를 바란다. 아이들이 냇가에서 창의성을 은연중에 습득하고 문제해결능력을 키우고 장래 아름다운 꿈을 꾸고 더불어 사는 사회를 일구는 건강한 인격의 소유자가 되기를 소망한다. 시대의 아픔을 보듬고 역사에 대한 바른 관점으로 책임 있는 시민으로, 그리고 사람의 생명의 소중함을 우선적으로 생각하는 참다운 '사람다운 사람'으로 성장하기를 갈망한다.

지성(知性) 공부하기

우리는 왜 살아야 하며 또한 어떻게 살아야 하는지를 자신에게 늘 물어야 한다. 자신의 존재에 대한 이유는 종교나 역사에서 답을 구할 수 있다. 삶을 어떠한 방식으로 살아야 될지를 자신과 인문고전에게 물어야 한다. 철학과 역사, 문학에서 답을 구할 수도 있을 것이다. 바로 '사람의 삶'을 다루는 인문학(人文學) 독서 공부가 '사람다운 사람'을 추구하는 지성(知性)을 기를 수 있다.

인문학(人文學)은 인간과 인간의 근원 문제, 인간의 문화에 관심을 갖거나 인간의 가치와 인간만이 지닌 자기표현 능력을 바르게 이해하기 위한 종합적인 학문이다. 인간의 사상과 문화를 탐구하는 학문이다. 자연과학이나 사회과학이 경험적인 접근을 주로 사용하는 것과는 다르게 비판적이며 다양한 사변적인 방법을 사용한다.

사람은 생각하는 존재이다. 요즘 동물, 특히 반려동물인 개나, 고양이 등도 사람들과 교류하면서 그들의 의사표현을 자신들의 방식으로 나타낸다. 동물들도 생각을 한다는 얘기다. 그렇다면 사람들도 당연히 생각해야 한다. 자신의 존재에 대해 깊이 생각해야 한다. 자신이 어디에서 왔는지, 그리고 어디로 가는지를 깊이 물어야 한다. 우리 현시대의 문제점이 무엇이며 문제 해결을 통해 우리 민족공동체 전체가 누릴 수 있는 진정한 복지가 무엇인지를 깊이 사색해야 할 것이다.

'시대정신'으로 깨어 있는 시민이 되어야 한다. 우리 시대가 당면한 공통 과제가 무엇인지를 생각해야 한다. 우리 민족공동체의 아픔은 남북 분단일 것이다. 한반도를 넘어 간도와 연해주는 우리 민족의 터전이었다. 지금도 우리 민족이 살고 있다. 그 광활한 만주 땅이 바로 우리의 문화가 뿌리내렸던 곳이다. 일제와의 위대한 투쟁과 민족교육의 산실이었던 만주는 역사적으로 우리 땅이다. 이순신이 여진족과의 전쟁에서 목숨 걸고 지켜낸 두만강 하구 섬 녹둔도는 우리가 간직해야 할 영토이다. 녹둔도는 현재 러시아 영토가 돼버렸다. 구한말 우리 힘이 미약해 중국이 러시아에 넘겨버렸다. 만주에서 우리의 역사를 지켜내고 후손에게 자랑스러운 역사를 물려주어야 한다.

자신의 경제적 자유를 위해 돈에 대한 관리와 경영을 치열하게 생각하고 혜안을 얻어 '빌어먹는 자'가 되지 말며, '베풀고 나눠주는 삶'을 생각해야 한다. 자신뿐만 아니라 주변의 사람들에게 관심을 갖고 애정을 갖고 더불어 사는 행복을 생각해야 한다. 우리 시대를 책임을 질 수 있는 시민의식을 기르기 위한 최소한의 지식과 소양을 길러야 한다. 타인의 아픔과 고통을 공감할 수 있고 함께 사는 사회공동체 일원으로 살고자 하는 건강한 생각을 품어야 한다.

생각하는 삶을 살기 위해 자라나는 청소년들은 어떠한 공부를 해야 할까?

바로 인문학 특히 인문고전을 읽고, 자신을 읽고 이웃과 사회의 실체를 읽을 수 있는 청년으로 자라나기를 소망한다.

미국의 중서부 지방에 시카고 대학교가 있다. 처음에는 별로 알려지지 않은 학교였다. 학생들은 낙심이 가득하고 열등감에 많이 빠져 있었다. 로버트 허치슨 박사는 30세의 젊은 나이에 총장이 되면서 시카고 대학생들을 세계적인 인물로 키우고자 학생들에게 졸업할 때까지 고전 100권을 3가지 과제에 따라서 치열하게 읽도록 하였다. ① 너에게 가장 알맞은 모델을 한 명 정하라. ② 인생의 신조가 되는 영원불멸의 가치를 발견하라. ③ 발견한 가치에 대하여 꿈과 희망을 품어라. 시카고대학은 지금까지 70명 이상의 노벨상 수상자가 나왔다. 한 사람의 노력과 집념이 열매를 맺게 했다. 인문고전 독서가 주는 힘은 한 사람을 사람답게 살린다. 그리고 지구촌 시민들의 복지를 증진한다.

철학 공부하기

소크라테스는 진리를 추구하고자 목숨을 버리는, 그 좁은 진리(眞理)의 길을 뚜벅뚜벅 걸어갔다. 아테네 시민들을 유혹하여 잘못된 길로 이끈다는 죄목으로 법정에 서게 되었다. 그는 재판관들로 하여금 자신에게 유리한 투표를 하게 만들려는 시도를 포기했다. 법정에서 그는 젊은이들에게 육체나 돈에 염려하지 말 것을 당부하고 오히려 그들의 영혼을 염려하라고 주장했다. 너희 재판관들이 나를 죽이면 나 같은 종류의 인간을 다시 얻을 수 없을 것이라고 피력했다. 사형판결이 나왔을 때, 사람들은 그에게 도망가라고 충고했다. 친구들은 그가 도망칠 수 있도록 준비했다고 한다. 그러나 소크라테스는 이를 거부했다. "국가가 베풀어 주는 온갖 혜택을 평생 다 누리고 나서 사정이 불리하게 돌아가자 법에 복종하기를 그만둔다는 것은 옳지 않은 일"이라고 그는 말했다. 법을 어기는 일이 품위 없고 수치스러운 행동이라고 그는 생각했다.

그는 내면의 목소리를 청종하고 꿋꿋하게 지켰다. 양심의 소리, 즉 '올바르게 행동해야 한다'는 것은 그의 절대적 의무였다. 그는 죽음에 이르는 길에서도 이 길을 포기하지 않고 온 우주보다 훨씬 귀한 자신의 목숨과도 바꾸지 않았다. 진리를 추구하고 바른길을 가는 그 올바름 때문에 2,500여 년의 세월 속에서도 세상의 모든 철학자들의 모범으로 소크라테스를 우뚝 서게 하였다.

자신의 운명을 신에게 맡긴다. 소크라테스는 독이 든 잔을 마신다. 그는 마지막으로 그의 철학을 말했다. "이제 가야 할 시간이다. 나는 죽음으로, 너희는 삶으로 우리 중 어느 쪽이 더 나은 상태를 맞게 될지는 신(神) 말고는 아무도 모른다."

그의 바름과 진실함은 그 법정의 재판관들과 그를 법정에 세운 사람들의 '그릇됨'을 분명히 보여주고 있다. 소크라테스는 죽었지만 온 인류의 가슴에 '영원한 스승'으로 새겨지고 있다.

우리는 흔히 철학자들을 생각하면, 책에 빠져 실제 삶과는 유리된 생활을 하며 신체적으로 나약하며 자신의 고집과 독서에 집착했을 것이라 생각하기 쉽다. 하지만 소크라테스는 달랐다. 그는 사병으로 전쟁에 참여했을 때 강인한 몸이었다. 그는 열심히 운동하였으며 춤도 잘 추었다고 한다. 다른 사람들이 추위 때문에 몸을 꽁꽁 감싸고 있을 때도 그는 맨발로 얼음 위를 걸어갔다고 한다. 또한 위급한 상황의 전우들을 돕는 데 기꺼이 자신의 목숨을 걸고 해냈다고 한다.

소크라테스는 대화로 상대방으로 하여금 지금 자신이 어떻게 살고 있으며 그가 지금까지의 삶을 어떻게 살았는지에 대해 밝히지 않을 수 없는 단계로 기억이 넘어가고야 만다고 니키아스 장군은 얘기했다. 소크라테스는 대화를 통해 상대방 자신의 삶을 성찰하고 올바른 길로 인도했다. 소크라테스는 여러 가지 변증법 등의 대화를 통해 상대방이 스스로 자명하다고 여기는 것들에 대해 실은 아무것도 모르고 있고, 또한 자기들 자신에 대해서는 모른다는 사실을 자각하게 하였다. 또한 소크라테스는 질문을 통해 사람들이 참다운 사람이 되기 위해서는 어떻게 행동해야 하는지를 깨닫게 했다. 올바르게 생각하면 제대로 생각하게 된다.

소크라테스가 아테네 법정에서 자신을 변론할 때 그는 다음과 같이 고백하고 있다.

"내가 숨을 쉬고, 그럴 능력이 있는 한 나는 철학을 그만두지 않을 것이며, 또한 내가 여러분 중 누구를 만나든지 그 사람에게 경고하고 그를 폭로하기를 그만두지 않을 것이다. 그리고 지금까지 그래왔던 것처럼 계속해서 다음과 같이 말할 것이다. 지혜와 권력에서 가장 명망이 높은 가장 위대한 도시 출신인 너 아테네 사람아, 너는 돈과 명예와 명성을 얻기 위해서는 가능한 모든 노력을 하면서도 깨달음과 참을 위해, 또 너의 영혼이 가능하면 잘 되기를 위해서는 아무런 노력도 하지 않다니 부끄럽지도 않단 말이냐?"

이어서 다음과 같이 언급했다.

"매일 미덕에 대해 말하는 것은 인간에게 가장 좋은 것이다. 그리고 내가 대화를 통해 나 자신과 다른 사람을 자세히 검토할 때 너희가 듣게 되는 말, 곧 검토하지 않는 삶이란 인간에게는 살 만한 가치가 없는 삶이라는 말이 특히 그렇다."

소크라테스는 검토하는 삶, 즉 성찰하는 삶을 살라고 주장했다. 소크라테스의 가장 위대한 점은 진리와 참을 추구하는 것이고 자신의 목숨을 내던지고 진리의 길을 걸어갔다는 점이다. 육신의 안일보다 영혼의 만족과 행복의 생명의 길을 선택하였다.
　대한민국 학생들이 인문계 고등학교에 진학하는 이유는 분명하다. 대학 진학을 위해서며 이왕이면 명문대학교의 법대, 의대에 들어가 자신의 입지를 세우고 명성을 높이고 쉽게 부를 누리기 위함이다. 물론 다른 뜻을 품고 대학에 진학하는 경우도 있을 것이다. 결국 자신의 명예와 부를 위한 입신양명의 길을 가고자 함이 대부분일 것이다.

그러나 소크라테스의 철학의 길은 '사람다움의 길'이었다. 사회를 바르고 아름답게 만들며 자신을 검토하는 자기 성찰의 길이었다. 눈에 보이는 것보다 사람의 눈치와 명예보다는 '참사람'의 길을 추구했다. 그는 높은 이상을 추구했고 거룩한 길을 갔다. 현실의 만족과 행복보다 영혼이 잘되는 길을 검토했고 그 길을 용감히 걸어갔다. 사람의 눈치를 보지 않고 '내면의 목소리' 즉 양심의 소리를 듣고자 했다. 자신의 앎을 자랑하기보다는 자신이 아는 것이 없다는 '무지의 지'를 가고 오는 모든 사람에게 '울림'을 주었다.

우리 학생들은 자신의 내면의 목소리에 귀를 기울여야 한다. 양심의 소리와 도덕과 윤리적 삶을 지양해야 한다. 행동할 때, 무엇이 올바름의 길인지 사색해야 한다. 눈에 보이는 현실의 유익이 아니라 너와 나의 행복을 구하고 우리 민족공동체, 나아가 보편적 인류애를 추구해야 할 것이다. 즉 거룩하고 아름다움의 길, 이상을 추구함이 청년의 길일 것이다. 이러한 정신으로 자신의 삶을 날마다 '검토'하고 외부에 흔들리지 않는 자신만의 철학(哲學)하는 태도로 세상을 담대히 살아가기를 고대한다.

약 2,500년 전에 공자(孔子)는 60이 넘은 아버지 숙량흘과 젊은 어머니 안징재 사이에서 야합(野合)으로 태어났다고 《사기(史記)》는 기록하고 있다. 《논어》는 공자와 그 제자들이 세상 사는 이치나, 교육, 문화, 정치 등에 관해 논의한 이야기들을 모은 책이다. 공자의 사후에 2,000년이 넘도록 수없이 많은 사람들이 그의 가르침을 되새기며 인간다운 삶의 실현을 위해 지금도 노력은 계속되고 있다.

공자의 핵심 사상은 인(仁)이다. 인(仁)은 남을 사랑하고 어질게 행동하는 일을 말한다. 인(仁)이란 글자 그대로 '두 사람(二人), 즉 사람과 사람 사이의 관계'를 뜻한다. 공자는 서로가 서로를 배려하는 사람들 사이의 가장 이상적인 관계를 통하여 사회의 안정을 추구했다. 《논어》는 바로 사람 간의 이상적인 '관계학'의 일종이다. 이러한 인(仁)은 예(禮)를 통해 실현하고자 하였다. 인(仁)의 사회를 이룰 수 있는 근거를 효(孝)에서 찾았다.

"인(仁)이란 자기가 서고자 할 때 남을 먼저 세워주고, 자기가 뜻을 이루고자 할 때 남이 먼저 이루도록 한다"는 것이다. 이기적인 욕구를 극복하고 예로 돌아가야 한다(克己復禮). 이는 예(禮)의 형식으로 실현된다.

공자는 건강한 인격을 함양한 후에 지식을 추구할 것을 주장했다. "젊은이들은 집에 들어가서는 부모님께 효도하고 나가서는 어른들을 공경하며, 말과 행동을 삼가고 신의를 지키며, 널리 사람들을 사랑하되 어진 사람들과 가까이 지내야 한다. 이렇게 행하고 나서 남은 힘이 있으면 그 힘으로 글을 배우는 것이다"라고 학이(學而) 편에 기록되었다.

공자는 정치함에 있어 백성의 먹고사는 문제를 해결할 것을 주장한다. 백성을 부유하게 한 후, 백성들을 교육해야 한다고 피력하였다. 정치는 "식량을 풍족하게 하는 것, 군비를 넉넉히 하는 것, 백성들이 믿도록 하는 것"이라 하였다. 공자는 나라의 백성들이 편안하게 살게 해주고 군주를 믿도록 함이 정치의 중요한 본질이라고 파악하였다. 공자는 군주를 섬기는 데 있어 "속이지 말고 임금의 앞에서 바른말을 하라"고 주장한다.

조선의 지배계급은 오염된 중국의 지배계층을 위한 《논어》를 이용하여 유교적 충효와 사농공상의 차별 제도를 만들었다. 공업과 무(武), 상업을 천시하는 지배 이데올로기 문화를 퍼트렸다. 조선의 상류층이 《논어》를 제대로 선용하고 인(仁)을 실천하고 예(禮)를 따랐다면 조선은 그렇게 허무하게 외세에 당하지 않았을 것이다.

《논어》헌문 편 13장에 '이익될 일을 보면 의로운가를 생각하고, 나라가 위태로운 것을 보면 목숨을 바치며, 오래된 약속일지라도 평소에 한 그 말들을 잊지 않는다면, 또한 완성된 인간이라고 할 수 있다'라고 공자의 말이 기록되어 있다. 한문으로 **견리사의**(見利思義), **견위수명**(見危授命)이다. 안중근 의사의 친필로 남겨져 있다. 안중근은 한학을 한 사람으로 이익 앞에서 자신의 욕심으로 이득을 취하지 않았다. 아울러 국가의 위기 상황에서 안 의사는 기꺼이 자신을 조국의 제단에 제물로 바쳤다. 안중근의 인문고전 독서는 읽는 데 그치는 것이 아니라 《논어》의 공자의 말씀을 자신의 영혼에 새겨 견위수명(見危授命)의 정신으로 이토 히로부미를 멀고 먼 땅 하얼빈에서 사살했다. 그리고 자신도 만주 땅에 뜨거운 피를 조국 제단에 바쳤다.

맹자(孟子)는 중국의 전국시대(기원전 403년~221년) 중기를 살았던 철학자이다. 맹자가 태어날 때는 공자가 죽은 지 약 100년이 지났다. 공자의 인(仁) 사상과 의(義)를 강조하면서 왕도정치를 주장했다. 각 나라를 돌며 왕도정치를 유세하여 끝내 뜻을 이루지 못했지만 그의 신념이 담긴 《맹자》는 유학의 경전으로 자리매김되고 있다.

맹자는 제후들에게 등용되어 유학적 이념을 실제 정치에서 실현하기 위한 구체적인 대안과 그것의 이론적 근거를 제시하였다. 맹자는 나이 70세에 이르러 양나라 혜왕과의 문답을 통해 왕도정치를 피력하였다. 정치를 행함에 이익이 아니라 인의(仁義)의 도덕적 가치를 우선해야 하며 인의를 내세운 어진 정치를 실행하면 천하에 누구도 대적할 자가 없게 될 것임을 말했다.

군주의 도덕적인 마음은 백성을 배려하는 구체적인 정책으로 드러나야 하는데 그 가장 기본적인 것이 바로 민생의 보장을 통한 경제적 안정이다. 백성들의 '먹고사는' 문제를 해결함이 군주의 몫이고 그것이 바로 정치라고 맹자는 주장한다. **맹자는 백성은 항상적인 소득(恒産)이 없으면 항상적인 마음(恒心)을 가질 수 없으므로 배불리 먹으면서 부모와 처자식을 부양할 수 있는 안정적인 생업을 보장해 주는 것이 왕도정치의 실질적인 출발점임을 강조한다.** 이는 오늘날에도 똑같이 적용된다고 볼 수 있다. 오늘의 정치는 자국 국민들로 하여금 경제적 토대를 반드시 마련함이 책무인 것이다. 맹자는 "사람은 배불리 먹고 따스하게 입으며 편안하게 지내기만 하고 가르침이 없으면 금수와 가깝다"고 하며, 학교를 세워 인륜의 교육을 시행해야 한다고 했다.

그러므로 **왕도정치란 군주를 포함한 지배계층의 도덕적 각성을 바탕으로 백성의 경제적 기반을 보장하고 도덕적 교화를 실행하는 복지국가를 목표로 한다.**

《맹자》의 양혜왕 하편에서 '무도한 왕의 제거'에 대하여 서술하고 있다. 제나라의 선왕이 '탕왕은 걸왕을 유배시키고 무왕이 주왕을 정벌함'에 대한 질문을 던지면서 "신하가 임금을 시해하는 것이 옳습니까?"라는 물음에 맹자는 "인(仁)을 해치는 자는 남을 해치는 사람이라고 하고, 의(義)를 해치는 자는 잔인하게 구는 사람이라고 합니다. 남을 해치고 잔인하게 구는 자는 인심을 잃어 고립된 사람일 뿐입니다. 저는 인심을 잃은 걸과 주를 처형했다는 말은 들었어도 군주를 시해했다는 말은 듣지 못했습니다"라고 답했다.

맹자는 군주가 군주답지 못해 인(仁)과 의(義)를 해치는 패덕한 사람이므로 두 경우는 신하가 군주를 제거한 것이 아니라 반도덕적인 사람에 대한 마땅한 응징이었음을 밝히고 있다. 왕도정치를 실행하지 않는 군주에 대해서는 이미 군주가 아닌 무도한 사람에 불과하므로 혁명을 통하여 군주를 제거할 수 있음을 주장하여 혁명 이론의 근저를 제시하였다.

5.16 쿠데타를 통해 권력을 잡은 박정희는 '국민교육헌장' 등을 제정하는 등 국민으로 권력에 충성을 맹세까지 시키며 권력에 복종하기를 강요했다. 국가의 충성은 권력자에 대한 맹목적 신뢰가 아니며 정치 지도자가 바른길로 가며 덕치를 베풀도록 격려하며 정당한 비판의 문을 열어 놓아야 함이 마땅하리라 본다.

맹자의 입장에서 볼 때, 박 정권은 자신을 근대화의 민족 영웅으로 우상화 작업을 통해 선량한 자국 국민을 기만하고 의로운 피들을 흘린 무도한 자인 것이다. 그는 자신의 신복에게 살해되었고 거짓되고 부패한 정권은 역사의 심판을 받았다.

일제강점기에 만주에서 독립운동을 하고 우리 얼을 지킨 규암

김약연은 간도의 개척자요 독립운동가로 '간도의 대통령'이라고 불렸다. 김약연은《맹자》를 1만 독 하여 외고 다닐 정도였다고 하였다.

성웅 이순신은 명량해전을 앞두고 "반드시 죽고자 하면 살고, 살려고 하면 죽는다(必死則生, 必生則死)"라는 명언을 남겼다. 이는 중국의 전략가 오기가 쓴《오자(吳子)》의 "죽기를 각오하는 자는 반드시 살고, 요행히 살기를 바라는 자는 반드시 죽게 된다(必死則生, 幸生則死)"의 행(幸)을 필(必)로 바꾸었다. 병법서를 탐독하고 사색하여 자신의 독창적인 말을 남겼다. 안중근은 무에도 능했지만 한학을 그의 뼛속에 새겼다. 견리사의(見利思義), 견위수명(見危授命)의 친필이 전해지고 있다. 그의 뜨거운 조국애를 그의 글에서 드러내고 있다.

철학(哲學)은 사람을 사람답게 만들며 사람이 어떻게 사는 것이 의미 있고 가치 있는 것인지를 안내해 준다. 특히 동양인문 철학서들은 삶을 고상하고 아름답게 만들며 자신의 몸과 마음을 바르게 가꾸는 수신(修身)으로 나아가게 하는 힘이 있다. 한 번 읽는 것으로 끝나는 것이 아니라 최소한 백 번 아니 천 번 이상 읽고 암송하고 필사하여 자신의 뼛속에 천재들의 마음을 새기는 것이다. 우리 자라나는 청소년들도 한 번뿐인 인생을 바르고 아름답게 가꾸기 위해 우리의 동양고전을 필히 마음에 새겨야 하리라 본다. 최소한《논어》,《맹자》등의 동양철학서와 서당의 수신 교재인《사자소학》,《명심보감》과 이율곡의 수신서들을 원전으로 공부하여 청소년들의 뼛속에 새기기를 간절히 바란다. 원전으로 인문고전을 대할 때 저자의 마음과 만나고 그의 천재적 생각에 노출되어 천재의 도덕과 인격 그리고 사고방식을 습득할 수 있다.

역사(歷史) – 근현대사 바로 알기

에드워드 카(E. H. Carr)는 역사(歷史)를 "역사란 현재와 과거 사이의 끊임없는 대화"로 보았다. 오늘을 살아가는 사람들이 지나간 역사적 사건들을 성찰하여 건강한 미래로 나아가는 것이 역사임을 정의했다.

최근 얼마 전까지도 '여순반란사건' '제주4.3폭동' 등이 역사 교과서에 쓰였다. 역사적 사실은 역사가의 해석과 독립하여 존재할 수 없다. 역사가의 관점과 해석으로 역사적 사실이 부정적으로 역사 왜곡이 얼마든지 일어날 수 있다. 반공 이데올로기로 이승만과 군부, 독재자들은 자신의 권력과 체제 유지를 위해 역사를 오용하고 자국의 국민들을 속이고 진리를 감추었다. 그 결과 위와 같이 반란, 폭동 등의 용어를 어용 사가에 의해 역사 교과서에 담게 되었다.

우리의 근현대사 속에, 독재 권력자들과 이에 굴복한 역사가들에 의해 왜곡된 역사서술이 있다. 우리가 반드시 기억해야 할 역사를 외면하고 독재자들의 입장을 반영하는 역사를 기록하는 어리석음을 보여 왔다. 근현대사에 대한 바른 눈과 깨어 있고 미래지향적인 역사 관점으로 진리의 역사가 바르게 기록되어 읽히기를 바란다. 우리 서당 교재인 《계몽편》 '구사(九思)'의 "보는 것은 밝게 보기를 생각하고, 듣는 것은 정확하게 듣기를 생각하고"에서, 우리 청소년들은 역사를 제대로 바르게 해석하는 안목을 지녀야 할 것이다. 바른 역사적 안목으로 현재의 정치와 사회를 읽는 지혜를 갖게 된다. 시대를 바른 눈으로 볼 때 민족공동체에 대한 발전적 미래와 희망을 갖게 된다.

우리의 미래 세대들은 근현대사, 즉 구한말과 일제강점기와 해방 정국, 4.3제주민중항쟁, 여순 항쟁, 민족동란, 5.18 등의 현대사들을 바르게 보고 지금 당면한 우리 민족 공통 과제에 대한 깊은 통찰과 미래지향적인 눈을 가져야 하리라 본다.

안중근 의사가 단지의 피로써 그토록 원했던 '대한독립'은 아직도 진행 중이다. 녹천 고광순이 이끄는 의병들의 태극기 깃발에 쓰인 '불원복(不遠復)'은 아직도 진행형이다. 완전한 자주권을 행사하는 국력을 지니지 못한 것이 지금의 상황이며 분단의 아픔과 통일의 과제가 우리 앞에 놓여 있다.

우리 대한민국은 전쟁 시에 군 작전권이 없는 미완의 역사를 살고 있다. 한미주둔군 지위 협정인 SOFA에 따라 2002년 6월 13일에 일어난 미군 여중생 압사 사고에 대한 대한민국의 미군에 대한 재판은 거부되었다. 미군은 누구를 위해 이 한반도에 주둔하는가를 묻지 않을 수 없다.

한국군 작전통제권은 상식적으로 주권국가인 대한민국의 군 통수권자인 대통령의 권한이라고 여겨진다. 그러나 사실은 한반도에 전쟁이 일어났을 경우 한국군의 작전을 통제할 수 있는 권리가 미국에 있다. 이것이 우리 대한민국의 현실인 것이다. 6.25전쟁 발발 직후인 1950년 7월 1일 이승만은 맥아더 사령관에게 작전 지휘권을 이양하여 지금에 이르고 있다. 노무현 정권은 군 작전권을 환수하고자 노력하였으나 친일, 친미 세력은 이를 반대하여 뜻을 이루지 못했다. 100여 년 전 열강에 풍전등화의 안타까운 역사가 아직도 진행 중이다.

역사를 알고 현실을 직시해야 하는 것이다. 국가의 힘인 경제력과 군사력, 문화력을 기르고, 정의롭고 참된 애국의 마음으로 나라를 바르고 건강하게 그리고 완전한 자주독립 국가를 세워 나아가야 할 것이다. 현대를 살아가는 대한민국 국민이라면 바른 역사에 대한 의식을 지니고 '해방된 조국'이 아니라 '자주권을 자유롭고 독자적으로 행사할 수 있고 이웃 나라를 돕고 선한 영향을 줄 수 있는 문화적 힘이 강한 독립국가'를 갈망하고 성취해야 한다.

'구한말'은 조선시대 말기인 19세기 후반부터 20세기 초까지를 가리킨다. 즉 조선의 마지막 시대인 고종의 즉위 1863년부터 1910년 일제강점기 이전까지로 볼 수 있다. 열강의 침략과 시대의 흐름을 정확히 파악하지 못하고 내부의 경제력, 군사력, 교육, 문화의 총체적 국력을 기르지 못해 결국, 망국의 길로 가고 있었다. 병인양요, 신미양요, 일본에 의한 강화도 조약 등으로 외세의 거센 물결이 이미 한반도에 불어 닥쳤다. 비겁한 정부는 갈 바를 몰랐고, 농민은 동학으로 새로운 세계를 꿈꾸었으나, 외세의 힘인 일본을 끌어들여 자국민을 보호해야 할 국가가 오히려 외세의 힘을 빌려 자식과 같은 의롭고 선량한 백성을 짓밟았다.

1905년 7월 미국과 일본이 필리핀과 대한제국에 대한 서로의 지배를 인정하는 협약을 맺었다. 미국은 한국과 조미수호통상조약을 맺은 관계였으나, 루즈벨트는 비밀리에 일본과 가츠라-태프트 밀약을 맺어 일본의 한국에 대한 지배를 묵인하였다. 일본은 제국주의 열강들의 승인 아래 한반도의 식민화를 노골적으로 추진하는 직접적인 계기가 되었고, 힘없는 우리나라는 1910년 일본의 식민지가 되었다. 첫째는 우리의 자주적 힘이 없음이요, 둘째는 열강 간의 각축장이 돼버린 우리 강산을 삼킨 일본의 야만적 행위다.

● **나라가 망(亡)하면…**

일제강점기에 만들어진 신작로(新作路)의 목적은 식민지의 자원을 수탈하기 위해 만든 것이다. 마을과 마을을 이어주는 소통과 자연스러운 길이 아닌 일제의 수탈을 위해 만들어졌다. 당시의 철도와 도로는 신작로의 목적처럼 우리의 식량과 물자를 운반하기 위해 만들어졌다. 천안의 독립기념관에 가면 군용트럭에 소년, 소녀들이 강제로 실려 가는 애달픈 장면을 볼 수 있다. 신작로의 흙먼지를 날리면서 힘없이 끌려가는 우리의 젊은 청춘 남녀들이 군용트럭에 실려 가고 있다. 부모와 생이별하면서 제대로 인사도 못 했다. 충분한 옷도, 물건도 챙기지 못한 채 붙잡혀 아무도 알 수 없는 전쟁터로 끌려갔다. 일본은 중일전쟁과 태평양전쟁 등 침략 전쟁에 한국인 처녀 수십만 명을 강제로 끌고 갔다. 가난한 집안 여성들이 식당 종업원, 간호사들을 모집한다는 말에 속아서 지원했고, 강제로 끌려간 경우도 많았다.

일본 정부는 최근까지도 위안부를 강제로 동원한 것을 인정하거나 배상을 하지 않아서 연로한 '위안부' 할머니들의 정신적 고통을 더하고 있다.

필자는 일요일마다, 95세 된 고령의 어르신을 승용차로 교회로 모신다. 고향이 경상도인데, 일제강점기 말에 일제는 위안부를 강제로 모집하고 있었다. 어르신의 부친은 무남독녀 어린 딸을 일제에 뺏기지 않기 위해 딸을 장독 안에 숨겼다고 한다. 필자의 집사람의 장모는 일찍 결혼했다. 이유가 일본에 잡혀가지 않기 위해 조혼을 했다고 한다. 이러한 우리 역사의 비참함이 멀지 않은 과거에 이 땅 구석구석에서 벌어졌었다. 중학생 이상의 남자아이들은 전쟁터의 총알받이가 되고 우리의 소녀들은 붙잡혀 이름도 알 수 없는 머나먼 전쟁터의 막사에서 군인들의 성노리개가 되어 만신창이가 되어 죽어갔다. 일본은 위안부들이 보는 앞에서 위안부를 솥에 넣어 삶아 그걸 지켜보는 위안부들에게 강제로 먹였다고 한다. 이들의 만행이 어찌 용서가 될 수 있을까. 일제가 저지른 야만적 행위는 이루 헤아리기 어렵다. 반일은 아니더라도 일제에 짓밟혀진 우리의 처참한 역사를 결코 잊어서는 아니 될 것이다.

망국의 처참함을 절실히 알았기에 안중근 의사는 하얼빈으로 가서 민족의 원흉인 이토 히로부미를 사살하였다. 하얼빈 역에서 안 의사는 청과 러시아의 호위병들에게 체포되면서 **코레아 우라**(대한민국 만세)"라고 외쳤다. 우리나라가 독립이 되어야 우리의 청춘들이 노예로 끌려가지 않고 자유롭고 자주적으로 자신의 삶을 살아갈 수 있다. 안중근 의사, 윤봉길 의사 등의 수많은 애국 투사들의 헌신으로 현재 우리는 자유를 누리며 행복하게 살 수 있게 된 것이다.

　러시아가 연해주를 개척할 목적으로 한국인들의 이주를 허가하자, 1900년대 초에 연해주로의 이주가 급증하였다. 연해주의 한인은 집단으로 거주하면서 100여 개에 이르는 신한촌을 세우고, 자치기구와 학교를 만들었다. 일제가 우리나라를 강점할 무렵에는 의병들을 중심으로 이주한 한인들이 크게 늘었다. 1911년에 자치단체이자 독립운동 단체인 권업회가 조직되었고, 1919년에는 대한국민의회가 설립되었다. 1937년 소련의 지도자 스탈린은 연해주에 거주하는 17여만 명에 대한 중앙아시아 강제 이주를 명령했다. 강제 이주 과정에서 2만 5천여 명이 사망했다. 요즈음 우리나라 시골의 군 전체 인구가 머나먼 땅에서 기아와 병으로 죽어야 했다. 스탈린은 극동에 거주하는 고려인의 용모가 일본인과 구분되지 않는 것에 불안감을 느껴 결국 연해주 동포를 강제 이주를 결정했다. 소련은 강제 이주에 저항할 위험이 있는 지도자들을 예비검속으로 수백 명을 체포하여 스파이 혐의를 씌워 서둘러 처형하였다. 이 과정에서 연해주 지역의 항일무장투쟁을 벌이던 독립운동 지도자의 대부분이 일소되었다. 나라가 망(亡)하면 백성은 죽고 쫓겨난다. 우리의 주권이 없기에 무자비한 야만의 계절을 겪으며 통곡의 눈물을 흘려야 했다.

　연해주 동포들은 중앙아시아로 가는 화물열차에 실려 현지인도 살 수 없는 황무지에 버려졌다. 노인들은 곡물과 채소 등의 씨앗 종자를 항아리에 담아 갔다. 노인들의 혜안이었다. 한 달이 넘도록 열차 안에서 보내며 아사자가 속출했으나 곡식 종자에는 손도 대지 않았다.

고려인들의 생명력은 잡초와 같이 끈질겼다. 굶주림 속에서도 맨손으로 억새를 뽑아내고 황무지를 개간하여 종자를 파종하였다. 이 과정에서 수천 명이 죽었다. 논과 밭을 개간한 고려인들은 천신만고 끝에 첫 번째 수확을 했다. 마침내 굶주림에서 해방된 것이다. 다음에는 토담집을 지었다. 그렇게 고려인은 살아남아 오늘의 중앙아시아 땅에 정착하게 되었다. 지금 중앙아시아 나라들이 한국과의 경제협력을 중시하여 민족주의 정책을 철회했지만 고려인의 삶은 여전히 녹록지 않다.

● 해방(解放)은 왔으나 독립(獨立)이 안 되면…

노벨문학상 수상자 한강의 작품 《작별하지 않는다》에 이렇게 쓰였다.

> 그 겨울 삼만 명의 사람들이 이 섬에서 살해되고, 이듬해 여름 육지에서 20만 명이 살해된 건 우연의 연속이 아니야.
> 이 섬에 사는 30만 명을 다 죽여서라도 공산화를 막으라는 미군정의 명령이 있었고, 그걸 실현할 의지와 원한이 장전된 이북 출신 극우 청년단원들이 2주간의 훈련을 마친 뒤 경찰복과 군복을 입고 섬으로 들어왔고, 해안이 봉쇄되었고, 언론이 통제되었고, 갓난아기의 머리에 총을 겨누는 광기가 허락되었고 오히려 포상되었고, 그렇게 죽은 10살 미만 아

이들이 1,500명이었다. 제주도에 피가 마르기 전에 전쟁이 터졌고, 이 섬에서 했던 그대로 모든 도시와 마을에서 추려낸 20만 명이 트럭으로 운반되었고, 수용되었고, 총살돼 암매장되었고, 누구도 유해를 수습하는 게 허락되지 않았어.

전쟁은 끝난 게 아니라 휴전된 것뿐이었으니까. 휴전선 너머에 여전히 적이 있었으니까. 낙인찍힌 유족들도, 입을 떼는 순간 적의 편으로 낙인 찍힐 다른 모든 사람들도 침묵했으니까.

골짜기와 광산과 활주로 아래에서 구슬 무더기와 구멍 뚫린 조그만 두개골들이 발굴될 때까지 그렇게 수십 년이 흘렀고, 아직도 뼈와 뼈들이 뒤섞인 채 묻혀 있어.

그 아이들.

절멸을 위해 죽인 아이들.

제2차 세계대전의 종전으로 우리나라는 일제로부터 해방을 맞았다. 그러나 우리나라의 국가 권력이 수립되지 못한 상태에서 남과 북은 소련과 미국의 지배를 받게 된다. 미국의 군대가 국가가 없는 우리를 통치하였다. 우리에겐 자주권과 군대의 공백 상태에서 미군이 우리를 다스렸다. 미군정은 우리를 너무도 몰랐다. 미국은 조선이나 대한제국, 대한민국 임시정부에 대해 알려고 하지 않았다.

미군정은 해방 후 전국에 걸쳐 활동 중인 자치기구인 인민위원회를 빼고 자신들의 입장에서 일해줄 행정조직을 구축하기 위해 일제강점기의 공무원과 경찰조직을 그대로 사용하였다. 실제적으로 식민통치가 끝나지 않는 엄청난 오류를 범했다. 미군정 주변을 둘러싼 친일의 지배층들로 인해 우리의 정서를 제대로 파악하지 못한 치명적 오류를 범했다. 한반도를 전체를 또다시 비극으로 몰았다.

제주도민은 일찍부터 깨어 있었고 자주독립에 대한 열망과 진정한 외세로부터의 자유를 원했다. 그러나 미군정은 이에 합리적으로 제주의 상황을 인식하지 못한 채 제주도민을 통치의 식민지 백성으로 대했다. 미군에 편승한 정치, 경찰, 종교인들은 '무도'하게 제주 백성을 탄압하고 죽였다.

제주는 해방 정국 상황의 축소판이라 할 수 있다. 당시 제주에 주둔 중이던 일본 군대의 규모는 서울보다 컸다. 미군정은 1945년 10월에 제주에 주둔한 일본군의 무장해제와 철수를 위해 부대를 진주했다. 11월부터 전술부대가 들어오면서 본격적인 군정 업무를 시작했다. 일제 경찰조직이 들어오자 도민은 반발했고 경제적 어려움으로 도민들의 불만은 커갔다. 해외로 이주했던 도민 6만여 명이 귀환하면서 식량문제는 더 심각해졌다. 미군은 식량문제를 돌파하고자 1946년 1월 '미곡수집령'을 시행했다. 이는 시중 가격의 1/5에도 못 미치는 가격으로 미곡을 강제로 수집해 갔다. 전후 식량문제를 오직 농민 부담으로 떠넘긴 무도한 정책이었다. 미군정의 '미곡수집령'은 1946년 10월 봉기의 주요 원인이었으며, 제주4.3사건과 여순사건의 근원적인 원인이라 볼 수 있다.

1947년 3월 1일 제주북초등학교 운동장으로 사람들이 모여들었다. 대략 2만 7천여 명이었다. 이 행사를 주도했던 조직이 남로당 제주도 위원회라는 사실부터 '빨갱이 논란'을 불러일으켰다. 남로당이 주도한 행사였으나 좌우익의 구분이 없는 제주도민들의 하나로 모아진 열망이 표출된 장이었다. 친일파를 처단하고, 부패 경찰을 추방하고, 양과자, 양담배 불매를 촉구하며 진정한 독립 국가 건설을 위한 열망에 사로잡혀 있었다.

그날 행진하던 군중들과 함께 움직이던 기마경찰의 말발굽에 한 어린아이가 차여 쓰러지는 일이 발생하였다. 미처 알지 못했던 경찰을 군중이 쫓아갔고 당황한 경찰들은 군중을 향해 총을 발포했다. 6명의 사람이 죽었다. 제주 4.3 사건의 비극의 첫 희생자들이었다. 지금 시대에 보아도 경찰의 과잉진압이라 할 수 있다. 공포탄이 아닌 실탄으로 경찰은 보호해야 할 자국민에게 발포했다. 경찰과 미군정은 사과나 수습 대책이 없이 준비위원들을 구속하고 중학생들까지 잡아들였다.

3.1사건 대책 투쟁위원회가 결성되어 발포책임자를 처벌하고 경찰 수뇌부의 퇴진을 요구했다. 위원회는 피해자들에 대한 보상과 위로를 요구하고 체포된 사람들의 석방을 요청했다. 그러나 미군정은 이를 받아들이지 않았다. 이에 제주도에서는 1947년 3월 10일 총파업을 결정한다. 도내 156개 단체가 파업에 동참했다. 상점들도 문을 닫았고 학생들도 동맹휴업에 들어갔다. 제주읍을 넘어 제주 전역으로 파업이 확산되어 미 군정청 업무는 마비가 되었다.

3월 14일 조병옥 경무국장은 총파업에 강경 대응을 지시했다. 한국 정세 파악에 어두운 미군정은 해방 후 우익 출신의 정치인,

살기 위해 혈안이 된 친일파들과 야합했다. 미군정은 경찰의 보고에 따라 제주도가 70%가 좌익에 넘어갔고 그들의 본거지로 보았다. 미군정은 3.1 실탄 발포를 정당화하였다.

1947년 3.1 기념식 발포 사건으로부터 1948년 4월 3일 최초의 무장봉기가 일어나기까지 제주도민들은 일제치하로 돌아간 듯한 생활을 경험했다. 일제보다 더 심하다고 볼 수 있는 곡식의 공출을 여름에도 실시했다. 해방 정국에서 제주도는 한반도 전체에서 제국주의 피해를 가장 크게 입은 땅이라 여겨진다.

우익단체인 서북청년단과 경찰에 의해 1948년 3월 6일 조천중학원생 김용철이 혹독한 고문으로 사망했다. 3월 14일 양은하가 모슬포지서에서 경찰의 고문으로 사망했다. 양은하와 함께 유치장에 갇혔던 청년 김시병은 다음과 같이 증언했다.

> 특히 수감자들이 더욱 울분을 느꼈던 것은 경찰관들이 심심하면 한 사람씩 밖으로 불러내 장난삼아 고문했던 일입니다. 양은하 씨는 고문을 받던 중 급소를 맞아 숨지게 되었습니다.

제주도민이 증언한 서북청년단의 만행은 차마 입에 담기 어렵다. 특히 여성들에게 가해진 성고문과 성폭력 증언은 말로 표현하기 어렵다. 서북청년단에 교회 청년들도 적극적으로 참여해 반공활동을 열심히 했다고 한다. 사상이 다르면 어린아이와 여성을 그렇게 무자비하게 죽이고 강간하는 것이 그리스도의 가르침인지 묻고 싶다.

1948년 4월 3일 새벽 2시 한라산과 여러 오름에 일제히 봉화가 올랐다. 제주4.3항쟁의 시작이었다. 무장 500여 명, 비무장 1천여 명으로 추산되는 인민자위대가 도내 경찰서와 우익단체 거점을 습격했다. '앉아서 죽느니 차라리 싸우자'라는 선택이었다. 4월 17일 모슬포에 주둔하고 있는 국방경비대 9연대에 강경 진압 명령이 하달되었다. 김익렬 연대장은 경찰과 우익 청년들의 횡포를 알았기에 '선선무 후토벌'을 원칙으로 평화적인 해결 방안을 모색하여 항쟁 세력과 평화협정을 체결하였다. 그러나 미군정은 이를 받아들이지 않고 김익렬 연대장을 해임시키고 박진경 중령으로 교체하였다. 연대장으로 취임한 박진경은 무자비한 '토벌 작전'으로 선량한 제주도민까지 살육을 감행했다.

　미군정의 '초토화 작전'이 본격적으로 전개된 1948년 10월 말부터 1949년 3월까지 약 5개월 동안 집중적으로 살상이 자행되었다. 4.3사건 전 기간 동안의 희생자 수는 3만여 명으로 추정된다. '초토화 작전'이 시작되기 전에는 추정된 사망자 수는 대략 1천여 명 미만이었다. 군경 토벌대는 무장대와 제주민과의 연계를 막기 위해 중산간지역의 마을 주민들을 해안 마을로 강제 소개시키고 100여 곳의 중산간 마을을 불태웠다. 소개령이 내려졌으나 환자, 노인, 어린아이를 포함하여 마을에 남겨진 사람들을 거의 대부분 학살했다. 소개령을 전달하지도 않고 방화와 학살을 자행했다. 해변 마을로 피신했지만 가족 중 한 명이라도 사라지면 '도피자 가족'으로 찍어 총살했다.

　이것이 70여 년 전에 일어났던 제주의 비극이었다. 자국민을 보호해야 할 경찰과 군인들이 선량하고 힘없는 백성을 이렇게 무자비하고 야만스러운 살육을 해도 되는 것인지 묻지 않을 수 없다. 그 엄청난 상처로 2000년대에 들어서야 조금씩 그 '야만'이 밝혀졌다. 필자가 아는 62세 된 지인은 90년대가 지나고 나서야 제주의 '참혹함'을 입 밖으로 꺼낼 수 있었다고 한다. 그동안 정부는 누구의 정부이고 누구의 나라였던가. 2003년 10월 31일, 고 노무현 대통령은 헌정 사상 처음으로 제주도를 방문해 제주도민과 유족들을 초청한 자리에서 국가 공권력의 범죄에 대해 유족과 도민들에게 사과하였다. 제주4.3의 진실이 공식적으로 밝혀졌다. '사필귀정'이 이렇듯 50여 년이나 지나서야 왜곡된 역사가 바르게 공표된 것이다.

여순사건(민중항쟁)은 1948년 10월 19일 여수에 주둔한 14연대가 제주4.3 토벌작전 출동 명령을 거부하고 봉기하였다. 10월 19일 밤부터 시작하여 10월 27일 8일 만에 여수가 불타면서 일단 진압되었으나, 여수 14연대 군인들을 비롯한 다수의 사람들이 지리산 등지로 피신하여 저항활동을 계속하게 된다.

여수의 주요 기관을 점령한 '제주토벌출동거부 병사위원회'는 여수 시내 전역에 붙인 벽보, 삐라의 '애국인민에게 호소함'에서 "우리들은 조선 인민의 아들, 노동자, 농민의 아들이다. 우리는 우리들의 사명이 국토를 방위하고 인민의 권리와 복리를 위해서 생명을 바쳐야 한다는 것을 잘 안다. 우리는 제주도 애국인민을 무차별 학살하기 위하여 우리들을 출동시키려는 작전에 조선 사람의 아들로서 조선동포를 학살하는 것을 거부하고 조선 인민의 복지를 위하여 총궐기하였다"라고 주장했다. 아울러 '동족상잔 결사반대' '미군 즉시 철퇴'를 호소했다. '출동거부'는 '항명'일 수 없다.

여순사건으로 희생자 수는 1만여 명 이상이 된다. 이 사건의 정체성은 정치 성향에 따라 달라진다. 이승만은 이 사건을 발판 삼아 잔혹한 독재 정권을 구축하였다. 국민보도연맹원 포함, 학살된 민간인이 100만에 이르렀다. 무도한 권력은 보호해야 할 자국의 백성들을 법적 보호도 없이 무자비하게 학살의 만행을 저질렀다.

1949년 11월 4일 이승만 대통령의 담화는 다음과 같다.

> 모든 지도자 이하로 남녀아동까지라도 일일이 조사해서 불순분자는 다 제거하고 조직을 엄밀히 해서 반역적 사상이 만연되지 못하게 하며 앞으로 어떠한 법령이 혹 발포되더라도 전 민중이 절대복종해서 이런 비행이 다시는 없도록 방위해야 될 것

자국민을 섬기고 생명을 지켜야 할 책무가 한 나라의 지도자인 대통령일진대, 그는 아동까지도 학살의 대상으로 삼았다는 점이 너무나 잔인하고 야만적이다.

- **순천 낙안면**
  신전 마을의 참혹함

여수, 순천에서 민중항쟁이 발발한 다음 해 추석 다음 날이었다. 신전마을은 32가호가 사는 평화로운 마을이다. 어느 날 산

사람들(토벌대와 항쟁하던 사람들)이 총상을 입은 소년을 데리고 왔다. 소년을 치료해 달라는 산 사람들의 부탁이었다. 인심이 순한 마을 사람들은 소년을 성심껏 치료해 주고 새 옷을 입혀 주었다. 곧 건강을 회복하여 아이들과 놀게 되었다. 그것이 화근이었다. 동네 아이들은 새로운 소년과 놀면서 달갑지 않은 면이 있었나 보다. 그래서 그 소년은 "너희들, 우리 무리들을 데려와서 가만두지 않겠다!"라고 말했다. 이때 이곳을 지나던 면서기가 "우리 무리들이라구?" 생각하며 앞뒤를 생각지 못하고 토벌대에 신고했다. 토벌대는 즉각 이 소년을 잡아 취조를 했다. 이 동네 전원을 한밤중에 큰 집 마당에 집결시켰다(1949년 음력 8월 17일 밤). 그리고 그 소년에게 말했다.

"너에게 치료해 주었거나 먹을 것을 준 사람을 모두 찾아내라. 그렇지 않으면 너를 죽여 버리겠다."

이 소년은 자기에게 그토록 친절을 베푼 사람들, 상처를 치료해 주고 옷을 세탁해 준 사람, 쌀밥을 해준 사람, 홍시를 주고 누룽지를 준 사람들을 한 사람씩 가리킨다. 순식간에 22명의 사람들, 3살부터 60세 할아버지에 이르는 생명들이 목숨을 잃었다. 22명의 시체를 마당 한가운데 놓고 휘발유를 뿌려가며 태웠다. 살인으로 광분한 군인들은 온 동네를 불태워 버렸다. 토벌대가 사라진 후, 시신을 찾을 길이 없어 가락지나, 비녀 등으로 겨우 찾았다고 한다. 시신을 묻으려 해도 삽 한 자루 없어서 이웃 동네에서 시신이라도 묻어주었다고 한다.

- **문상길 의사와
  손선호 의사**

　제주4.3의 발발로 미군정은 박진경을 연대장으로 임명하였다. 제주에 대한 '토벌작전'을 충실하게 완수해 낼 인물로 보았을 것이다. 박진경은 연대장 취임사는 다음과 같다.

　우리나라의 독립을 방해하는 제주도 폭동사건을 진압하기 위해서는 제주도민 30만을 희생시키더라도 무방하다

　그는 강력한 '초토화 진압작전'을 수행하였는데 중산간 마을 주민들을 마구잡이로 잡아들였다. 1948년 6월에 만여 명에 이르렀다. 박중령의 무자비한 토벌작전을 말해주는 손선호 하사는 "우리가 화북이란 부락을 갔을 때 15세가량 되는 아이가 그 아버지의 시체를 껴안고 있는 것을 보고도 무조건 사살해야 했다"고 진술했다.
　박진경의 도민학살을 견디다 못해 그를 사살한 군인은 문상길 중위와 손선호 하사였다. 문상길 중위는 육사 3기로 독실한 기독교인이었다. 그의 법정 최후 진술은 다음과 같다.
　"이 법정은 미군정의 법정이며, 미군정 장관인 딘 장군의 총애를 받던 박진경 대령의 살해범을 재판하는 사람들로서 구성된 법정이다. 우리가 군인으로서 자기 직속상관을 살해하고 살 수 있으리라고는 생각하지 않는다. 우리는 죽음을 결심하고 행동한 것이다. 재판장 이하 전 법관도 모두 우리 민족이기에 우리가 민족반역자를 처형한 것에 대해서는 공감을 가질 줄 안다. 우리에게 총살형을

선고하는 데 대하여 민족적인 양심 때문에 대단히 고민할 것이다. 그러나 그런 고민은 할 필요가 없다. 우리는 이 법정에 대하여 조금도 원한을 가지지 않는다. 안심하기 바란다. 박진경 연대장은 먼저 저세상으로 갔고, 수일 후에는 우리가 간다. 그리고 재판장 이하 모든 사람들도 저세상에 갈 것이다. 그러면 우리와 박진경 연대장과 이 자리에 참석한 모든 사람들이 저세상 하느님 앞에서 만나게 될 것이다. 이 인간의 법정은 공평하지 못해도 하느님의 법정은 절대적으로 공평하다."

문상길의 나이 불과 22세인 청년의 의기를 알 수 있다. 문 중위가 총살집행 전에 "여러분은 한국 군대입니다. 매국노의 단독정부 아래서 미국의 지휘하에 한국 민족을 학살하는 한국 군대가 되지 말라는 것이 저의 마지막 염원입니다"라며 유언을 남겼다. 이것이 바로 제주4.3사건과 여순사건의 본질적인 주제인 것이다. 무자비한 백성들의 학살 중에도 이렇듯 거룩하고 불멸의 용기를 문상길 의사, 손선호 의사가 보여주었다.

일제강점기에 약 800만 조선인이 사망 및 실종했고, 이승만에 의해 빨갱이라는 이름으로 학살된 민간인이 100만 이상이다. 미국에 의해 1억의 원주민 학살이 자행되었다. 이승만 정부는 이러한 야만의 미군에 편승하여 불쌍하고 힘없는 우리의 혈육을 무도하게 죽이며 권력을 유지했다. '건국의 아버지'가 이승만이 맞는가?

감춰지고 왜곡된 근현대사의 실체에 대한 바른 눈을 가져야 한다. 역사는 단순한 사실의 나열만으로 역사가 되지는 않는다. 역사를 기록하는 사가에 의해 역사는 기술되고 사람들에게 인식된다. 역사는 역사학자의 사관에 의해 만들어지고 독재 권력 밑에서는 역사는 왜곡된다. 자신의 정권에 입에 맞는 역사관으로 사실을 역사적으로 왜곡하는 것이다. 우리가 자라날 때 만해도 '여순사건'은 '여순 반란'으로 기억되었다. 우리의 자라나는 청소년은 물론 전 국민은 근현대사에 대한 바른 인식과 성찰이 반드시 필요하다.

자라나는 우리 아들, 딸들이 시대와 분단의 아픔을 품으며 통일된 한반도와 광활한 만주, 연해주에 우리 역사와 선하고 아름다운 문화를 다시 꽃피워야 하지 않겠는가.

문학(文學) 체험하기

문학은 정서나 사상을 상상의 힘을 빌려서 문자로 나타낸 예술 및 그 작품들 시, 소설, 희곡, 수필 등을 말한다. 자라나는 청소년들은 왜 문학을 접해야 하고 좋은 이야기를 읽어야 하는가?
고 신영복 선생은 독서란 "쓰여진 텍스트를 읽고, 글을 쓴 지은이의 마음을 읽고, 그리고 책을 통해 자신을 읽어야 한다"고 한다. 결국엔 자신을 돌아보는 성찰하는 계기로 삼아야 함을 강조했다. 문학을 읽으면서 세상과 타인을 읽고 자신의 삶을 반성하며 건강한 인성을 기를 수 있다.

- **문학은 재미와 감동, 공감을 제공한다**

    소설《레미제라블》은 1862년에 프랑스의 작가 빅토르 위고가 쓴 소설로, '레미제라블'은 '불쌍한 사람들'이라는 의미이다. 프랑스 민중들의 비참한 삶과 1832년에 있었던 프랑스 6월 봉기를 소재를 다루었다. 배고픈 자신의 조카들을 위해 빵 한 조각을 훔친 죄로 20여 년의 감옥살이를 한 장발장은 전과자라는 이름으로 어디에 가든지 박해를 받는다. 장발장은 자신이 훔친 은식기에 은촛대까지 선물로 준 미리엘 주교에게 감명을 받아 새 사람으로 거듭난다. 그 후 그는 시장이 된다. 창녀가 된 팡틴과 만나 그녀의 딸 코제트를 자신의 딸로 입양한다. 자신과 비슷한 사람이 재판정에서 감옥에 갈 위기에 처하자 그는 자신이 범인임을 고백하고 그를 살려준다. 장발장은 위기 상황에서 탈출하여 테나르디에 부부에게 혹사당하는 코제트를 구해 파리로 이동한다. 마리우스라는 청년은 코제트를 사랑한다. 마리우스는 장발장을 나쁜 사람으로 오해한다. 그러나 프랑스 혁명 기간에 죽음에 몰린 마리우스를 장발장은 파리의 지하 하수구에서 그를 구해준다. 마리우스와 코제트가 장발장을 찾아간다. 이때 장발장은 죽어가고 있었다. 장발장은 코제트를 보지 못하는 슬픔에 젖어 서서히 죽어가고 있었다. 장발장은 삶의 마지막에 코제트를 보고 그들을 축복하고 하늘나라로 갔다.

《레미제라블》은 우리에게 흔히 《장발장》으로 알려져 있다. 빵을 훔쳐 죄인이 된 장발장의 짧은 이야기책으로 알고 있을 것이다. 그러나 이야기가 결코 단순하지 않고 많은 등장인물과 프랑스 혁명의 시대적 배경을 지니고 있으며 당시 비참한 서민들의 삶을 반영하는 대하소설 5권으로 구성되었다.

팡틴은 철없는 처녀 때 남자를 알게 된다. 그녀는 임신하여 딸 코제트를 키우는데 남자는 사라지고 아이를 기른다. 그녀는 결국 육아를 위해 자신의 몸을 파는 직업여성이 돼버린다. 그곳에서 병에 걸려 죽게 되자 시골의 여관업을 하는 사람에게 딸을 맡긴다. 그때 장발장이 죽어가는 여인의 소원을 듣고 딸 코제트를 입양하기 위해 길을 떠난다.

옛날이나 지금이나 항상 부자와 가난한 자들이 있기 마련이다. 우리나라 직업인의 중위 연 소득이 3천만 원이 안 된다고 한다. 다시 말해 대한민국의 절반에 해당하는 2천 5백만여 명이 겨우 먹고 산다고 할 수 있다. 당시 프랑스 혁명 전후로 선진국이라는 프랑스에서도 대부분 사람들의 가난한 모습을 소설은 반영하고 있다.

시골의 욕심 많은 부부에게 딸 코제트는 버려져 온갖 허드렛일을 감당했어야 했다. 초등학교 1학년 정도의 작은 소녀가 여관에 물을 나르기 위해 깜깜한 밤, 숲길로 혼자 걸어가는 장면이 너무나 가슴을 아프게 했고 깊은 우물에서 물을 길어야 하는 상황에서 힘이 없어 두레박줄을 끌어올리기가 버거웠다. 8살의 작은 소녀는 여린 호흡 속에 신음하며 눈물을 흘리고 있었다. 엄마는 죽고, 딸을 고용한 악한 부부의 노동력 착취로 그녀는 그 어두운 밤중에 물

긴는 노동과 사투를 벌이며 절망에 울고 있었다. 오직 하나님만이 그녀의 가엾음을 보고 있었다. 나락으로 떨어진 가엾은 소녀에게 한없는 연민으로 필자의 눈물이 책장에 떨어졌다. 그때 그녀를 찾던 우리의 나그네 장발장은 그녀의 두레박줄을 잡아준다. 그 정체 모를 아저씨의 등장이지만 코제트는 두려워하지 않는다. 장발장은 여관 주인에게 큰 액수의 대가를 치르고 코제트와 파리로 향한다. 장발장은 코제트에게 가져보지 못한 큰 인형을 선물로 주자 코제트의 눈은 기쁨의 눈물로 가득 찬다. 코제트의 눈망울은 새벽하늘처럼 파랗다. 장발장은 쫓기는 신세로, 코제트는 노예의 삶에서 구원되어 울타리 밑에서 함께 빵을 먹으며 파리로 떠난다. 잠든 코제트를 장발장은 업고 걸어간다. 이성과 나이를 초월한 사랑하고 사랑받는 사이가 되어 그들은 깊은 애정의 힘으로 험악한 인생을 웃으며 살아갔다.

 1860년 프랑스 6월 혁명 중에 마리우스는 파리 하수구에서 죽을 운명에 처했으나 장발장이 그를 살려준다. 이 책의 마지막 쪽에 마리우스와 코제트가 죽어가는 장발장을 만난다. 장발장은 코제트와 10여 년의 삶을 추억하며 마지막 당부를 한다. "서로 사랑하라(Love one another always). 이 세상에서 사랑보다 더 중요한 것은 없다(There is nothing else that matters in this world except love)."

 《레미제라블》은 한 개인의 삶에서 하나님의 사랑으로 인한 자신에 대한 존중과 사랑함, 그리고 이웃에 대한 사랑이 그 어떤 것보다 우선시 되어야 함을 강조한다. 사람은 사랑받을 때 의미가 있고 힘이 나고 살아갈 용기가 생긴다. 자신이 타인을 사랑할 때 삶은 빛나고 영원한 가치가 있음을 보여준다. 프랑스 혁명 전후 혼란한 시대에 세상에 온 한 나그네가 역경을 뚫고 멋지게 살아가는 재미와 감동을 선사한다. 사람은 사랑받음으로 자신의 존재에 대한 자긍심과 용기를 갖게 되고 사랑할 때 참된 사람으로 거듭나게 된다.

● **문학은 우리 사는 세상을
이해할 수 있게 한다**

대하소설《태백산맥》의 작가 조정래는 서문에 다음과 같이 말한다.

> 민족분단의 삶을 날줄과 씨줄로 엮어 민중의 상처와 아픔을 감싸고자 하는 베 짜기 작업이 어떻게 종합되고 통일을 이루어, 잘려진 太白山脈의 허리를 잇는데, 얼마나 기여할지는 나도 잘 모른다. 그 짐을 나는 지고 있는 것이다. 민족의 '허리 잇기' 염원이 언제인가는 성취될 것을 믿으며, 앞으로도 동반자 없는 등반을 계속해 나가는 길밖에 없을 것이다. 우리의 분단된 삶을 통찰함에 있어서 1948년 10월 19일(여순사건 발발일)에 여수, 순천을 중심으로 일어난 사건은 분단비극의 시발점으로서 그 의미를 지니고 있다.《태백산맥》제1부는 바로 그 시기를 배경으로 하고 있다.

《태백산맥》은 1948년부터 1953년까지, 전라남도 전남 동부권, 그리고 지리산을 주요 공간으로 한다. 특히 보성의 벌교 지역을 초점으로 한다. 좌파, 우파 등의 힘이 균형이 깨질 때마다 폭력과 살육이 동반한다. 300명에 달하는 인물이 등장한다. 좌익분자를 색출하는 난폭한 염상구, 공산당 위원장 염상진, 중도파이며 반공주의자 김범우, 소작농에게 땅을 배분하는 지주 김사용, 한국의 전통적인 가치를 대표하는 무당 소화 등의 삶을 추적한다. 20세기 한국인에게 가장 큰 영향을 미친 책으로 꼽히며 700만 부가 넘게 팔렸다. 한 일본 평론가는 '한국 민족을 총체적으로 이해할 수 있는 백과사전인 동시에, 강대국들이 저지른 횡포가 어떠했는가를 반추하게 하는 세계사적 의미까지 포괄하는 소설이다'라고 높이 평가했다.

여순사건이 발생하자 좌파와 공산주의에 협력한 사람들은 여수, 순천, 보성, 구례 등의 지역을 일시 차지하면서 악덕 지주와 연관된 사람들을 벌교만의 소하 다리 밑에서 인민의 이름으로 죽였다. 토벌대가 밀려오자 이번에는 좌파와 그 협력자들을 발본색원하여 벌교만 입구 제방 밑에서 죽였다. 산 사람들이 그들의 시체를 찾아 헤매고 통곡하는 한 맺힌 소리가 가슴을 후벼 판다. 필자는 소화 다리 근처를 지나고 근처의 벌교만을 걸으면서 불과 70여 년 전에 살육의 참혹함에 말을 잊게 했다. 나라가 힘이 없으며 외세와 그에 편승한 독재자가 득세하자, 그 사이에 낀 백성들이 이유도 불분명하게 그 무도함을 온몸으로 견뎌야 했다. 그 혼란의 시대에 온갖 부류의 사람들이 탐욕에 이끌려 악을 자행하고, 선한 사람은 십자가의 희생을 당하여야 했다. 당시 사회적 약자층인 여성, 노약자, 어린이 등이 무참히 폭력에 노출되고 그 아픔과 슬픔을 오롯이 몸으로 감당했어야 했다.

민족분단은 수많은 백성을 이념의 갈등과 폭력과 살육으로 이끌었고 미·소의 통치와 권력자의 탐욕으로 민족은 더욱 분단을 고착화되었다. 해방 후 70여 년이 지났으나 통일은 요원하다. 중도파인 김범우는 좌파의 지도자인 염상진에게 자신의 신념을 얘기한다. "미국이다, 소련이다, 민주주의다, 공산주의다, 자본주의다, 사회주의다, 우리에게 지금 필요한 건 그런 정치적 택일이 아닙니다. 그건 한 민족이 국가를 세운 다음에나 필요한 방편일 뿐입니다. 지금 우리에게 필요한 건 민족의 발견입니다. 그 단합이 모든 것에 우선해야 해요." 김범우는 당시 좌우로 분열된 이 한반도에서 자주적 민족 화합과 통일에의 열망을 주장한다.

- 문학은 사람다운 삶이
  무엇인지 생각하게 한다

　보성군의 율어면은 남쪽으로 득량만의 바닷가에서 약 $20km$ 이상 거리에 있으며 광주광역시 남동쪽으로 주암호 남쪽에 위치한다. 산으로 둘러싸인 분지 지역에 논밭이 있다. 《태백산맥》에 보성군 율어면은 공산주의 지도자 염상진 부대가 점령한 후, 해방구라 불린다. 염상진은 지역 주민에게 선정을 베풀어 이 율어면 사람들은 공산주의에 호의적이다. 6권에 이근술이라는 경찰관이 등장한다. 이근술은 염상진이 물러간 율어면의 지서장으로 부임하게 된다. 나라에선 좌익 활동가와 그 가족 등을 '보도연맹'에 가입시켜 관리하다가 6.25 전쟁이 일어나자 이들을 북한군의 잠재적인 협조자로 간주하여 처형했다. 예비검속이라 불렀다. 이근술은 경찰이지만 상부의 지시를 어기고 사살 명령이 떨어진 보도연맹 소속 좌익 27명에 대해 고민 끝에 모두 방면하여 살린다.

소설의 이근술 지서장과 같은 선량한 위인이 있었다. 안종삼 전 구례경찰서장은 6.25 당시 상부의 지시를 어기고 구례지역 보도연맹원 500여 명을 석방했다. 안 서장은 당시 상부로부터 이들을 처형하고 퇴각하라는 명령을 받았지만, 지역 유지들의 간청을 듣고 이틀 동안 장고를 거듭한 끝에 용단을 내렸다. '광복 30년사'에 따르면 당시 구례경찰이 파악한 불순분자만 5천여 명으로, 구례경찰서 유치장에 갇혀 있던 480명은 이 가운데 좌익 활동이 인정된 극렬분자였다는 점에서 이들을 살린다는 것은 감히 상상하기 어려운 일이었다. 안 서장은 이들을 향해 "여러분을 모두 방면합니다. 내가 반역으로 몰려 죽을지도 모르지만, 혹시 죽으면 내 혼이 각자의 가슴에 들어가 지킬 것이니 선량한 대한민국 백성이 돼주십시오"라고 간곡히 호소했다고 한다. 그의 말을 듣고 있던 사람들은 귀를 의심했다. 한참 후에야 무슨 뜻인지를 알아차린 이들이 함성을 질렀다. "감사합니다, 안 서장님 만세! 이게 정말입니까?" 480명이 모두 소리를 지르며 펄쩍펄쩍 뛰었다. 어떤 이는 주저앉아 기쁨으로 통곡했다. 경찰관들도 모두 눈물을 감추지 못했다. 3개월 뒤 그가 돌아왔을 때 구례는 다른 지역과 달리 '피의 보복'의 비극이 발생하지 않았고 평온함이 유지될 수 있었다. 그는 1977년에 타계했다. 2012년 7월 24일 안 서장의 공적을 기리는 동상이 구례경찰서에 세워졌다.

조정래는 "문학은 인간의 인간다운 삶을 위하여 인간에게 기여해야 한다"고 말한다.

문학은 사람다운 삶이 무엇인지 제시하고 또 독자로 하여금 사람이 걸어야 할 길을 생각하게 한다. 우리의 삶과 동떨어진 이야기를 전해주는 것이 아니라 삶의 실체에서 만나는 여러 상황에서 등장인물을 통하여 선과 악, 사랑과 미움, 평화와 불협화음, 탐욕과 그 대가, 정의와 불의를 깨닫게 하는 힘이 있다. 우리 자라나는 청소년들이 삶의 간접 경험을 통해 타인을 이해하고 공감하고 역사와 시대의 아픔과 과제를 마음으로 깨닫는 문학 체험이 되기를 바란다.

자기계발(自己啓發)
-자기 성장을 위한 배움

진정한 성공의 꿈을 이루는 공부

사람은 누구나 태어나 자신만의 삶을 살고 죽는다. 사람은 두 가지 부류로 나눌 수 있을 것이다. 자신의 꿈을 갖고 이룬 사람과 그렇지 못한 사람이다. 우리 자라나는 청소년들뿐만 아니라 모든 사람들은 자신만의 꿈을 갖고 꿈의 날개를 펴서 한 번뿐인 인생을 멋지게 살아야 한다. 위대한 인물들은 유년 시절부터 꿈을 갖고 그 꿈을 향해 정진했다. 우리 청소년들이 '꿈의 공부'를 하고 꿈의 나래를 활짝 펴서 저 푸른 미래의 창공을 향해 날아오르기를 소망한다.

다산 정약용은 강진 유배지에서 아들에게 편지를 보낸다. '세상을 살아가는 사람은 한때 재해를 당했다 하여 청운(靑雲)의 뜻을 꺾어서는 안 된다. 사나이의 가슴 속에 항상 가을 매가 하늘로 치솟아 오를 기상을 품고서 천지를 조그마하게 보고 우주도 가볍게 손으로 요리할 수 있는 생각을 지녀야 옳다' 다산은 자신은 유배로 매인 몸이지만 자식들은 세상을 이끌어가는 푸른 꿈을 갖기를 원했다.

사람이 어리거나 늙거나 바로 이러한 기상과 꿈을 가져야 마땅하리라 본다. 단 한 번밖에 주어지지 않은 삶에서 어두운 세상에 빛을 발해 사회가 정의롭고 빈곤이 퇴치되고 물질과 마음이 풍성하고 평화로운 세상을 만드는데 디딤돌 역할을 해야 되리라 믿는다. **랠프 월도 에머슨은 성공이 무엇인지 밝히고 있다. 그는 "자신이 한때 이곳에 살았음으로써 단 한 사람의 인생이라도 행복해지는 것, 이것이 진정한 성공이다"라고 성공의 정의를 내렸다.** 앤 설리번은 헬렌 켈러의 스승으로 특수교사였다. 그녀는 자신도 눈이 좋지 않아 점자를 배웠고 이후 시력 교정으로 시력을 회복한 후 21살 때 당시 7살이던 시청각 장애인 아동 헬렌 켈러를 가르치기 시작해 이후 죽기 전까지 50여 년 동안 헬렌과 함께 했다. 자신으로 인해 한 사람의 삶을 빛으로 인도했던 것이다. 설리번은 참된 인생의 성공자였다. 《훈맹정음(訓盲正音)》은 박두성이 1926년에 발표한 한글점자이다. 시각 장애인 교육에 대한 신념과 애정으로 한국 시각 장애인 교육 기반의 틀을 다져놓았다. 그는 다음과 같은 말을 남겼다. "눈이 사람 노릇을 하는 것이 아니라 영혼과 두뇌가 사람 구실을 하는 것이니 맹인들을 방 안에 가두지 말고 가르쳐야 한다." 사회적, 신체적 약자를 향한 그의 뜨거운 사랑에 절로 고개가 숙여진다.

우리 젊은이들은 이 같은 이상을 가져야 한다. 진정한 성공의 꿈을 꾸어야 한다. 나로 인해 세상을 밝고 아름답게 그리고 정의롭고 행복한 사회를 꿈꾸는 성공을 소망해야 한다. 나 자신만이 잘 먹고 잘살기 위해 사는 것을 인생 목적으로 삼는 것이 아니라 자신의 잠재된 능력을 개발하여 자아를 실현함과 더불어 이웃과 함께하는 삶을 추구해야 할 것이다. 우리 아이들은 초등학교 저학년 때만 해도 위대한 인물들을 사모하는 마음을 품으나 대학 졸업할 즈음에는 '먹고사는' 취업의 문으로 인해 나약한 청년으로 세상을 나오게 된다. 이것이 너무나 안타까운 대한민국의 교육의 현실이다. 윌리엄 클라크 교수가 일본 북해도 제국대학교 학생들에게 미국으로 돌아가기 전에 마지막으로 남긴 말이 있다 "Boys, be ambitious!" 그렇다. 바로 우리 아이들이 다산이 아들에게 유배지에서 보낸 편지의 글처럼 청운(靑雲)의 기상을, 꿈과 선한 야망을 품어야 푸른 청춘들이라 할 수 있다.

꿈과 이상과 더불어 방향 설정이 중요하다. 자신이 진정 좋아하는 것이 무엇인지 또한 그 일을 잘해낼 수 있는 능력이 있는지를 깊이 생각해야 할 것이다. 필자는 자신의 재능은 고려치 않고 신문방송학을 전공하고 영업부 회사원이 되었다. 이후 소방관, 농촌지도직 공무원 등등 인생을 헤매다가 40대 중반에 교육대에 편입하여 여수에서 초등학교에서 아이들과 함께 하고 있다. 디에고 마라도나는 '축구의 신'이라 불렸던 스타였다. 만일 그가 일반 학문에 뜻을 두었던지, 아니면 공무원이나 회사 직원이 되었다면 그의 천부적 재능은 썩어 사라졌고 많은 스포츠 팬들의 행복은 찾을 길이 없었을 것이다. 자신의 인생 설계에서 재능을 개발하고 자신의 행복과 더불어 사회의 복지를 위한 디딤돌이 되고자 하는 마음가짐이 있어야 할 것이다.

실천 가능한 구체적인 목표를 세워야 한다. 꿈의 성취를 위한 단계별 목표를 정해야 한다. 의사가 되기 위해서는 의과대학 가는 것이 중요한 과제일 것이다. 의과대학에 들어가서는 전문 교육과정을 이수해야 하고 실습 기간을 거쳐야 한다. 최종적으로 의사고시에 합격해야 의사가 되어 환자를 치료할 수 있다. 목사가 되기 위해서는 신학대학 또는 일반 대학의 학사 자격을 취득해야 한다. 이후 신학대학원을 졸업하고 교회에서 목회 실습 훈련을 거치고 목사고시에 합격해야 한다. 학자 겸 대학교수가 되기 위해서는 대학과 대학원 과정의 석박사 과정을 이수해야 하고, 자기 전문분야에서 연구 성과를 내야 한다. 그리고 최종 원하는 대학교의 임용시험에 합격해야 한다. 이러한 전문가가 되기 위해서는 10여 년 이상의 전문 수련 기간이 필요하다. 이렇듯 꿈의 성취를 위해서는 꿈의 과정에 작은 단계들의 목표를 달성해야 한다. 구체적이고 작은 목표들을 정하고 그것들을 이룸으로써 성취감을 갖게 되고 이러한 자신감으로 자신만의 꿈을 향해 전진할 수 있다.

그렇다면 꿈을 이루기 위해 우리는 어떠한 공부가 필요할까?

바로 우리 마음에 꿈을 생생하게 그리며 그 꿈을 글과 말로 선포하는 것이다. 꿈의 성취를 위한 최고로 중요한 것이 꿈의 성취에 대한 믿음이며 말의 힘인 것이다. 우리 안에 꿈에 대한 강렬한 마음과 그림, 그리고 그 이미지를 시각화하면 그 상은 반드시 현실이 된다. 조건은 우리가 그 꿈의 그림을 포기하지 않고 한 걸음씩 앞으로 나아가면 반드시 꿈은 이루어진다.

제임스 앨런은 1864년 영국에서 태어났다. 그는 1902년에 성공적인 경영 컨설턴트의 삶을 버리고 영국의 해안가의 작은 마을로 들어갔다. 그는 10여 년 동안 연구하여 어떤 비법을 발견하고 그것을 책으로 세상에 알렸다. 그의 책은 1천만 부 이상 팔렸다. 오늘의 금액으로 환산하면 약 100억 원이 넘는다. 그의 사후에 그의 책을 연구한 사람들은 알렌이 발견한 꿈을 이루는 비법을 한 문장으로 요약했다. "사람은 그가 상상하는 대로 된다"는 것이다. 맥스웰 몰츠는 미국의 성형외과 의사였다. 그는 환자들을 치료하다가 중요한 현상을 발견했다. 그것은 환자의 믿음에 따라서 인격도 변화되고 인생도 변한다는 것이었다. 그는 60살이 되어 그의 연구 결과를 발표했다. "지금 당신이 성공한 인생을 살고 있지 못하는 까닭은 당신이 성공을 믿지 않았기 때문이다. 하루에 30분씩 마음속으로 이미 성공한 자신의 모습을 생생하게 그려라. 그러면 진짜로 성공한다."

그러나 이 같은 성공에 대한 너무나 단순한 비법을 사람들은 무시할 때가 많다. 대부분의 사람들은 성공에 대한 그림보다는 부정적 사고와 믿음으로 살아가고 있다. 자신이 성공하여 주위에서 칭찬받고 빛나며 멋진 인생을 생각하기보다는 지극히 평범한 삶을 살고 현실에 안주하는 모습을 상상하고 또한 그들의 말 속에 이러한 그림들로 채워져 있음을 우리는 쉽게 알 수 있다.

우리 자라나는 청소년들이 찬란히 빛나는 삶을 살아가는 자신의 모습을 생생하게 꿈꾸기를 갈망한다. 꿈의 말과 글, 소망과 거룩한 이상의 말을 습관화하여 성공한 이미지를 마음속에 늘 간직하고 말로 꿈을 선포하며 살아야 하리라.

우리는 꿈을 이루기 위해 준비하고 포기하지 않고 나아가야 한다.
구름이 비를 약속하듯이, 생생한 꿈은 미래를 약속한다. 꿈은 포기하지 않고 장애물을 극복하고 인내하고 견뎌내는 자에게 이뤄진다. 꿈을 성취하기 위해 우리는 어떻게 준비해야 하는가?

독서를 통해 지식과 지혜를 얻어 꿈을 이루는 길을 닦아야 한다.
필자가 늦은 나이(45세)에 교육자의 길을 가게 한 것은 35세에 읽었던 책《거창고등학교 이야기》에서 고 전영창 선생님과의 만남이 있었기 때문이다. 비록 직접 뵙지는 못했지만 그의 생애와 사상이 기록된 책을 통해 인격적으로 만날 수 있었다. 선생님의 사랑과 열정, 그리고 뜨거운 조국애와 하나님을 경외함, 사회의 정의에 대한 진실한 마음에는 도저히 미치지는 못한다. 그럼에도 다음 세대를 위한 바른 교육에의 길을 흉내라도 내고 싶은 마음이다.

㈜이랜드의 박성수 회장은 서울대학교 건축학과를 전공했으나 패션에 관심이 많아 이화여자대학교 앞에서 작은 옷 가게로 출발하여 회사를 대기업으로 일으켰다. 그가 병으로 위기에 처했을 때 병상에서 읽은 독서량이 2천여 권 이상으로 알려졌다.

이랜드는 '기업은 정직하게 이익을 내야 하고 그 이익을 바르게 사용해야 한다'라는 경영 이념을 가지고 매년 수익의 10%를 소외 계층을 위해 쓰고 있는 기업이다. 필자도 이랜드의 계열회사인

'언더우드'에서 구로동 지역의 매장을 관리한 적이 있다. 신입 사원 당시에 읽었던 책《판매에 불가능은 없다》가 아직도 기억이 난다. 한 사람과 관계된 사람이 대략 250명인데, 바로 한 사람에게 잘 응대하는 것이 곧 250명에게 친절을 베푸는 영향을 끼친다. 자동차 판매왕이 된 조 지라드(Joe Girard) 저자의 성공의 핵심 전략이었다. 그는 35살까지 인생의 낙오자로 살았다. 구두닦이, 건설현장 인부 등 40여 개의 직업에 전전했다. 그는 사업에 실패한 후 자동차 세일즈에 도전하였다. 조 지라드는 15년간 무려 1만 3천여 대의 자동차를 파는 대기록을 세웠다. 기네스북에는 '세계 No.1 세일즈맨'으로 12년간 연속 선정되었다. 그는 세일즈 뿐만 아니라 각종 세미나, 정부기관, 종교단체 등에서 동기부여와 자기계발 강사로 활약했었다. 한 사람의 성공은 선한 영향력을 끼쳐 많은 사람들에게 또 다른 성공을 낳고 용기와 희망을 심어 주었다.

이랜드 박성수 회장은 '독서경영'으로 유명하다. 이랜드 회사에서는 독서가 선택 사항이 아니라 필수이다. 박성수 회장은 독서를 어떻게 하느냐에 따라 승진 등 인사에 반영한다고 한다. 계열사 대표의 임원들이 매주 책 한 권씩을 선정해 학습하고 있다. 또 일반 직원들은 부서별로 1박 2일 코스의 독서 야유회를 떠나 학습 과제로 선정된 책을 놓고 토론을 벌인다고 한다. 박성수 회장은 독서를 자신의 성공 비결로 꼽았다. 세상을 움직여 왔고 또 움직이고 있는 사람들의 지혜가 담긴 책을 읽으며 통찰력과 아이디어를 얻어 기업을 일구었다. 필자는 1991년 당시 토요일 출근하여 아침 7시에 전 직원은 박성수 회장의 강의를 들었다. 사회의 흐름과 기업가 정신의 창의성과 경영 노하우는 듣는 이에게 큰 감명을 주었다.

"사람이 책을 만들고 책이 사람을 만든다" "책 속에 길이 있다"라는 말들은 시대를 초월하여 입증되고 있다.

우리가 아는 빌 게이츠는 부모의 독서교육에 힘입어 세계 최고의 부를 이루었다. 그의 부모는 빌 게이츠가 어릴 적부터 책을 가깝게 여기고 책을 읽을 수 있도록 이끌었다. 그는 "부모님은 항상 내가 많이 읽고 다양한 주제에 대해 생각하도록 격려했다. 우리는 책에 관한 것부터 정치까지 모든 주제에 대해 토론했다"고 말했다. 빌 게이츠의 부모는 자녀들이 책 읽는데 집중하도록 주중에는 텔레비전 보는 것을 금지하고 주말에만 보도록 하였다. 빌 게이츠는 지금도 텔레비전을 거의 시청하지 않는다고 한다. 그는 정기적으로 독서하는 습관을 유지하고 있다고 한다. 주중에는 하루에 적어도 1시간을 책 읽는 시간으로 할애한다. '컴퓨터 황제'인 그는 자녀에게 책 읽는 습관을 강조한다. "내 아이들에게 당연히 컴퓨터를 사줄 것이다. 하지만 그보다 더 책을 사줄 것이다"라고 책 읽기를 피력했다.

세상에 유일하고 독창적이며 완벽한 글을 창제한 세종은 학문을 좋아했고 세자 때 독서할 때마다 1백 번을 읽었다고 한다. '백독(百讀)'은 같은 책을 백 번 읽는다는 뜻으로 이해할 때까지 읽고 또 읽는 것이다. 독서백편의자현(讀書百篇義自見), 즉 어려운 글도 자꾸 되풀이하여 읽으면 그 뜻을 스스로 깨우쳐 알게 된다는 뜻이다. 백독을 함으로써 그 책 속의 진리를 깨우치기 위한 치열한 독서에 대한 열정을 가진 세종 대왕이었다. 백독은 처음에 느리지만 속도와 질적 내공을 쌓게 하여 미처 보지 못한 부분을 보게 되고 깨닫게 된다. 반복의 무서운 힘을 발휘케 한다. 반복이야말로 모든 공부의 밑바탕이며 훈련이다. 반복으로 육체의 근육을 강화시키고 반복된 좋은 습관은 인격을 만들고 삶을 변화시켜 성공의 원동력이 된다. 좋은 습관은 반복으로 훈련된다. 반복은 고독한 자기와의 싸움이다. 독서를 통한 지혜를 습득하는 일은 자신의 지적 능력을 계발하고 성장시키며 꿈에 이르게 하는 첩경이다. 나아가 사회를 변혁시키는 위대한 밑거름이 된다.

포기하지 않는 자세다

윈스턴 처칠(Winston Churchill)은 제2차 세계대전을 승리로 이끈 영국의 지도자이다. 또한 그는 저술가로 1953년 노벨문학상을 수상했다. 그가 영국 옥스퍼드 대학에서 졸업식 축사에서 아주 근사한 말 대신에 아주 단순한 말을 했다. "Never give up" 청중들이 다음의 말을 들으려고 기다렸다. 처칠은 다시 한번 큰 소리로 이렇게 외쳤다. 일곱 번의 "Never give up", 그것이 전부였다. 청중은 이 연설에 우레와 같은 박수를 보냈다. 처칠은 팔삭둥이로 태어나 말더듬이 학습장애인으로 학교에서는 학습부진아였고, 큰 체격과 쾌활한 성격으로 건방지다는 오해를 받았다. 초등학교 학적 기록부에는 '희망이 없는 아이'로 기록되었다. 육군사관학교에 두 차례 낙방한 후 들어갔다. 정치인으로 입문하는 첫 선거도 낙선하여 기자 생활을 하다 다시 도전하여 당선되었다. 노동당 21년 의정 생활하면서 사회 개혁을 주도했으나 성공보다 실패가 더 많았다. 그는 언어장애를 극복하고 결코 포기하지 않았으며 노벨문학상을 받았다. 세계대전의 영웅이 되었으며 위대한 정치가로 역사의 위대한 인물이 되었다. 그의 삶은 좌절과 실패를 넘고 또 넘어 승리했다. 그의 성공의 가장 중요한 힘은 바로 '포기하지 않는' 정신력이었다.

연어는 자신이 부화된 강으로 돌아가기 위해 수천 킬로미터 거리를 이동하여 자신이 태어난 강어귀에 이른다. 연어는 폭포를 거슬러 오르고, 바위에 몸을 부딪치며, 수많은 장애물을 뛰어넘는다. 마침내 자신이 태어난 곳에 다다른다. 연어의 몸은 자신의 생이 다 끝나가는 시점, 또 다른 생명을 낳는 즈음에 최고로 아름다운 색으로 옷을 갈아입는다. 찬란한 빛을 발하며 생을 다한다. 자신의 삶을 포기하지 않는 대가로 자신의 몸에서 자신의 분신과 같은 생명체를 이어간다.

우리 아이들도 포기하지 않는 힘을 길러야 한다. 자신의 귀중한 삶에 대해서도 결코 포기하지 말아야 한다. 자신의 성장과 꿈을 포기하지 말아야 한다. 온갖 어려움과 역경들을 견뎌내야 한다. 그리고 삶의 현장 속의 장애물 경주를 즐겁게 받아들이고 인생의 멋진 행진에 도전하고 싸워 나아가야 한다. 인생은 끊임없는 장애물과의 경주다. 포기하면 성장이 없다. 포기하면 현상 유지가 아니라 퇴보하는 것이다.

우리의 청소년들은 이 젊은 시절에 도전하고 견뎌내고, 인내하는 힘을 기르고 또 길러야 한다. 시련과 역경을 성장의 밑거름으로 삼아 앞으로 나아가도록 격려하고 육체적, 정신적 근육을 길러야 한다. 근육은 값없이 길러지지 않는다. 반복과 견뎌내는 훈련에 훈련을 거듭함으로 얻어진다. 작은 어려움을 만나 포기하면, 나약하고 힘없는 청년, 장년이 되어 사회에 나아가 단 한 번뿐인 인생을 불행하게 살게 된다.

　청소년, 청년 시기에 완전히 갖추어진 온실 같은 환경은 개인의 성장에 해가 될 수 있다. 좀 힘들어도 부족한 대로 야생의 광야에서 독자적으로 문제를 해결하고 시도하고 도전하는 생존 적응 능력을 갖추는 것이 자신과 부모에게, 나아가 이 사회 전체에도 유익이 된다.

　교육은 철저히 삶 중심적이요, 교육은 철저히 전인격적인 건강성을 위해 훈련해야 하는 것이다. 교육은 철저히 몸과 마음의 건강성을 추구해야 한다. 교육은 시대를 초월하여 진리를 추구하고 공동체의 안위와 행복을 추구해야 한다. 교육은 역사의 흐름을 거스르지 말아야 한다. 교육은 철저한 훈련이다. 그것은 고독한 길이고 좁은 길이지만 참 생명을 낳고 이 사회를 바르게 인도하게 만든다. 교육은 반복 훈련이고 그 훈련은 몸과 마음을 단련시키고 포기하지 않는 근성과 근육을 낳아 자신과 세상을 이기는 것이다.

　우리나라에 참교육이 실현되기를 두 손 모아 갈망한다. 부모와 사회가 우리 아이들의 참공부를 훈련시키는 데 있어 '과잉보호'는 아이들의 '건강성'과 '주도적 개척정신'을 저해한다. 손흥민을 보라. 그는 양발을 자유롭게 쓰고 '손흥민 존'이라는 구역에서 멋진 '감아차기슛'으로 팬들을 매료시킨다. 그의 부친 손웅정 씨가 그 아들을 그렇게 혹독히 훈련한 결과였다. 그는 가장 중요한 축구의 기본기를 철저히 훈련시켰고 겸손과 감사하는 인성을 아들에게 지도했다. '실력'과 '인성'이라는 두 기본기를 철저히 훈련시킨 결과로 오늘의 손흥민을 낳게 하였다.

꿈을 이루는 정신 자세

전라남도 여수의 진남관의 오른쪽에 작은 언덕 정상에 고소대가 있다. 임진왜란 당시에 이순신이 작전을 세우고 군령을 내리던 장소이다. 진남관에서 고소대로 잇는 골목길에 여수 제일교회가 위치하고, 그 길가의 담에 이순신이 독백처럼 말한 어록이 쓰여져 있다.

이순신의 불멸의 정신

1. **집안이 나쁘다고 탓하지 말라.**
   나는 몰락한 역적의 가문에서 태어나 가난 때문에 외갓집에서 자라났다.

2. **머리가 나쁘다고 말하지 말라.**
   나는 과거시험에서 낙방하고 32의 나이에 겨우 과거에 급제했다.

3. **좋은 직위가 아니라고 불평하지 말라.**

   나는 14년 동안 변방 오지 말단 수비 장교로 돌았다.

4. **윗사람의 지시라 어쩔 수 없다고 말하지 말라.**

   나는 불의한 직속상관들의 불화로 몇 차례의 파면과 불이익을 받았다.

5. **몸이 약하다고 고민하지 말라.**

   나는 평생 동안 고질적인 위장병과 전염병으로 고통받았다.

6. **기회가 주어지지 않는다고 불평하지 말라.**

   나는 적군의 침입으로 나라가 위태로워진 후 마흔일곱에 제독이 되었다.

7. **조직의 지원이 없다고 실망하지 말라.**

   나는 스스로 논밭을 갈아 군자금을 만들었고 23번 싸워 23번 이겼다.

8. **윗사람이 알아주지 않는다고 불만 갖지 말라.**

   나는 끊임없는 임금의 오해와 의심으로 모든 공을 뺏긴 옥살이를 해야 했다.

9. **자본이 없다고 절망하지 말라.**

   나는 빈손으로 돌아온 전쟁터에서 12척의 배로 133척의 적을 막았다.

10. **옳지 못한 방법으로 가족을 사랑한다 말하지 말라.**

    나는 22살의 아들을 적의 칼에 잃었고 또 다른 아들과 함께 전쟁터로 나섰다.

11. **죽음이 두렵다고 말하지 말라.**

    나는 적들이 물러나는 마지막 전투에서 스스로 죽음을 택했다.

건강한 대인 관계 공부

신영복 선생은 사람과의 만남의 중요성에 대해 얘기하였다.

> 우리의 삶은 사람과의 만남입니다.
> 우리가 일생 동안 경영하는 일의 70%가 사람과의 일입니다.
> 좋은 사람을 만나고 스스로 좋은 사람이 되는 것이 나의 삶과 우리의 삶을 아름답게 만들어 가는 일입니다.

우리 사람은 태어날 때부터 홀로 살아갈 수 없는 존재다. 이웃과 더불어서 살아가지 않으면 안 된다. 가정, 학교, 직장, 국가와 민족, 지구촌 사회의 한 구성원으로 살아야 한다. 이웃, 즉 사람과의 관계를 맺으면서 살도록 되어 있다. 자신이 아무리 유능하고 잘났다 할지라도 사회 내에서 서로 지켜야 할 예의와 질서를 지켜가면서 사람으로서의 도리를 지켜야 '사람다운 사람'이라 할 수 있다. 참 사람이란 좋은 인간관계를 형성한다. 올바르고 건강한 대인 관계를 통해 자신이 성장하고 그가 속한 사회도 '건강성'을 유지할 수 있다. 사람이 태어나 그 인생이 잘되고 아름답기 위해서는 자신이 대하는 이웃들과 바람직한 관계를 지녀야 한다. 우리 청소년들은 어렸을 때부터 대인 관계 능력을 함양하도록 연습하고 또 훈련해야 할 것이다.

- **상대방을 있는 모습
  그대로 받아들인다**

　이웃과의 좋은 관계를 맺기 위해 전제 조건이 있다. 그것은 상대방을 있는 모습 그대로 받아들이는 것이다. 상대방을 편견 없이 바라보는 것이다.

　대한민국에서는 사람들에 대한 선입견이 많은 듯하다. 특히 학벌이 그러하다. 얼마 전까지만 하더라도 'SKY' 대졸 출신에 대한 선망의 눈을 가져 그 대학 출신자들은 좀 특별한 능력을 갖추었을 것으로 여겨졌다. 대기업 입사 시험에 보이지 않는 학연이 줄이 되어 입사의 당락이 결정되기도 하였다. 어느 지역 출신에 따라 정당한 대우를 받기도 하고 그렇지 않은 경우도 있었다. 필자가 1984년에 전방 군부대로 배속받을 때도 '호남' 출신의 병사들에게 '전라도 깽깽이'라는 말이 유행했다. 보이지 않는 힘에 의해 호남 사람들이 군대에 와서도 부당한 대우를 받았던 기억이 있다.

　우리 사람의 외모로도 심한 편견이 있다. 우리는 서양인들에 대한 호의를 갖는다. 반면에 동남아 사람들에 대한 선입견으로 우리보다 지식과 능력이 낮은 사람들로 대할 때가 많이 있다.

　우리의 비뚤어진 관점 때문에 타인을 건강하게 바라보지 못한다. 육체의 눈이 있어도 사람의 중심과 내면을 바라볼 수 없는 '눈뜬장님'인 것이다. 우리가 만나는 모든 이들을 편견 없이 바라보고 따뜻한 애정과 관심으로 대할 수는 없을까? 타인을 국적이나 외모, 학벌, 지역 등으로 평가하지 않으면서 있는 모습 그대로 받아주고 존중할 수는 없을까?

우리는 어느 사회에 속하든지, 사람과의 관계를 건강하고 바람직하게 이어가야 마땅하다. 사람과의 관계가 좋아야 자신도 살고 이웃도 살 수 있다. 만나면 행복하고 또 만나고 싶은 그러한 인간관계를 만들어야 한다. 건강하고 아름다운 관계를 맺기 위해서는 타인을 있는 모습 그대로 수용하는 태도가 중요하다. 있는 모습 그대로 존중하는 것이다. '아, 왜 그 사람은 그럴까?'라고 묻기보다는 '아 저 사람은 원래 저런 말투와 생각을 지녔구나', 그 사람을 대할 때는 그대로 받아주고 품어주고 대화를 해나가자. 지난날의 아픔과 경험이 그를 얼마나 힘들게 했을까? 우선 그를 이해하고 포용하자. 내가 먼저 이해와 포용함으로 상대방을 대하면 그 사람도 역시 마음의 거울에 비친 나의 관용을 알고 포용하리라 믿는다.

- ### 남의 좋은 점을 발견하고 칭찬하자

괴테는 말했다. "남의 좋은 점을 발견할 줄 알아야 한다. 그리고 남을 칭찬할 줄도 알아야 한다. 그것은 남을 자기와 동등한 인격으로 생각한다는 의미를 갖는 것이다."

지그 지글러는 《정상에서 만납시다》 책에서 다른 사람을 대하는 방법에 대해 기술하였다.

> 약 30여 년 전에 21살부터 70세에 이르는 자수성가한 부자 100명을 대상으로 설문 조사를 실시했다. 이들의 교육 배경은 초등학교 졸업부

터 박사까지 다양했다. 이들 중 70%가 1만 5천 명 이하 주민들이 사는 작은 마을 출신이었다. 한 가지 공통점이 있었다. 이들은 모두 '훌륭한 발견자'였다. 이들은 상대방에게서 혹은 어떤 상황에서도 '좋은 점'을 볼 수 있었다.

화가 나서 엄마에게 밉다고 소리를 지른 소년이 있었다. 소년은 혼이 날까 봐 겁이 나서 근처 산으로 올라가 계곡을 향해 소리쳤다. "미워요, 미워요, 밉다고요" 그러자 계곡에서 메아리가 울렸다. "미워요, 미워요, 밉다고요" 놀란 소년은 집으로 달려가 계곡에 자기에게 밉다고 소리치는 못된 녀석이 있다고 엄마에게 말했다. 어머니는 소년을 계곡으로 데려가 이렇게 소리쳤다. "사랑해, 사랑해, 사랑해" 소년도 엄마를 따라 했고, 이번에는 착한 소년이 자기에게 "사랑해, 사랑해, 사랑해"라고 외치는 소리를 들었다.

인생도 메아리와 다를 바 없다. '좋은 씨'를 뿌리면 좋은 열매를 거두게 되고 '나쁜 씨'를 뿌리면 나쁜 열매를 거두게 된다. 사람은 무엇으로 심든지 그 심은 대로 수확하게 된다. 대인 관계도 마찬가지이다. 자신이 만나는 상대방에게 웃어주고 친절을 베풀면 상대방도 마음의 문을 열고 좋은 이웃이 되어준다. 무엇보다 내 자신의 마음의 문을 열면 상대방도 마음을 열어준다는 것이다.

바로 칭찬이 그러하다. 상대방을 칭찬하면 결국 내 자신이 칭찬을 받게 된다. 특히 상대방의 장점을 발견하자. 그리고 그 좋은 점을 칭찬해 주자. 사람은 누구나 장단점이 있게 마련이다. 단점만을 보고 그를 안 좋게 여긴다면 어떻게 타인과의 건강한 관계를 맺겠는가.

사람에게는 장단점이 있기 마련이다. 상대방의 좋은 점을 발견하자. 그리고 구체적으로 칭찬해 보자. 칭찬은 고래도 춤을 추게 한다.《칭찬은 고래도 춤추게 한다》에서 저자는 칭찬으로 긍정적 인간관계를 만드는 '고래 반응'을 배울 것을 제안한다. 몸무게 3톤이 넘는 범고래가 관중들 앞에서 멋진 쇼를 펼쳐 보일 수 있는 것은 고래에 대한 조련사의 긍정적 태도와 칭찬이 있었기 때문이다.

한 소녀가 있었다. 그녀의 목소리는 타고났고 아름다웠다. 5살 때 교회 성가대원으로 데뷔했다. 그 후 교회나 학교, 사회재단에서 그녀에게 콘서트를 요구하는 횟수가 많아졌다. 그녀의 부모는 유명한 성악가에게 음악 공부를 시켰다. 나이 차에도 불구하고 그녀와 스승은 서로 사랑에 빠져 결혼하게 되었다. 그의 스승은 조금이라도 박자를 놓치거나 음정이 흔들리면 정확하게 실수를 지적하였다. 스승이자 남편은 부인을 계속 가르쳤지만 친구들은 변화를 감지하기 시작했다. 그녀의 목소리는 긴장되었고 예전의 흥분은 더는 찾기 어려웠다. 점차 노래를 불러달라는 초청장도 오지 않았다. 그런 후 스승이자 남편은 죽었다. 그녀는 몇 년 동안 노래를 부르지 않았다. 그녀의 재능은 그대로 묻혀 가고 있었다. 어떤 유능한 세일즈맨은 그녀의 노래를 우연히 듣고 그녀의 노래를 칭찬했다. 흥얼거리는 그녀의 목소리에 그 세일즈맨은 감탄했다. "좀 더 불러주세요. 세상에서 가장 아름다운 목소리를 가졌군요" 그는 늘 이렇게 칭찬했다. 그의 칭찬에 그녀의 자신감은 되살아났다. 초청장은 다시 날아오기 시작했고 자신의 재능을 불러일으킨 그와 재혼했다. 그녀는 성악가로 성공한 인생을 살았다.

재능을 살리는 칭찬은 잠자는 능력을 꽃피게 한다. 이렇듯 칭찬은 사람에게 용기를 내게 하고 자신감을 갖게 한다. 이 험악한 인생을 사는데 자신감은 삶의 원동력이다.

여기서 중요한 것은 남의 칭찬도 중요하시만 자신의 칭찬도 역시 자신감과 용기를 갖게 한다는 점이다. 자신에게도 늘 칭찬하고 격려하자. 긍정의 혼잣말도 뇌에 긍정적인 행동을 유발한다. 자신에게 끊임없이 긍정적인 말을 함으로써 자신이 원하는 방향으로 나아갈 수 있다. 긍정과 격려의 말을 자기 자신에게 항상 해주자.

말은 성공과 실패의 씨앗이 된다. 긍정의 말과 칭찬을 자신과 만나는 사람들에게 베풀자. 자신이 행복하게 되고 상대방도 복되게 하는 돈 들지 않는 자산이다. 그러한 축복의 말은 샘과 같다. 샘은 퍼도 계속 나오고, 물을 퍼낼수록 샘은 깨끗해지고 생명수를 흘려보낸다. 칭찬과 격려가 자신과 공동체를 마르지 않는 샘처럼 생기 있게 만든다.

- **상대방과 공감하는 마음을 배우자**

사람과의 건강한 관계를 위해서는 타인의 입장에서 정서적으로 공유하는 능력을 배워야 한다. 상대방의 상황과 처지에서 갖는 '희로애락'을 함께 하고자 노력하는 것이다. 이러한 노력과 배려가 상대방의 마음을 움직이고 기쁨은 배가 되고 슬픔은 절반으로 줄어든다. 작은 일이든, 큰일이든 나눔으로 문제가 작아 보이고 쉽게 문제가 풀릴 수 있다. 공감에서 오는 사람 사는 맛을 느끼는 행복을 누릴 수 있다.

역지사지(易地思之)의 마음을 지니자. 상대편의 처지나 입장에서 먼저 생각해 보고 이해하라는 뜻이다.《맹자》의 이루 편에 나오는 '역지즉개연(易地則皆然)'에서 유래한 말이다. 처지나 경우를 바꾼다 해도 하는 것이 서로 같다는 말이다. 중국의 전설적인 성인인 하우와 후직이 있었다. 하우는 물에 빠진 백성이 있으면 자신이 치수를 잘못하여 그들을 빠지게 하였다고 여겼으며, 후직은 굶주리는 사람이 있으면 스스로 일을 잘못하여 백성을 굶주리게 하였다고 믿었다. 하우와 후직은 처지를 바꾸어도 모두 그렇게 하였을 것이다. 맹자는 하우와 후직의 생활방식을 통하여 사람이 가야 할 길을 말하였다. 입장을 바꾸어 다른 사람의 처지에서 헤아려 보라는 의미이다.

필자는 순천에서 여수의 한려초등학교로 발령받아 재직 중이다. 차로 집에서 학교까지 드라이브하면서 우연히 아침 방송을 듣게 되었다. MBC FM4U《굿모닝FM 장성규입니다》라디오 방송을 청취하면서 출근하였다. 장성규 아나운서는 시청자와 대담하면서 무엇보다 시청자의 입장에서 진정성 있게 이야기를 이끌어 간다. 단순히 재미와 흥미 차원에서 진행하는 것이 아니라 상대방 입장에서 들어주고 반응해 준다. 상대방의 필요와 처지를 공감해주고 마음을 어루만지면서 대화한다. 그 시간을 자칫 오락의 도구로 때우는 것이 아닌 마음과 마음을 연결하고 모든 시청자들에게 사람의 희로애락을 터치하면서 전해줘서 웃음과 행복을 맛볼 수 있었다. 그는 공인회계사를 꿈꾸며 준비하던 중, 그의 은사님이 아나운서가 잘 어울릴 것 같다고 추천하였다. 회계사 준비하는 모습이 행복해 보이지 않는다는 진심 어린 조언을 해줘서 아나운서의 길로 전향한 결정적인 계기가 되었다고 한다.

우리가 상대방과 소통할 때 언어적인 말과 비언어적 표현인 표정과 신체적 표현이 중요하다. 필자가 어느 카페에서 귀동냥으로 어느 대학생들의 대화를 듣게 되었다. 어느 학생의 말에 옆에 있는 여대생이 맞장구를 그렇게 잘해줄 수가 없었다. '아 정말요?' '아 맞아요.' '정말 그래요.' '음, 아 그래서요' 등등의 말의 추임새를 계속하면서 고개를 흔들면서, 손과 온몸으로 상대방의 말에 호응해주며 공감해 주었다. 아마도 중요한 입사 시험 내지는 중요한 인터뷰에 대한 경험 얘기에 받아주면서 중요한 점에 대해 서로 주고받는 과정인 것 같았다. 화자의 얘기에 집중하고 맞장구쳐 주는 청자의 반응이 그렇게도 상냥하면서 전인격적으로 받아주고 공감하는 소통에 필자는 놀라웠다. 오가는 소통이 물 흐르듯이 재미있고 화기애애하였다. 청소년기부터 친구의 말에 반응하며 전인격적으로 소통하는 기술을 배우고 또한 공감의 능력을 기르기 위해 훈련되어야 할 것이다.

사람의 삶에서 지속적인 만남이 중요하다. 만남의 주체인 사람에게 관심을 갖고 애정을 갖고 계속해서 가꾸고 노력해야만이 사람을 얻을 수 있고 건강한 인간관계를 유지할 수 있다. 그리스도도 사람과의 관계에서 제자 베드로에게 "사람을 낚는 어부가 되라"고 말씀하신다. 사람들과의 건강한 관계를 맺고 선한 영향력을 끼쳐 사람들로 하여금 자신의 영혼이 잘되고 또 다른 이웃들에게 유익한 사람이 될 것을 강조하였다.

"네가 원치 않는 것들을 남에게 시키지 말라"고 공자는 말했고 예수 그리스도는 "네가 대접을 받고자 하는 대로 남을 대접하라"고 말했다. 상대방의 필요와 관심에 먼저 다가가고 상대방을 해치지 않으면서 적극적으로 상대방이 요구하는 것을 들어주고 채워주는 윤리 강령을 설파했다.

나의 필요보다 먼저 상대방의 필요를 마음으로 읽어, 상대방의 요구를 이해하고 민감하게 상대방에게 반응하는 것이다. 이러한 적극적이고 선한 태도는 하루아침에 되지 않고 지속적이고 반복적인 삶의 훈련이 필요하다. 건강한 대인 관계를 맺고 유지함은 아주 중요한 '공부'다. 상대방의 말에 끝까지 경청하고 마음을 다해 맞장구쳐 주고 상대방의 필요에 적극적으로 반응하는 것이다.

건강한 대인 관계를 위해서는 상대방과의 허물이 없어야 한다. 그러기에 자신에게 잘못이 있고 흠이 있다면 즉각적인 자신의 잘못됨을 고백하고 용서를 구해야 할 것이다. "제게 이런 면이 있었습니다. 저의 잘못을 인정합니다. 너그러운 용서를 빕니다" "제가 이번에 참 죄송합니다. 제 생각만 해서 선생님께 불편을 끼쳐 죄송합니다" "이번 일로 심려를 끼쳐 미안합니다. 제가 잘못했습니다. 선생님, 저의 불찰을 용서해주시기 바랍니다" 등의 고백으로 자신의 잘못을 인정하며 용납해 줄 것을 진실로 구해야 한다.

이번에는 상대방에게 부드럽게 도움을 요청하는 것이다. 도움을 요청한다는 것은 상대방을 높이는 행위이다. 상대방의 인격을 신뢰하고 그의 능력을 인정한다는 얘기이다. 어린 자녀가 부모에게 자신의 필요와 문제 해결을 위해 도움을 요청한다. 부모는 기꺼이 이에 응하고 자녀의 행복을 위해 최선을 다할 것이고 자녀는 부모의 도움으로 필요를 채울 뿐만 아니라 더욱더 그의 부모를 신뢰하게 될 것이다. 마찬가지로 건강한 대인 관계를 위해 도움을 청하는 '처세'가 필요하다. 상대방에 대한 존중과 예절을 지키면서 정중히 진실하게 상대방의 선한 인격과 양심에 호소하는 것이다. 중요한 것은 외식으로나 거짓되게 사람을 목적으로 대하지 않고 수단으로 대할 때 우리의 관계는 깨지기 마련이다. 대인 관계에서 '진정성'과 '애정'이 밑바탕이 되지 않고는 관계의 지속성은 기대하기 어렵다. 상대방의 진실된 행복과 편안함을 추구할 때 그와의 관계는 건강하게 되리라 믿는다.

우리 자라나는 미래 세대는 대인 관계 능력을 훈련해야 한다. 자신이 공동체 안에서 '더불어 살아가는' 방법을 공부해야 한다. '유아독존'의 삶, 자신만 살고 자기가 최우선적 가치관에서 벗어나야 한다. 공동체 내 사람과의 건강함이 곧 인생이며 미래며 삶인 것이다. 인간관계를 건강하게 하고 지속하도록 노력하는 인생이야말로 '사람다운 사람'이다. 삶의 현장에서 몸과 마음과 언어로 배워야 한다. 삶의 진정한 의미는 서로 사랑하고 사랑을 받는 것이다.

노동(勞動) 공부

노동의 의미

'**노동**'은 '사람이 생활에 필요한 물자를 얻기 위해 육체적 노력이나 정신적 노력을 들이는 행위'다. 대한민국의 헌법 제32조 1항에서 '모든 국민은 근로의 권리를 가진다'고 한다.

노동은 '일' 또는 '직업'으로도 볼 수 있다. 사람은 일을 통해 돈을 벌고 돈으로 생계를 꾸려나갈 수 있다. 자신의 일이 적성에 맞고 능력도 있어 일 자체가 가슴 설레는 행복이 될 수 있다. 손흥민 축구선수는 경기장에서 축구게임을 하는 것이 그의 일이며 노동이 된다. 나아가 국가 대항전 축구시합에 선수로 필드에서 뛰게 되면 일의 의미를 넘어 국가의 대표로 국민들을 기쁘게 하기도 하며 실망을 안기기도 한다. 플레이 하나하나가 팬들의 극도의 관심이 대상이 된다. 손흥민 선수에게는 축구의 일은 돈벌이 생계수단뿐만 아니라 자신의 자아성취와 클럽의 소망이자 국가대표라는 상징성을 갖게 된다.

일제강점기 시대에 우리 선배들은 일제에 참혹하게 노동력 착취를 당했다. 특히 태평양전쟁 동안 조선인 노동자들을 일터에서 잔혹하게 학대하고 강제적 노역을 시킨 곳 중 하나가 '사도 광산'이다. 이 시기에 대략 1,500여 명의 조선의 각지에서 끌려온 노동자들이 이곳에서 고된 노역을 하였다. 해방 이후에 고국에 돌아왔어도 진폐증과 같은 강제 노동 후유증에 평생을 시달리다 고통 속에서 죽음을 맞이했다. 이들에게 노동은 강제적으로 주어졌으며 생존을 위해 일하지 않으면 안 되었다. 노예처럼 일을 해야만 했다. 이 밖에도 전쟁에 끌려가 전쟁의 일을 치르다 죽어간 수많은 동포들, 더욱이 위안부로 끌려간 소녀들의 일은 노동도 일도 아닌 지옥이었다.

사람이 태어나서 죽을 때까지 노동과 떨어질 수 없는 불가분의 관계이다. 자신의 먹고사는 문제를 해결하기 위해 직업을 갖고 육체적, 정신적 일을 해야만 한다. 혹은 지금도 세계 곳곳에서 강제 노역에 시달리는 사회적 취약 계층이 있다. 이웃의 필요를 채우고 행복을 증진하기 위해 일을 할 수 있다. 자신의 일터에 가기 위해 자동차의 핸들을 잡아야 하는 경우도 많이 있다. 우리나라 학생들은 의무적으로 학교에서 교육과정의 '공부'하는 일을 해야만 한다.

노동(勞動)의 가치

노동을 통해 사람은 '먹고사는' 생계를 유지할 수 있다. 자본주의 사회에서는 돈, 즉 물질적 토대를 기본으로 사회가 운영된다. 노동 없이 돈을 벌 수 없다. 물론 불로소득인 이자나 주식투자의 이익으로 돈을 벌 수 있으나 초기 자본 축적은 노동을 통해서 이뤄진다. 《성경》의 창세기에 '얼굴에 땀을 흘려야 먹을 것을 먹으리니' 말씀에서 사람은 일을 함으로써 삶을 유지할 수 있음을 천명하였다. 사람이 자신의 삶을 영위하거나 물질적 풍요로운 삶을 위해서는 반드시 노동을 하지 않으면 안 된다. 노동은 쉽지 않다. 일이 하기 싫어도, 몸이 아프고 마음이 힘들어도 근로자는 수고를 하지 않을 수 없다. 자신과 가족이 살고 더 나은 미래를 위해 견뎌내야 하는 과정이 노동이다. 직장인은 직장이 정한 시간과 힘을 들여 유형, 무형의 생산물을 만드는 과정에 참여해야 한다. 노동의 대가로 그에 상응하는 보상을 받게 된다.

대한민국 헌법 제32조에서는 모든 국민은 근로의 권리와 의무가 있음을 밝힌다. 우리 국민은 노동을 할 수 있고 근로에 대한 책무를 지닌다. 개별 한 사람의 노동으로 노동자와 가족이 살 수 있고, 세금으로 나라가 운영된다. 자신의 땀이 들어간 근로의 보상으로 자신의 삶과 이웃의 복지를 실현할 수 있다. 세금은 국가를 경영하는 중요한 토대가 된다. 즉 한 사람의 노동이 모여 사회와 국가를 경영하고 사회 복지와 나라를 운영하는 물질적 토대를 제공한다.

이마에 땀을 흘리지 않고 정직한 노동의 대가를 치르지 않으며 살아가는 사람들이 있다. 불한당(不汗黨)이다. 일하지 않고 이익만을 챙기려는 사악한 무리들이다. 복권도 어떤 면에서는 긍정적인 측면도 있으나 그 이면에는 정당한 수고 없이 일확천금을 얻고자 하는 왜곡된 마음이 있다. 사람이 배우면 배울수록, 권력의 높은 지위에 있으면, 그 지식과 권한으로 부동산 등 각종 이익에 불로소득을 취하는 사례를 볼 수 있다. 불한당(不汗黨)은 공동체의 건강성을 해친다. 거짓과 왜곡, 불의의 재물이 사회를 좀먹고 나라를 병들게 한다. 정직한 땀과 수고가 사회의 근간을 이루고 서로 근로의 수고를 인정해 주고 존중하는 건전한 사회를 기대한다.

노동은 진정한 행복을 알게 한다. 독일의 시인 괴테는 '눈물 젖은 빵을 먹어보지 않은 사람은 인생의 참다운 의미를 모른다'라는 명언을 남겼다. 노동은 고되고 힘들고 피와 땀과 눈물이 요구된다. 하지만 그 일로 인해 가족이 배부르고 추운 겨울을 따듯하게 보낼 수 있다. 사랑하는 사람의 필요를 채워주고 가난한 이웃을 섬길 수 있다.
《성경》의 시편 126편 5, 6절에 "눈물을 흘리며 씨를 뿌리는 자는 기쁨으로 거두리로다. 울며 씨를 뿌리러 나가는 자는 반드시 기쁨으로 그 곡식 단을 가지고 돌아오리로다"라는 말씀이 있다. 우리가 봄에 씨앗을 뿌리지 않으면 가을에 수확할 수 없다. 농부가 씨를 뿌리기 전에 황무지를 개간해야 한다. 나무를 뽑아내고 돌을 골라내고 잡풀을 제거해야 한다. 옥토를 만들기 위해 깊이 흙을 기경해야 한다. 고랑과 이랑을 만들어 작물을 재배할 준비 과정을 거쳐 씨앗을 파종해야 한다. 최근에는 짐승과 조류의 피해를 막기 위해 다양한 전기 철조망 등을 설치해야 한다. 이미 심어진 과수원에서는 나무의 가지를 적절히 치기를 하여 열매 맺기 좋은 나무 수형으로 만들고 고랑을 파서 거름을 주고 적절한 농약을 살포해야 한다. 여름이 되면 이른 새벽에 잡초를 제거하는 고된 노동을 감수해야 실한 열매를 볼 수 있다. 노동으로 흘린 땀과 눈물은 풍성한 수확으로 보상한다.

노동은 축복이다. 일을 통해 자신의 살아 있음을 생생하게 느낀다. 일이 없는 인생은 없고 사람은 일을 통해 자아를 실현할 수 있다. 죽으면 일이 없다. 모든 것을 내려놓게 된다. 직장인이 퇴직 후 일이 없게 되자 한없는 자유를 누린다. 그러나 그것도 한두 달이 지나면 무료하고 삶의 의미를 잃게 된다. 우리의 생명의 촛불이 다하는 날까지 자신에게 맞는 적절한 일과 노동이 필요하다.

노동은 마음을 수련하는 영성 활동이라 볼 수 있다. 스포츠 과학 박사이자 신학 박사인 스테판 슈나이더 교수는 말했다. "신체 운동은 뇌를 자극해 우리가 세상을 두루두루 경험하게 해줍니다" 그는 우리 정신이 원하는 것을 이해하기 위해 운동과 뇌라는 두 세계를 통합하려는 노력을 해오고 있다. 고대로부터 내려오는 성 베네딕트 수도원의 수행 규칙인 '기도하고 일하라'에 따라 정신적 명상과 육체적 노동의 중요함을 그는 강조했다.

일은 사람으로 하여금 살아 있음, 즉 자신의 존재에 대한 소중함을 일깨워 준다. 심리학자 프로이트는 인간의 기본 욕구 두 가지가 일과 사랑이라고 하였다. 사람이라면 자신이 해야 할 일이 있고, 그 일에 몸을 움직이고 두뇌를 사용하고 마음을 쏟음으로 자신이 쓸모 있고 귀중한 존재임을 체감할 수 있다. 손과 발을 사용하면, 우리의 뇌에도 자극을 주어 뇌를 활성화시킨다. 몸을 움직임으로 몸과 마음이 긴장되고 마음이 맑아지고 상쾌해진다. 행복해서 웃는 것이 아니라 웃다 보니 행복해진다. 마찬가지로 적절한 노동을 하면 보람과 만족을 느낀다. 하루 종일 집 거실에 누워 쉬기보다는 집 주변의 공원이나 작은 숲길로 산책하다 보면 몸과 마음이 가벼워진다.

청소년들의 노동 체험하기

유아학교인 어린이집에서도 유아들은 자신이 놀았던 물건들을 정리하도록 훈련받고, 초등학교에 들어와서는 자신의 물건과 책상 주변을 정리하고 교육활동 후에 그 공간을 정리정돈하는 일을 한다. 중고등학교에서는 다양한 체험활동을 통해 손과 발을 움직이는 작은 노동을 하게 된다.

우리 자라나는 청소년들이 어떠한 근로를 하면, 건강하고 보람된 미래의 삶을 준비할 수 있을까? 노동은 삶의 기본이며 삶을 건강하게 만들고 본인과 타인의 수고와 처지를 이해하는 첩경이다. 우리 청소년들은 노동을 통해 인생의 참된 의미를 습득할 수 있다. 우리 아이들이 땀과 눈물을 생생하게 몸으로 느끼며 삶을 진실하고 아름답게 살아가도록 훈련되어야 할 것이다. 노동을 통해 정의와 인애의 마음을 닦도록 체험을 제공해야 한다.

● **자기 물건 정리하기**

자신이 소유하고 관리하는 물건들을 가지런히 정리하는 것이다. 자신의 작업장에서 해야 할 일을 효율적으로 수행하기 위해서는 물건들이 용도에 맞게 배치되어야 작업자가 손쉽게 일을 처리할 수 있다. 필자가 과수원에서 가지치기를 하다 보면 과수 사이에 여러 장애물인 돌, 치우지 않은 잔가지 등으로 애를 많이 먹었다. 가지치기 작업이 끝나는 대로 그때그때 치우지 않으면 다음 작업을 하기가 힘들다. 마찬가지로 청소년들은 자신의 소유물과 공부에 필요한 물건들을 늘 정리정돈하는 습관을 훈련해야 할 것이다. 특히 자신의 방의 침실과 책상, 옷장, 여러 물건들을 반듯하게 정리하는 습관을 가져야 할 것이다. 물건 정리는 곧 마음의 정리와도 연결된다. 물건을 가지런히 정돈하다 보면 자신의 정신도 가지런히 정리되고 세상을 반듯하게 보고 진지한 삶의 태도 또한 길러지리라 확신한다. 물건의 정돈은 곧 마음의 정돈과도 연결된다.

필자는 여수 한려초에 재직 중인데, 보결 수업으로 3학년 B반 교실로 들어간 적이 있었다. 정갈하고 반듯하게 모든 물건 정리가 치밀하게 잘되어 있어 신선한 충격을 받았다. 담임교사 테이블부터 칠판, 창문 옆 사물함, 환경정리판, 복도로 향한 창에 새겨진 아름다운 글씨 등 하나의 예술 자체의 교실로, 마음에 큰 울림을 주었다. 교실 출입구 문틀 안에 먼지 하나 없이 깨끗했다. 교실에서 수업하고 마칠 때 내 마음도 순수하게 정화되는 듯한 착각을 불러일으켰다. 그 반의 아이들은 학교 등교를 일찍 하여 교문에서 기다린다. 담임선생님이 출근하기를 기다려 정문으로 들어오는 순간에 도열하여 선생님께 환호와 웃음으로 인사한다. 아이들에게 이끌려 교실로 가는 모습에 행복의 빛이 학교를 비추고 있었다. 교직 생활 중에 그러한 따뜻함과 감동을 잊지 못할 것 같다. 반듯하고 봄의 햇살 같은 사랑의 마음을 지닌 선생님으로 오래도록 기억되리라.

- 청소하기

자신이 작업한 공간의 쓰레기와 오물을 깨끗이 치우는 것이다. 우리는 화장실 공간이 쾌적하고 정돈된 곳에서 용변 보기를 원한다. 일터의 공간에 오물과 악취가 진동하는 가운데서는 하고 싶은 일도 주저하게 될 것이다. 학생들이 공부하고 배우는 장소가 소박하고 아름답게 꾸며지면 아이들은 학업에 마음이 열리고 공부를 더욱 즐겁게 할 수 있는 것이다. 아이들은 자신의 공간인 책상 주변과 자신이 맡은 청소 구역을 깨끗이 수행함으로 봉사와 섬김의 마음을 몸으로 배우고 자신의 공동체에 대한 애정을 더욱 갖게 될 수 있다. 나아가 자신의 공부방과 집 안의 거실 등도 청소하면서 가족공동체의 노고에 대한 소중함을 더욱 키워갈 수 있으리라 본다. 청소도 매일 훈련을 통해 습관화시켜 생활과 삶으로 이어져야 한다. 청소는 공부 중의 공부라 할 수 있다.

- **자기 옷 세탁과 수선하기**

바느질로 자신의 옷의 헤진 부분을 꿰매고 단추를 다는 일이다. 필자는 초등 6학년 학생들과 실과 수업을 하면서 학생들로 천에 단추를 달게 하였다. 많은 학생들이 바늘귀에 실을 통과시켜 실을 매듭짓는 일을 잘 못해, 도와준 일이 있다. 자신의 옷을 기초적으로 수선하고 단추가 떨어졌을 때, 이를 응급처치할 수 있는 최소한의 작업을 배워야 하리라 믿는다. 아울러 자신의 속옷, 양말이나 체육복 정도는 손빨래라도 해서 깨끗하게 옷 입는 습관도 기르는 훈련이 필요하다. 부모의 손에 의지하지 않고 자신이 주도적으로 건강한 의(衣)생활을 실천하면, 자신의 삶에 주인의식도 기르고 부모의 수고도 알게 되면서 타인의 수고에 정녕 감사의 마음을 가질 수 있으리라 본다.

- 요리하기

건강한 먹거리의 섭취는 곧 건강한 신체를 만든다. 우리가 섭취하는 음식이 곧 육체가 되어 건강한 몸을 만든다. 그 시작이 바로 요리다. 모든 음식물은 거의 요리 과정을 거쳐 우리가 먹을 수 있게 된다. 건강한 식탁을 만드는 요리 활동은 건강과 직결된다. 먹거리를 만드는 공부는 삶의 기본이며 삶의 시작이요 행복의 문이다.

최근에는 햇반 등 밥이 일회용으로 판매되고 있다. 우리는 여전히 밥심으로 세상을 살아간다. 밥이 삶의 힘이다. 밥을 짓는 공부는 우리의 본질적 삶을 이해하는 중요한 수단이 된다.

밥을 짓기 위해서는 쌀을 물로 씻고, 씻은 쌀을 물에 불리고, 불린 쌀을 물과 함께 밥솥에 넣고 전기밥솥, 압력밥솥 등으로 밥을 하면 된다. 쌀을 너무 세게 씻으면 쌀알이 깨질 수 있으니 주의하여 물에 받아 손으로 살살 씻으면 된다. 쌀을 불려 밥을 짓게 되면, 밥알이 단단하지 않고 부드럽고 찰진 식감이 된다. 쌀은 세척한 후, 쌀이 충분히 담길 정도의 물에 30분 정도 불려주면 된다. 압력밥솥으로 밥을 할 경우, 솥에 물과 불린 쌀을 넣고 가열한다. 중불로 가열 후, 7분 정도 지나면 쌀이 급히 익기 시작하며 고소한 냄새가 나며 10분 정도 지나 약불로 10여 분 가열하여 뜸을 들인다. 이러한 약한 불로 쌀을 충분히 익히며 햅쌀로 밥을 할 경우, 밥 특유의 고소함과 쌀 알갱이 표면에 윤기가 돈다. 특히 현미 찹쌀로 섞어 밥을 하면, 그 향이 구수하고 반찬 없이 밥만 먹어도 맛있다.

이 밖에도 반찬인 김치 만들기, 된장찌개, 멸치볶음 등 다양한 요리를 공부할 수 있다. 이러한 요리 과정을 통해 우리 농산물의 소중함, 농부의 땀과 희생의 노고에 감사하는 마음을 갖게 된다. 나아가 지금까지 자신을 양육하신 부모의 은혜에 깊이 고마움을 느낄 수 있을 것이다.

교육은 감사하는 마음을 갖도록 아이들을 훈련해야 한다. 감사가 없는 영혼은 인생의 참 의미를 모르며 무도한 불한당의 무리가 될 수 있다. 첫째도 감사, 둘째도 감사, 셋째도 감사하는 정신과 태도를 습관화시키고 감사가 삶의 기본이 되도록 훈련해야 한다.

- **농사짓기**

농업은 어떤 작물을 재배하여 소득을 창출하거나 정신적 만족을 갖게 한다. 작물 중에 벼는 쌀을 주식으로 하는 우리 민족에게는 반드시 필요한 작물이다. 벼 씨앗을 직접 논에 직접 뿌려 재배하는 방식인 직파법이 있지만, 현재의 벼 농사법은 씨앗을 길러 모내기 이앙 작업을 통해 농사를 짓는다. 벼의 우량종자를 선택하여 어린모를 기른다. 그 후 모를 본 논에 옮겨 심는 모내기 작업을 한다. 이러한 모내기는 노동력 절감과 생산성을 높인다. 벼는 분얼 번식하여 성장하기에 새끼 칠 거름을 주고, 이삭 거름을 주어 열매를 실하게 한다. 물론 벼의 생육과정에 제초 작업과 병해충 방제는 필수로 해야 풍성한 수확을 기대할 수 있다. 가을에 벼 베기를 통해 수확한다. 필자는 고등학교 재학 시절, 군복무 기간에 모내기와 벼 베기 작업에 근로 봉사를 했다. 모내기 때는 노동의 수고와 종아리에 붙어 피를 빠는 거머리의 존재도 알게 되었다. 이러한 일련의 재배 과정을 통해 비로소 우리의 입에 밥이 들어올 수 있으니 그 농부의 수고에 감사하지 않을 수 없다.

우리 청소년들이 먹거리의 주식인 벼의 재배 과정에 참여함으로써 노작의 소중함을 체험케 하며, 농업인 등의 노동에 정녕 감사하는 마음을 가지기를 빈다. 이 밖에도 고추, 토마토 등의 채소 재배와 매실, 감, 등의 유실수 재배에도 참여하여 다양한 농업을 체험하며 생명 산업에 대한 재인식과 농촌, 나아가 환경을 보존하고 국토를 사랑하는 계기가 되기를 바란다.

- 집짓기 노작 공부

거의 모든 새들은 자신의 둥지를 만들고 짝과 함께 알을 낳아 새끼를 양육한다. 새도 자신의 집을 지을 수 있다면, 사람도 자신만의 집을 설계하여 아늑한 보금자리를 만들어 누릴 수 있으리라 본다. 지미 카터는 땅콩을 재배하는 농부 출신으로 대통령이 되었다. 그 후 그는 퇴직 후 '해비타트 운동'을 하면서 가난한 자들을 위해 손수 집을 짓는 봉사 활동을 했다. 그는 대통령보다는 집짓기 자원봉사로 그의 진정성과 위대함이 알려졌다. 사람이 태어나 자신만의 집을 지을 수 있는 능력을 타고났고 이를 계발하여 자신과 이웃, 사회에 선한 영향력을 끼칠 수 있다. 지미 카터가 70세 이후에도 활발히 건축이라는 노동을 통해 보람과 사랑을 실천하였다면, 우리 청소년들은 얼마든지 몸을 움직여 편안한 안식처인 집을 지어 즐겁고 능력 있는 삶을 살 수 있을 것이다!

우리 청소년들이 목공 기초 훈련, 흙집 짓기, 온돌 시공 등 다양한 건축 기초와 시공을 할 수 있는 능력을 갖추는 삶의 공부를 꿈꿔본다. 이를 통해 노동자의 고충과 마음을 헤아릴 수 있고 노작의 숭고함과 땀과 눈물의 가치를 자신들의 손과 발 그리고 뼛속에 새길 수 있을 것이다. 삶의 깊이를 더하며 인생의 맛을 아는 '사람다운 사람'으로 성장할 수 있으리라 확신한다.

에필로그

'섬진강 인문서당'에서의 공부

   '사람다운 사람'이란 어떠한 인격을 지닌 사람인가? 경천애인(敬天愛人)의 마음으로 건강하고 바른 삶을 살아가는 사람이다. 자신의 양심에 부끄러움이 없도록 노력하고 하나님을 경외하며 이웃을 사랑하는 '선비'이다. 과학과 산업이 발달하고 자본과 인공지능이 세상을 지배하는 시대다. 이러한 세대에 정의롭고 건강한 마음을 지니고 이웃과 더불어 살며 인애(仁愛)를 실천하고 사물의 이치를 알고 지혜로운 오늘의 참된 선비를 대한국민은 갈망하고 있다.

   세상에서 가장 큰 힘은 건강한 인격이다. 시대가 흘러가도 변하지 않는 가장 강력한 힘은 '인격의 힘'이다. 많은 지식과 지혜, 금은보화, 화려한 언변과 매력적인 외모보다 중요한 것은 사람의 정신 즉 '얼'이다. 바른 가치관과 건강한 인격을 길러내는 참다운 공부가 필요하다. 필자가 소망하는 '섬진강 인문서당'에서 추구하는 인간상은 한국 전통의 올곧은 선비정신을 지니고 세상에 빛이 되는 것이다.

'섬진강 인문서당'에서는 우리의 오래된 전통교육기관 '서당(書堂)'에서 공부했던 교육 내용과 방법을 오늘에 되살려 다음 세대를 양육하고자 한다.

교육방법으로 획일화된 지식의 배움이 아닌, 철저히 자신의 발달과 능력에 맞는 개별화 교육을 지향한다. 타인과 비교하지 않고 오직 자신의 인격 성장을 위한 공부를 추구한다.

동양고전의 《사자소학》《명심보감》《논어》《맹자》 등과 이율곡의 저서, 정약용의 저서, 이순신의 《난중일기》 등의 한문(漢文) 원전을 공부한다. 중요한 내용을 필사와 암송을 통해 선조들의 바른 정신과 지혜를 온몸과 마음에 새기고 실천하고자 한다. 동양고전과 더불어 서양 인문고전 공부도 힘을 다한다. 동양과 서양의 '사람에 관한 공부'인 인문학(철학, 역사, 문학 등) 배움에 힘을 쏟고자 한다. 인문고전 공부를 통해 천재들의 사고와 삶을 자신의 것으로 내재화하여 세상을 이끌어가는 '선비'를 양육하고자 한다.

아울러 영어공부에 매진하여 우리 서당을 졸업한 청년들은 영어로 의사소통하는 데 지장이 없도록 열과 성을 다할 것이다. 수능영어의 벽을 넘어 원서를 자유롭게 읽고 자신의 의사를 자신 있게 표현할 수 있는 영어 능력을 갖추게 하고자 한다.

진정한 공부는 실제 삶에 대한 이해와 자신의 잠재적 능력을 개발하는 치열한 배움이다. 자신을 알고 이웃과 사회를, 역사의 시대적 과업을 몸으로 만나는 공부다. 의식주에 대한 중요함과 삶의 실천을 배우는 것이다. 노동의 가치를 자신의 손과 발로, 땀으로 만나야 한다. 쌀 한 톨이 얻어지기까지의 수고와 희생을 아는 것이다. 자신이 다른 사람에 의존하지 않고 주체적 삶을 살아가는 주도성을 갖고 세상과 미래를 개척하는 인생이 되도록 한다. 청소년기의 소중한 삶을 귀하고 아름답게 훈련하여 세상에서 빛이 되고 향기가 되는 참된 교육에의 촛불을 들고자 한다.

섬진강 인문서당 일주일 시간표

시간	월	화	수	목	금	만남 활동
07:00~ 08:00	동양人文古典공부(개별적 성독/필사/암송을 통한 인격의 내면화): 21세기 통일한국의 건강한 선비 정신 훈련					※학기 중 지리 및 역사 현장 답사, 삶의 현장 체험 ※방학 중 테마 여행 자기계발
08:00~ 08:40	아침 식사와 휴식					
08:40~ 09:30	English Practice(개별적 L/C, Reading, Speaking)					
09:30~ 10:20	수학	수학	Chapel	수학	수학	
10:20~ 11:00	운동(근력강화, 유산소 운동, 호신술, 공동체훈련)					
11:00~ 12:20	인문학 공부(哲學/歷史/文學)					
12:20~ 13:00	점심					
13:00~ 14:00	자기계발			자기계발		
14:00~ 15:00	중고등과정 개별학습	중고등과정 개별학습	노작 (농사, 집 짓기 등)	중고등과정 개별학습	실제적 삶 공부 (대인 관계, 성공학 부의 축적)	
15:00~ 16:10	중고등과정 개별학습	중고등과정 개별학습		중고등과정 개별학습		
16:10~ 16:30	English Practice			English Practice		

| **참고 문헌**

신영복, 《담론》, 돌베개, 2015

박의수 외, 《교육의 역사와 철학》, 동문사, 2020

이지성, 《리딩으로 리드하라》, 문학동네, 2010

이지성, 《생각하는 인문학》, 차이, 2015

조던 B. 피터슨, 《12가지 인생의 법칙》, 메이븐, 2018

배평모, 《거창고등학교 이야기》, 종로서적, 1998

거창고등학회, 《거창고등학교의 스승 전영창 이야기》, 종로서적, 1996

안외순, 《묵자》, 타임기획, 2005

조윤제, 《고전은 당신을 배신하지 않는다》, 21세기북스, 2021

신영복, 《냇물아 흘러흘러 어디로 가니》, 돌베개, 2017

신영복, 《처음처럼》, 돌베개, 2016

한재훈, 《서당공부, 오래된 인문학의 길》, 갈라파고스, 2014

김석준, 유재화, 《재미있게 말하는 사람이 성공한다》, 책이있는마을, 2007

빌헬름 바이셰델, 《철학의 에스프레소》, 프라하, 2011

김용옥, 《도올의 교육입국론》, 통나무, 2017

김용옥, 《우린 너무 몰랐다》, 통나무, 2019

지그 지글러, 《정상에서 만납시다》, 핀라이트, 2022

조정래, 《태백산맥》, 해냄, 2022

추적, 《명심보감》, 도서출판 홍익, 2021

한근태, 《일생에 한번은 고수를 만나라》, 미래의창, 2013

공자 《논어》, 홍익출판사, 2016

맹자 《맹자》, 홍익출판사, 2012

구헌종, 《내 몸 살리는 혈관 소통》, 경향신문, 2017

이광수, 《도산 안창호》, 범우사, 2000

윤은성, 《쓸모 있는 교육》, 미디어샘, 2021

윤은성, 《세상을 바꾼 한국사 역사인물 10인의 만남》, 미디어샘, 2019

윤은성, 《백비》, 미디어샘, 2019

오스틴 커런트, 《근력 운동의 과학》, 사이언스북스, 2021

빅토르 위고, 《레미제라블》, 민음사, 2012

이지성, 《꿈꾸는 다락방》, 차이정원, 2017

정약용, 《유배지에서 보낸 편지》, 창비, 2019

외르크 블레히, 《운동 혁명》, 웅진지식하우스, 2024

정순우, 《서당의 사회사》, 태학사, 2013

최완기, 《한국의 전통교육》, 이화여자대학교출판문화원, 2005

이지성, 김종원, 《가장 낮은 데서 피는 꽃》, 문학동네, 2012

EBS 놀이의 힘 제작진, 《놀이의 힘》, 성안당, 2020

용혜원, 《창작자를 위한 에피소드 잡학사전》, 노마드, 2024

섬진강
인문(人文)서당(書堂)을
꿈꾸며

초판 1쇄 발행 2025. 12. 10.

지은이 고영욱
펴낸이 김병호
펴낸곳 주식회사 바른북스

편집진행 임현정
디자인 양헌경
마케팅 송송이 박수진 박하연

등록 2019년 4월 3일 제2019-000040호
주소 서울시 성동구 연무장5길 9-16, 606호 (성수동 2가, 블루스톤타워)
대표전화 070-7857-9719 | **경영지원** 02-3409-9719 | **팩스** 070-7610-9820

•바른북스는 여러분의 다양한 아이디어와 원고 투고를 설레는 마음으로 기다리고 있습니다.
이메일 barunbooks21@naver.com | **원고투고** barunbooks21@naver.com
홈페이지 www.barunbooks.com | **공식 블로그** blog.naver.com/barunbooks7
공식 포스트 post.naver.com/barunbooks7 | **페이스북** facebook.com/barunbooks7

ⓒ 고영욱, 2025
ISBN 979-11-7263-717-0 03370

•파본이나 잘못된 책은 구입하신 곳에서 교환해드립니다.
•이 책은 저작권법에 따라 보호를 받는 저작물이므로 무단전재 및 복제를 금지하며,
이 책 내용의 전부 및 일부를 이용하려면 반드시 저작권자와 도서출판 바른북스의 서면동의를 받아야 합니다.